LOS GRANDES
DEL LIDERAZGO

Si este libro le ha interesado y desea que lo mantengamos
informado de nuestras publicaciones, puede escribirnos a
comunicacion@editorialsirio.com,
o bien suscribirse a nuestro boletín de novedades en:
www.editorialsirio.com

Título original: THE GREATS ON LEADERSHIP
Traducido del inglés por Pedro Ruíz de Luna González
Diseño de portada: Editorial Sirio, S.A.
Maquetación y diseño interior: Toñi F. Castellón

© de la edición original
Jocelyn R. Davis, 2016

© de la presente edición
EDITORIAL SIRIO, S.A.
C/ Rosa de los Vientos, 64
Pol. Ind. El Viso
29006-Málaga
España

www.editorialsirio.com
sirio@editorialsirio.com

I.S.B.N.: 978-84-17030-27-8
Depósito Legal: MA-1030-2017

Impreso en Imagraf Impresores, S. A.
c/ Nabucco, 14 D - Pol. Alameda
29006 - Málaga

Impreso en España

Puedes seguirnos en Facebook, Twitter, YouTube e Instagram.

JOCELYN DAVIS

LOS GRANDES
DEL LIDERAZGO

Sabiduría clásica para directivos modernos

EDITORIAL
SIRIO

A George y Zara Roberts,
líderes excepcionales

Qué hay en este libro y cómo utilizarlo

os grandes del liderazgo es un viaje por las mejores ideas sobre el liderazgo que se han escrito en los últimos veinticinco siglos. Los autores clásicos serán nuestros guías. En él encontrarás consejos profundos —pero muy prácticos— de los genios de la Historia.

¿POR QUÉ LOS CLÁSICOS?

Hace mucho que creo que se puede aprender más sobre el liderazgo de escritores como Shakespeare, Maquiavelo y Jane Austen que de los cursos universitarios y de los teóricos de la gestión empresarial. Si quieres convencerte de ello, no tienes más que leer un artículo sobre motivación laboral en una publicación dedicada a los negocios, y luego el discurso del «día de San Crispín» de la obra *Enrique V*, de Shakespeare (hay un fragmento de este discurso al inicio del capítulo 8). ¿Cuál de los dos te parece más esclarecedor, por no decir más motivador? Ten en cuenta, asimismo, que muchos de los líderes con más éxito de hoy son admiradores de los clásicos. El expresidente Bill Clinton ha señalado que su libro favorito sobre liderazgo es *Meditaciones*, de Marco Aurelio, emperador romano y filósofo del siglo II.[1] El creador de Facebook, Mark Zuckerberg, nombra a *La Eneida*, el poema épico de Virgilio sobre el fundador de una ciudad que «no conoce límites ni en el tiempo ni en la grandeza».[2] Y el preferido de Oprah Winfrey es *Matar a un ruiseñor*, el libro de Harper Lee sobre un abogado de pueblo que se alza contra los prejuicios en la Alabama de los años treinta.[3]

Los libros clásicos tienen tres ventajas principales como lectura para los líderes. En primer lugar, a diferencia de la mayoría de los casos-estudio de negocios contemporáneos, se toman en serio los riesgos que corremos cuando queremos liderar. En segundo lugar, no se limitan a abordar los temas que pueden encontrarse en el programa de cualquier máster empresarial, sino que examinan un tema mucho más amplio, del que los grandes líderes saben muchísimo: la naturaleza humana. (Según afirmó Clifton Fadiman, presentador del programa de preguntas y respuestas de los años cuarenta *Information, please!*: «Cuando relees un clásico, no encuentras entre sus páginas nada que no hubieses descubierto en lecturas anteriores, pero aprendes algo nuevo sobre ti»). Por último, han resistido el paso del tiempo. Aunque nos hablen desde épocas remotas, sus intereses son idénticos a los nuestros y sus consejos resultan tan pertinentes como siempre. Los libros clásicos son como la ruta de los Apalaches o la Vía Apia: antiguos caminos que siguen guiando y deleitando al viajero moderno.

Pero hasta la carretera mejor construida puede mejorar con algunas señales nuevas, así que *Los grandes del liderazgo* contiene mucho más que una lista de lecturas. Cubre la mayor parte de lo que un líder tiene que saber, ya que aborda veinticuatro temas de liderazgo en otros tantos capítulos. Cada capítulo se centra en un libro clásico y entrelaza las ideas expresadas en él con perspectivas prácticas para los líderes empresariales. La mayoría de los clásicos seleccionados tiene menos de cien páginas, por lo que espero que te animes a leer algunos de ellos. Si andas corto de tiempo, puedes leer sencillamente el resumen que hay al principio de cada capítulo y hacerte con lo esencial de la sabiduría del escritor. Encontrarás herramientas (auto-evaluaciones, guías de conversación, etc.) y ejemplos que te ayudarán a poner las ideas en marcha. Cada capítulo señala a un maestro moderno del liderazgo —desde Peter Drucker a Jim Collins, pasando por Doris Kearns Goodwin— que se eleva aupado sobre los hombros del pensar clásico.*

El mapa de contenidos de la página 13 muestra de lo que trata cada capítulo. Si te parece que hay mucho que asimilar, te aseguro que no habrá necesidad de aprenderlo todo de memoria. Como verás en la introducción, aprender a dirigir no es cuestión de memorizar listas de tácticas y estrategias, sino más bien de sumergirse en grandes narraciones y tratados y aplicar su sabiduría. Cuando hayas completado el proceso serás capaz, como cualquier profesional experto, de poner en práctica los conocimientos y las habilidades necesarios —en este caso, conocimientos y habilidades sobre el liderazgo— sin que tengas que detenerte para consultar el manual.

QUÉ ES LO NUEVO Y QUÉ NO LO ES

Muchas de las ideas de este libro son muy conocidas. No te sorprenderá saber, por ejemplo, que los líderes tienen que saber adaptarse, ser buenos comunicadores y tener valor; pero aunque sea algo que sabe todo el mundo, no es algo que todo el mundo ponga en práctica, y eso es lo que trata de remediar *Los grandes del liderazgo*. No intenta inventar preceptos nuevos, sino sacar a la luz los que han sido probados con el tiempo, de manera que los puedan valorar y aplicar los líderes de hoy. No busca sacar a la luz un nuevo tesoro, sino proporcionarte mapas y herramientas para que puedas encontrar y desenterrar tus propias riquezas ocultas. Puedo prometerte que el viaje será revelador, entretenido y, sobre todo, útil.

Y al final *sí* hay algo completamente nuevo. Los cuatro niveles de liderazgo que se presentan en la sexta parte ofrecen una forma diferente de abordar nuestras aspiraciones como líderes: una nueva «escala empresarial» cuyos peldaños corresponden a la repercusión que tengamos, más que al cargo impreso en nuestra tarjeta

---

* N. del T.: según Bernardo de Chartres, «somos como enanos aupados a hombros de gigantes, de manera que podemos ver más cosas y más lejanas que ellos, no por la agudeza de nuestra vista o por nuestra elevada estatura, sino porque estamos alzados sobre ellos y nos elevamos sobre su altura gigantesca».

profesional. Aunque está muy adaptada a las organizaciones del siglo XXI, con sus estructuras más planas, esta nueva escala se alza desde el profundo conocimiento del liderazgo que solamente puede adquirirse de los grandes maestros de los siglos pasados.

DOS MANERAS DE UTILIZAR EL LIBRO

Puedes leer *Los grandes del liderazgo* a solas o en grupo. Estas son algunas indicaciones para cada uno de los métodos:

A solas. Lee el libro de principio a fin, presta atención a los temas que te parezcan más interesantes y hojea alguno de los libros clásicos que te presento. O bien crea un plan personal de estudio que encaje con tus necesidades. La tabla A.2 del apéndice es una lista de siete desafíos comunes en el ámbito del liderazgo y de los capítulos que los abordan. Para diseñar tu propio programa, elige uno o dos de esos desafíos. Lee los capítulos indicados y los libros clásicos correspondientes, aplica las herramientas a tu trabajo. Con esta estrategia construirás tus habilidades de liderazgo y progresarás en tus problemas concretos.

En grupo. Reúne a un grupo de compañeros o amigos y leed el libro juntos. Leed y debatid cada capítulo y cada libro clásico presentado, probad las herramientas y ayudaos unos a otros a aplicar los conocimientos. Consulta el apéndice para una guía detallada y una muestra de calendario. Este nivel de inversión en el aprendizaje te proporcionará habilidades de liderazgo más sólidas que las que pueden proporcionarte la mayoría de las escuelas de negocios —por no decir un conocimiento más profundo de las grandes ideas de la civilización—. Espero que algún día las universidades otorguen títulos basándose en este enfoque clásico de la educación para el liderazgo. Por ahora estamos solos, quizá por fortuna.

MAPA DE CONTENIDOS			
CAPÍTULO	**IDEA CLAVE**	**PENSADOR/LIBRO CLÁSICO**	**UN DESCENDIENTE**
1. Una falsa creencia, tres verdades	El carisma no crea al líder; estas tres conductas, sí	Moisés/*Éxodo*	Susan Cain
2. Ocho trampas	Cuando los líderes tropiezan, es en una de estas trampas	William Shakespeare/*El rey Lear*	Marshall Goldsmith
3. Cambio	Los buenos líderes saben atravesar todas las etapas del camino hacia el cambio	Nicolás Maquiavelo/*El príncipe*	George Land
4. Justicia	Si tratas por igual a todo el mundo pueden acusarte de injusticia	Platón/*La República*	Marcus Buckingham
5. Poder	¿Estás atrapado en la paradoja del rey?	Sófocles/*Antígona*	Dale Carnegie
6. Autoridad	Las fuentes de la autoridad son legales, tradicionales o intrínsecas	William Shakespeare/*Julio César*	Frank Abagnale
7. El carácter, definido	El carácter del liderazgo consiste en encontrar el punto medio	Winston Churchill/*Grandes contemporáneos*	Martha Stout
8. Crisis	Cuando aparezca el desastre, permanece en la zona de aprendizaje	William Shakespeare/ *Enrique V*	Ronald Heifetz
9. Competencia	Los capitanes militares nos enseñan a conseguir ventajas y mantenerlas	Thedore Dodge/ *Los grandes capitanes*	W. Chan Kim, René Mauborgne

MAPA DE CONTENIDOS			
CAPÍTULO	IDEA CLAVE	PENSADOR/LIBRO CLÁSICO	UN DESCENDIENTE
10. Dilemas	Los dilemas no tienen solución, pero se pueden controlar	Alexander Hamilton y James Madison/*El federalista*	Barry Johnson
11. Comunicación	Los grandes comunicadores contagian a su público	Pericles y Abraham Lincoln/*Discursos*	Stephen Denning
12. El carácter, desarrollado	La filosofía es la mejor escuela del carácter	Plutarco/*Moralia*	David Brooks
13. Motivación	El significado motiva hasta cuando desaparece la esperanza	Viktor Frankl/*El hombre en busca de sentido*	Frederick Herzberg
14. Personalidad	Estudiar este campo es fundamental para todos y en cualquier ámbito	C. G. Jung/*Tipos psicológicos*	David Kiersey
15. Decisiones	Podemos mitigar los puntos ciegos al conocer el punto principal	Roald Dahl/ *Cordero asado y otros cuentos*	Michael Roberto, Gina Carioggia
16. Cultura	La antropología nos ayuda a solventar las diferencias culturales	Ruth Benedict/ *El crisantemo y la espada*	Geert Hofstede
17. El carácter, mantenido	El valor consiste en dialogar con tus monstruos	Mary Shelley/ *Frankenstein*	M. Night Shyamalan
18. Relaciones	Los líderes inteligentes saben diferenciar entre amigos y aliados	Guy de Maupassant/*Bola de sebo*	Doris Kearns Goodwin
19. Responsabilidad	Fomentar la responsabilidad al expulsar el miedo	Hermann Melville/*Billy Budd*	W. Edwards Deming

MAPA DE CONTENIDOS			
CAPÍTULO	**IDEA CLAVE**	**PENSADOR/LIBRO CLÁSICO**	**UN DESCENDIENTE**
20. Talento	Para desarrollar el talento, es primordial reconocer lo que tiene potencial y lo que no	Jane Austen/*Emma*	Linda Hill
21. Visión	Cómo seguir una visión sin quemarse en el intento	George Bernard Shaw/*Santa Juana de Arco*	Malala Yousafzai
22. El carácter, revelado	El carácter se demuestra en los momentos de la verdad	James Joyce/*Los muertos*	Susan Scott
23. Tres niveles	¿Eres un iniciador, un animador o un cultivador?	Shakespeare, Shaw, Churchill	Jim Collins y John Maxwell
24. El cuarto nivel	«Al no dominar, el maestro lidera»	Lao Tsé/*Tao Te King*	Peter Drucker

Si tus actos motivan a los demás a soñar más, a aprender más,
a hacer más y a llegar a ser más, entonces eres un líder.
JOHN QUINCY ADAMS

Cuanto más atrás puedas mirar,
tanto más hacia delante podrás divisar.
WINSTON CHURCHILL

No temáis a la grandeza. Algunos nacen grandes,
algunos logran grandeza, a algunos la grandeza les es impuesta
y a otros la grandeza les queda grande.
WILLIAM SHAKESPEARE

El arte clásico del liderazgo

E l liderazgo no es ni un conjunto de habilidades, ni una teoría, ni una compilación de estrategias; el liderazgo no es nada tan poco original. El buen liderazgo es una forma de *sabiduría práctica*: una cualidad escurridiza e integradora que se adquiere por medio del estudio y la experiencia, y se aplica con juicio, momento a momento, a un flujo impredecible de desafíos. Ningún taller, ningún libro de instrucciones puede enseñarlo; pero en estas páginas encontrarás un mapa para desarrollarlo.

«¿A QUÉ HORA ALMORZAMOS?»

El famoso director y productor cinematográfico Cecil B. DeMille (1881-1959) era conocido por su capacidad de hacer películas a gran escala, largometrajes como *Cleopatra* y *Sansón y Dalila*, con escenarios gigantescos y escenas multitudinarias con miles de personas. Como el director reverenciado que era, por lo general no tenía problemas para hacer que un montón de actores escuchara y obedeciera cuando daba las instrucciones para rodar una toma.

Sin embargo, en una ocasión en la que filmaba la escena del Éxodo de *Los diez mandamientos* (la versión de 1956) en exteriores en

Egipto, DeMille, por entonces de setenta y cinco años de edad, se encontró con un desafío a su liderazgo.[1] Según se dice, estaba frente a un grupo de varios cientos de extras vestidos de esclavos hebreos, mientras cabras, camellos y ocas aguardaban a un lado con sus adiestradores. Había sido una mañana dura de rodaje y el sol de mediodía caía a plomo conforme DeMille, armado de un megáfono sobre una plataforma, daba instrucciones para la toma siguiente, que sería una de las más difíciles de la película. De cuando en cuando graznaba una oca o resoplaba un camello, pero todos los seres humanos permanecían atentamente en silencio, menos, y así lo hizo notar un irritado DeMille, una joven al final del grupo, que seguía charlando con la persona de al lado. Tras unos cuantos minutos así, el director se hartó y le gritó a la charlatana la clásica frase de maestro de escuela:

—¡Oiga, señorita! ¿Le importaría compartir con los demás lo que tenga que decir?

—¡Sí! –contestó ella–. Me preguntaba cuándo iba a dejarnos almorzar el calvo hijo de perra.

Un silencio sobrecogedor cayó sobre la multitud. Todo el mundo miraba nerviosamente a la joven y luego al imponente director, que se estaba quedando innegablemente calvo. DeMille bajó el megáfono y se miró los pies durante unos segundos.

Luego levantó el megáfono otra vez y gritó:

—¡ALMUERZO!

EL BUEN LIDERAZGO ES SABIDURÍA PRÁCTICA

Lo que DeMille demostró en aquel momento fue la clase de liderazgo que no encontrarás nunca en una guía de tácticas. Mostró la capacidad de hacerse cargo completamente de una situación (y era una difícil, a la que probablemente no se había enfrentado nunca antes), decidió qué responder y actuó de una manera que hizo que las cosas siguieran su curso como si nada hubiera pasado, y todo en unos pocos segundos. No consultó manual alguno; ningún seminario hubiera podido decirle qué hacer. Pero lo que hizo funcionó: cuando cortó para el almuerzo, el grupo de extras rompió a reír y a aplaudir, después hicieron todos un descanso y volvieron por la tarde a filmar la escena.

Esa capacidad —la de ver la imagen completa, adoptar una decisión en el contexto y elegir la acción más eficaz de entre una lista casi infinita de acciones posibles, y todo en un momento— puede describirse como sabiduría práctica. Esa es la cualidad por antonomasia de todo buen líder. De hecho, el buen liderazgo podría definirse como «sabiduría práctica aplicada a cualquier situación en la que estés (o intentes estar) al mando».

Con esto no quiero decir que los líderes no necesiten tener habilidades, teorías y estrategias; las tienen, pero, aún más que eso, necesitan saber aglutinar esas habilidades, teorías y estrategias y utilizarlas como base para la acción. La sabiduría práctica de un líder tiene que ver con captar lo general en todos los sentidos: todos los individuos y sus necesidades, talentos, esperanzas y miedos; todos los caminos posibles y los obstáculos que podrían interponerse en ellos y, quizá lo más importante, todas sus motivaciones, fortalezas y debilidades. Tiene que ver con ser capaz de cernirse sobre la batalla, con elegir la acción correcta en un instante, incluso cuando las cosas van mal —incluso cuando alguien de la multitud empieza a vocear sobre ese calvo hijo de perra (o, si eres mujer, sobre la perra de pelo largo) de la plataforma.

Piensa en el aprendizaje para llegar a ser médico: no hay forma de capturar en un libro de texto, y mucho menos en una presentación en PowerPoint, el enorme rango de posibilidades para la acción asociadas con ser un buen médico. Y aun así, eso no quiere decir que los alumnos de medicina no puedan ser maestros en todas esas posibilidades; lo son, y para estar seguros, lo consiguen estudiando teorías, practicando sus habilidades y aprendiendo de memoria las estrategias; pero lo más importante es ponerlo todo junto, de manera que, al final, puedan emprender acciones sin necesitar consultar el manual. Lo mismo ocurre para ser un buen líder. Pero ¿cómo aprende uno a lograrlo?

EL LIDERAZGO Y LAS HUMANIDADES

El niño que crecería hasta convertirse en Alejandro Magno suspiraba exasperadamente cada vez que su padre, Filipo de Macedonia, conquistaba una ciudad griega. «Cuando yo sea rey, ya no quedará nada que conquistar», les decía a sus amigos.[2]

Por supuesto, cuando murió el rey Filipo (en el año 336 a. de C.), todavía había gran cantidad de oportunidades. Alejandro, ya rey de Macedonia a los veinte años de edad, convocó a todos los líderes griegos a un consejo en Corinto para planificar el derrocamiento del Imperio persa. Alejandro empezó con un pequeño ejército y una gran deuda. Cuatro años después, tras una cadena ininterrumpida de victorias, se sentó en el trono de Persia.

En todas esas campañas dirigió con el ejemplo y compartió todo trabajo duro y todo peligro con sus hombres, que, en consecuencia, le fueron fanáticamente leales. Sus aliados, atraídos por su reputación de generosidad y confianza, también le eran devotos. Era al tiempo un estratega y un táctico, con una mente dotada para objetivos de alto nivel y para los detalles más sutiles. Los que lo oyeron hablar decían que su oratoria era estimulante. En solo unos cuantos años transformó a una legión de mercenarios feroces y rebeldes en un ejército disciplinado, equipado con las armas innovadoras que él mismo diseñó y entrenado a la perfección. A la edad de treinta y dos años había completado la conquista del mundo tal como lo conocían los macedonios, con un ejército cinco veces mayor que el original y un tesoro público de varios miles de millones de dólares en dinero actual.

¿Cómo se explica esta extraordinaria capacidad? De niño había dado claras muestras de una gran personalidad y, por supuesto, era hijo de un rey; pero muchos niños precoces de familias poderosas crecen y no llegan a ser más que grandes niños mimados. Poseía riquezas, pero tener dinero no significa ser un líder eficaz. Debía de tener muchísimo talento, pero el talento por sí solo no hace rey del mundo a nadie.

Sin embargo, alguien cultivaba aquel talento suyo de manera excepcional: su tutor, el filósofo Aristóteles. El historiador E. H.

Gombrich describe a Aristóteles como «el maestro de la humanidad durante dos mil años» y añade:

> [...] lo que él [Aristóteles] hizo fue reunir todos los conocimientos de su tiempo. Escribió sobre las ciencias naturales: las estrellas, los animales y las plantas; sobre la Historia y la gente que convive en un estado: lo que nosotros llamamos política; sobre la forma correcta de razonar: la lógica, y sobre la manera correcta de comportarse: la ética. Escribió sobre la poesía y la belleza [...] Todo eso lo estudió Alejandro también.[3]

No conocemos los detalles de las clases que recibió Alejandro, pero sí sabemos que de adulto amaba la historia, la poesía y la literatura. Ya rey, se rodeó no tanto de capitanes militares como de hombres cultos, con cuya conversación disfrutaba. Su libro preferido era *La Ilíada*, de Homero, que tenía siempre bajo su almohada junto con su daga. Se dijo que había domado a su caballo de batalla, Bucéfalo, no por métodos normales de doma, sino dándose cuenta de algo que ninguno de los entrenadores profesionales había notado: que el caballo tenía miedo de su propia sombra. Alejandro hizo que el caballo girase la cabeza hacia el sol, con lo que la sombra no estaba a la vista, hasta que perdió el miedo y toleró que lo montasen.

Su tutor Aristóteles lo educó en las artes liberales: un plan de estudios que incluía las lenguas clásicas, las humanidades, las matemáticas puras y las ciencias. Este concepto de *artes liberales*, o «estudios para hombres libres» fue inventado por los antiguos griegos. Las siete materias que se incluían eran la gramática, la lógica y la retórica (posteriormente llamadas *Trivium*, o «las tres vías»), además de la geometría, la aritmética, la astronomía y la música (el *Quadrivium*, o «las cuatro vías»).

A principios del siglo XVI, estas materias, junto con el latín y el griego, se consideraban en Europa como el tipo de educación adecuado para príncipes, administradores del gobierno, clero, médicos y abogados. El sistema duró varios siglos y funcionó muy bien: a las personas educadas así no solo se les había enseñado a observar, razonar y comunicarse, sino que también se las había imbuido de las grandes ideas políticas y filosóficas, así como de las grandes historias de los líderes del pasado, de sus épocas y sus decisiones, de sus ascensos y sus caídas. Esta clase de aprendizaje tenía el objetivo de transformar su manera de percibir el mundo, y no solamente llenarlas de datos y de técnicas. Como dice Plutarco, historiador y filósofo griego del siglo I: «La educación no consiste en llenar un cubo, sino en encender una llama».

Sin embargo, en el siglo XIX, con la revolución industrial, el conocimiento técnico empezó a verse como lo más importante para salir adelante. Los llamados métodos científicos de gestión consiguieron mucha popularidad entre los líderes de los negocios y fueron promocionados por teóricos como Frank Gilbert, un pionero en la defensa de las mejoras de los procesos, conocido hoy porque se inspiraron en él para crear el personaje del padre obseso por la eficacia en la película *Doce en casa*. Poco a poco, conforme la gente iba viendo los impresionantes resultados que se podían conseguir por estos métodos, en todos los ámbitos, desde las líneas de montaje hasta la aplicación de la anestesia, las artes liberales empezaron a ser consideradas poco prácticas. Desde luego, no eran algo en lo que quisieran invertir su tiempo los médicos y los abogados, y mucho menos la gente de empresa.

¿CÓMO APRENDEMOS A LIDERAR?

Hoy día, casi todas las organizaciones que tengan más de unas cuantas decenas de empleados tienen algún programa para el desarrollo del liderazgo. El problema de todos esos programas de aprendizaje es que la mayoría de ellos no funciona. Un cierto porcentaje (quizá el quince o el veinte por ciento, desde mi experiencia como asesora de aprendizaje) está bien diseñado e integrado en la organización, lo que amortiza el esfuerzo.[4] Sin embargo, muchos de ellos son simplemente oportunidades para que la gente se tome un descanso en su trabajo y estrechen lazos por medio de ciertas actividades divertidas. Y muchísimos de ellos —esas maratonianas sesiones de PowerPoint que se dan en salas de juntas sin ventanas y con mal café— no se pueden disfrutar siquiera. En líneas generales, los cursos sobre el liderazgo son una decepción tanto para los participantes como para los patrocinadores.[5] Y aunque el área de recursos humanos pueda mejorar los modelos de competencia, contratar a más instructores dinámicos o diseñar aplicaciones y portales para reemplazar a las diapositivas y a las carpetas, esos esfuerzos no resuelven el problema de base, que reside en un enfoque obsoleto del ejercicio y la enseñanza del liderazgo.

Dejemos de lado el debate sobre si los líderes nacen o se hacen. Vamos a suponer que el liderazgo puede aprenderse, en cierta medida, o, al menos, que esa capacidad de liderazgo innata puede desarrollarse. En este caso, la pregunta es esta: ¿cómo lo aprendes? ¿Es el liderazgo un «conjunto de habilidades» que se puede enseñar a la gente, lo mismo que a los perros se les enseña a sentarse y a quedarse quietos? ¿Se trata de una teoría que uno pueda adquirir para aplicarla luego a ciertos problemas, como ocurre con la física? ¿O es, quizá, un conjunto de estrategias que tener a mano en los momentos de las grandes decisiones? («Veamos..., creo que la estrategia número 27 es la que tenemos que utilizar en esta situación»).

Como hemos visto, el liderazgo es algo mucho más holístico, más integral. Al dedicarse a los estudios de las habilidades específicas de su oficio o de su negocio, al entregarse a una educación que es cada vez más técnica, los líderes han perdido la oportunidad de desarrollar la sabiduría —la sabiduría *práctica*— que constituye la base de la capacidad real de liderazgo. Han perdido la percepción y el conocimiento que permitieron que Alejandro, que era buen jinete pero de ninguna manera un domador de caballos profesional, resolviera por qué un semental en concreto se había resistido a todos los intentos de doma. Y no solamente eso, sino que, dado que la mayor parte del conocimiento técnico se vuelve obsoleto en unos pocos años, si no meses, los líderes han perdido la base para aprender y crecer incluso dentro de los límites de su profesión. Su enseñanza podrá llenar un cubo, pero no encenderá una llama.

Ahora bien, no recomiendo que todos los líderes en potencia vayan corriendo a conseguir un título de humanidades. Sin embargo, creo que el acercamiento a ellas es válido, esencial de hecho, para desarrollar una capacidad auténtica de liderazgo. Peter Drucker, el asesor y escritor del siglo XX que fuera llamado «el padre de la gerencia moderna»,[6] habría estado de acuerdo. Drucker escribió:

> Así pues, la gerencia es lo que la tradición llamaba un arte liberal: «liberal» porque tiene que ver con los fundamentos del conocimiento, del autoconocimiento, de la sabiduría y del liderazgo, y «arte» porque también se ocupa de la práctica y de la aplicación.[7]

¿Cómo sería estudiar el liderazgo como un arte liberal? El núcleo de esta aproximación es doble: en primer lugar, la asimilación de un amplio conjunto de ideas que han quedado demostradas con el tiempo sobre cómo funciona el mundo y cómo piensan y se comportan los seres humanos; en segundo lugar, la oportunidad de examinar esas ideas y comprometerse con ellas de una manera práctica. Esa clase de asimilación y ese tipo de oportunidad son lo que *Los grandes del liderazgo* tiene intención de mostrarte. Y no necesitarás estudiar cuatro años ni te costará los ahorros de toda tu vida.

LOS INGREDIENTES DEL LIDERAZGO

Los clásicos nos enseñan que no existe una fórmula fácil —no existe eso de «las cinco claves» o «los seis pasos»— para dirigir bien. Aunque el liderazgo pueda ser muy sencillo para un maestro con muchos años de experiencia, la maestría no se consigue fácilmente. Sin embargo, podemos hacer una lista de los muchos *ingredientes* del buen liderazgo, y una lista así nos puede proporcionar un sentido de aquello por lo que trabajamos.

La siguiente tabla muestra los ingredientes del liderazgo, que constituyen el marco teórico de este libro. Se basa en mis veinticinco años de experiencia en el sector de la formación y el asesoramiento para el liderazgo, durante los cuales he analizado o construido unos cuarenta modelos de competencia para una gran cantidad de empresas y de sectores; he diseñado y desarrollado unos treinta cursos,

Tabla 1.1 Los ingredientes del liderazgo

COMPORTAMIENTOS QUE DEFINEN A LOS AUTÉNTICOS LÍDERES	TRAMPAS QUE ACECHAN A LOS LÍDERES	RASGOS DE CARÁCTER DE LOS LÍDERES EFICACES	CONCEPTOS QUE LOS LÍDERES DEBEN CAPTAR	NIVELES DE LIDERAZGO
Capítulo 1	Capítulo 2	Capítulos 7, 12, 17, 22	Capítulos 3-6, 8-11, 13-16, 18-21	Capítulos 23-24
Tomar la iniciativa	Pasar por alto los puntos ciegos	Valor	Cambio	Iniciador
Generar esperanza		Integridad	Justicia	Animador
Enfocarse en la gente	Ser ingenuo sobre las relaciones	Resistencia	Poder	Cultivador
	Desdeñar los puntos débiles	Generosidad	Autoridad	Muelle principal
		Interés	Crisis	
	Buscar respuestas simplistas		Competencia	
			Dilemas	
	Cantar victoria demasiado pronto		Comunicación	
			Motivación	
	Fallos de adaptación		Personalidad	
			Decisiones	
	Devaluar los puntos fuertes de los demás		Cultura	
			Relaciones	
	Dominar y renunciar		Responsabilidad	
			Talento	
			Visión	

tanto para clientes concretos como para mercados más amplios; he sido directora del Departamento de Investigación y Desarrollo para la Forum Corporation (una empresa global de formación y asesoramiento del liderazgo), y he escrito, sola o en colaboración con otros, tres libros y decenas de artículos y libros blancos* sobre el liderazgo y la formación en el trabajo. Recogí todo el conocimiento que adquirí durante todos esos años y lo añadí a mi conocimiento de los autores clásicos, que procede de un máster en Filosofía y una licenciatura en Filosofía y Literatura Inglesa.

El marco se apoya en tres columnas: la bibliografía de negocios de las últimas décadas; las obras clásicas de la filosofía política, la historia, la psicología y la ficción, y mi experiencia como formadora de líderes en grandes organizaciones. La idea es que la lista sea más amplia que detallista, más una fotografía panorámica que un primer plano. Creo que recoge entre el ochenta y el noventa por ciento de lo que debe saber, hacer y ser un líder.

ALGUNAS PREOCUPACIONES FRECUENTES

La idea de aprender a dirigir con los libros clásicos puede suscitar ciertas preocupaciones. Estas son las siete que más oigo, junto con mis respuestas:

«Me gustan los grandes clásicos, pero yo no soy líder». Es posible que no tengas un diploma en liderazgo, pero no lo necesitarás para ponerte en un papel de líder. Según la Asociación Norteamericana de Gerentes, la definición de *líder* se está ampliando: ahora hay muchas organizaciones que consideran líderes a personas basándose en la repercusión que tienen y en los resultados que consiguen, y no en la posición que tengan dentro de la jerarquía[8] (para ver este enfoque que valora los niveles de liderazgo teniendo en cuenta la repercusión y no el cargo, consulta los capítulos

---

* N. del T.: un libro blanco es aquel que contiene documentos diplomáticos y que publican en determinados casos los gobiernos, para información de los órganos legislativos o de la opinión pública.

23 y 24). Hay que considerar también que los buenos líderes se necesitan en muchos contextos, como las empresas, las organizaciones sin ánimo de lucro, las agencias profesionales, el gobierno, la milicia, las comunidades y el hogar familiar.

«Los libros de los que hablas me superan». Lo dudo. La razón principal de que estos pensadores hayan soportado el paso del tiempo es que sus obras son accesibles, vívidas y útiles para prácticamente todo el mundo. Claro está que eso no quiere decir que sean fáciles y rápidas de leer. Te hacen pensar. Sin embargo, ya verás que en *Los grandes del liderazgo* se ha hecho todo el trabajo pesado al seleccionar los mejores libros y al destacar las partes más interesantes. Todo lo que tienes que hacer es sumergirte con mentalidad abierta y preparado para tener en cuenta lo que esos grandes escritores tienen que decir.

«El único liderazgo sobre el que necesito aprender es el liderazgo aplicado a los negocios». Los *negocios* consisten en seres humanos que trabajan para imaginar posibilidades y resolver problemas juntos. Se han venido haciendo durante miles de años. Si eres un líder de los negocios, o quieres llegar a ser uno, creo que las ideas y los ejemplos de los que se habla aquí te parecerán más poderosos que todo lo que te ofrezcan los «gurús del momento». Por supuesto, si tu objetivo es llenar cierto *cubo* educativo concreto, te iría mejor si lees un libro o acudes a un taller sobre ese asunto; pero si tu objetivo es encender una llama —la que ilumine y dé energía a tu camino de líder de los negocios durante muchos años— sería más conveniente que aprendieras de los grandes pensadores que se pueden encontrar en estas páginas.

«Soy mujer, y la mayoría de estos clásicos son libros sobre hombres escritos por hombres». Una de las desventajas legítimas que tiene aprender de los clásicos es que, antes de la mitad del siglo XX, las escritoras eran muy pocas y las que escribían sobre liderazgo eran todavía menos. No creo que ningún libro que tenga menos de cincuenta años pueda considerarse un clásico, de modo que mis posibilidades estaban muy limitadas. A pesar de eso, aquí encontrarás tres libros escritos por mujeres (*El crisantemo y la espada*, de Ruth Benedict; *Frankenstein*, de Mary Shelley, y *Emma*, de Jane Austen), y varios más cuyos personajes principales son femeninos (*Antígona*, *Santa Juana de Arco* y otros), con la intención de garantizar que estuviesen representadas las perspectivas y las experiencias de las mujeres. Además, incluso los libros que contienen preferentemente personajes masculinos se han seleccionado teniendo en cuenta su capacidad para dirigirse a los lectores de cualquier sexo, nación, tribu o época. De manera que les digo a todos mis lectores: lee estos libros clásicos como si se hubiesen escrito para ti, y hallarás información útil y relevante para desarrollarte como líder.

«Todos esos libros son occidentales. ¿Qué pasa con la literatura y la filosofía orientales?». Los libros clásicos de la India, de China y de Japón contienen tanta sabiduría sobre el liderazgo como los occidentales, si no más. En el último capítulo utilizo uno de los textos fundamentales del taoísmo, el *Tao Te King* (o *Dào Dé Jing*), para ilustrar un nivel de liderazgo superior al que se muestra en los trabajos de la mayoría de los pensadores occidentales. Sin embargo, la filosofía oriental no es lugar desde donde partir si se busca el conocimiento del liderazgo, ya que es más adecuada para cursos avanzados. Por esta misma razón, casi todos los que se examinan aquí se han obtenido de la tradición occidental (para ampliar bibliografía, consulta mi blog en www.jocelynrdavis.wordpress.com).

«Estas narraciones e ideas solo pueden comprenderse en un contexto histórico determinado». Esta preocupación es una variante de las dos anteriores, y muchos eruditos estarán de acuerdo y nos dirán: «Todos los libros son vestigios de su lugar y de su época, y así es como deben leerse». Por ejemplo, le pondrían objeciones a mi tratamiento de Moisés como un líder real con lecciones que ofrecer a los líderes de la actualidad; dirían que la narración del Éxodo solo puede tomarse como un relato cuyo propósito fue el de moldear la identidad de una tribu de Oriente Medio en el siglo vi a. de C. Aunque esta perspectiva es válida, he escogido otra que creo que es más valiosa para los lectores no académicos: leer estos libros como si nos hablasen directamente a nosotros desde el fondo de los tiempos y a través de las barreras culturales, como creo ciertamente que hacen. El motivo de que las novelas de Jane Austen sigan siendo superventas no es que millones de personas de hoy quieran hacer un estudio sobre las costumbres de la burguesía inglesa de inicios del siglo XIX, sino más bien que hoy hay millones de personas que se identifican con sus personajes y sus tramas.

Para mí, está fuera de toda cuestión que ciertos libros contienen conocimientos que trascienden el tiempo y el espacio. Doy también por hecho (aunque podría debatirse) que las personas son en primer lugar seres humanos, en segundo lugar individuos y en tercer lugar productos culturales. El sexo y los tópicos étnicos están en cuarto lugar, a mucha distancia. Los líderes tendrían que dividir su tiempo de estudio según esta perspectiva y centrarse en comprender la naturaleza humana profundamente, a los individuos a fondo, a las culturas lo suficiente, y a los grupos étnicos solo en tanto que aporten algún matiz relevante para la comprensión de los tres primeros. Los clásicos que presento aquí son ideales para un plan de estudios así.

«Hoy sabemos mucho más sobre el liderazgo basándonos en la investigación científica». En efecto, ha habido muchísimas investigaciones sobre el liderazgo estas últimas décadas, algunas muy interesantes y útiles. Publicaciones como *Harvard Business Review* y *Psychology Today* te mantendrán informado de las últimas ideas, y a menudo te proporcionarán tácticas útiles. Lo que afirmo no es que los libros clásicos sean más sólidos científicamente que las investigaciones contemporáneas, sino que leer y debatir libros clásicos es una forma mejor de *aprender* a dirigir. En la práctica, el liderazgo es más un arte que una ciencia. Los intentos de «gerencia científica» que se hicieron a principios del siglo XX engendraron un conjunto de teorías sobre el liderazgo que pasaban por alto gran parte de la mente y del corazón humanos. Como resultado de ello, no funcionaban muy bien. La mitad de los artículos sobre gerencia de negocios publicados desde los años sesenta se orientaron a desacreditar esas mismas teorías. Recomiendo que estudies las últimas investigaciones para aprender sobre la ciencia del liderazgo, pero si quieres aprender el *arte* del liderazgo —o sea, si quieres convertirte en la clase de persona a la que siguen los demás—, estudia a los clásicos.

Aunque yo no pondría en un mismo montón a todos los teóricos contemporáneos más de lo que lo haría con los clásicos, creo que cada grupo tiene su sello y fomenta diferentes perspectivas. El punto de vista contemporáneo, que tiene sus orígenes en la «pésima ciencia» de la economía, me recuerda (en su mayor parte) al agua recogida en un depósito de hormigón: se puede beber, pero son aguas poco profundas y tibias y pueden llegar a secarse. El punto de vista clásico me recuerda a un gran lago: amplio y turbulento, con aguas profundas que alimentan los ríos y las corrientes que, al final, hacen que florezcan nuestros jardines. El filósofo Francis Bacon dijo que la edad es lo mejor para cuatro cosas: «La madera vieja, para quemar; el vino viejo, para beber; los viejos amigos, para confiar, y los viejos escritores, para leer».[9]

La tabla I.2, en la página 32 y siguientes, presenta de forma muy simplificada el punto de vista contemporáneo y el clásico sobre cada uno de los temas de este libro.

UNA PREOCUPACIÓN MÁS Y EL PRINCIPIO DE *RATATOUILLE*

A estas alturas espero que estés abierto a la idea de que el liderazgo es un arte liberal que puede adquirirse por medio del estudio de grandes clásicos y por la aplicación de la sabiduría que contienen. Pero podrías preguntarte: ¿quiere eso decir que cualquiera que profundice en esos estudios se convertirá en un gran líder?

Ratatouille es una película animada sobre Remy, una rata parisina que aspira a convertirse en un gran chef.[10] Aunque Remy tiene talento para serlo, se ve cuestionado por sus parientes y sus colegas, que no creen en sus habilidades culinarias y ni siquiera en su deseo de cocinar, porque es... una rata. Él, impertérrito y decidido a seguir su sueño, saca su inspiración de su desaparecido ídolo Auguste Gusteau, que era chef de un restaurante y que escribió un libro de cocina titulado *Todo el mundo puede cocinar*. A lo largo de la película hay varios personajes que se refieren a esa opinión bien con aprobación o bien con desdén, y ninguno más desdeñoso que Anton Ego, el crítico gastronómico más importante de Francia. Este último cree que la idea de «todo el mundo puede cocinar» es una sandez y lo ratifica escribiendo críticas mordaces de platos preparados por chefs que no están a la altura de su riguroso criterio.

Sin embargo, al final Ego se conmueve hasta las lágrimas por un plato que Remy ha ideado y preparado para el restaurante Gusteau. Para su gran sorpresa, al poco tiempo descubre que Remy no solamente es un novato, sino que además es un roedor. Esa misma tarde, escribe una crítica brillante del Gusteau y de su nuevo fichaje, en la que modifica su opinión anterior diciendo: «No todo el mundo puede ser un gran chef, pero un gran chef puede salir de cualquier sitio».

Lo que ocurre con los chefs, ocurre con los líderes. Es cierto: no todos los líderes pueden ser Grandes con G mayúscula. Los líderes verdaderamente grandes son pocos, y sin duda han nacido con alguno de los recursos que los empujan hacia la grandeza, por no decir que tienen la suerte de estar en el lugar adecuado en el momento adecuado. Aun así, por parafrasear las palabras de Anton Ego, un gran líder puede salir de cualquier sitio. No tenemos que mirar solamente las filas de alumnos de másteres en las prestigiosas escuelas de negocios, o entre los bien conectados políticamente. No tenemos que mirar solo a aquellos que tienen grandes despachos o un millón de seguidores en Twitter. Existen líderes espectaculares en todos los ámbitos de la vida que ahora mismo están marcando la diferencia en tiendas y oficinas, museos y escuelas, ayuntamientos y barrios. ¿Podrías tú ser uno de ellos? El principio de *Ratatouille* dice que sí.

E incluso si el gran liderazgo resulta algo que está más allá de nuestro alcance, todavía podemos aspirar a un liderazgo mejor, algo por lo que claman todas las organizaciones y las comunidades. Todo lo que necesitamos son ciertos profesores atemporales, unos cuantos compañeros de estudio y un mapa para el viaje.

Tabla 1.2 Puntos de vista contemporáneos y clásicos del liderazgo

ASUNTO	LO QUE TIENDEN A DECIR LOS GURÚS DE HOY	LO QUE TIENDEN A DECIR LOS CLÁSICOS
El líder	Es un propulsor de cambio, carismático y visionario	Es alguien que toma la iniciativa, genera esperanza y se enfoca en la gente
Trampas del liderazgo	Nos amenazan cuando no tenemos suficiente confianza, inteligencia o decisión	Nos amenazan cuando ponemos tener razón por delante de ser eficaces
Cambio	Se acelera cuando el líder explica por qué es necesario el cambio y plantea claramente los nuevos procedimientos	Se acelera cuando el líder tiene en cuenta las fases naturales del cambio y escucha las emociones del equipo respecto a dicho cambio
Justicia	Es cuestión sobre todo de ser objetivo e imparcial, y de aplicar exactamente las mismas reglas a todos	Es cuestión sobre todo de saber lo que es adecuado o debido a cada persona, incluso si eso implica tratar a alguna de forma diferente
Poder	Es algo negativo y no debería intentarse ejercerlo abiertamente; se correlaciona directamente con el rango	Es la capacidad de conseguir que se haga el trabajo y de que las cosas ocurran; no necesariamente se correlaciona con el estatus
Autoridad	Es igual que el poder y brota únicamente del título personal	Está separada del poder y tiene tres fuentes potenciales: racional/legal, tradicional e intrínseca
Crisis	Exigen que los líderes tomen decisiones sin titubeos cuando funcionan «al límite»	Exigen la capacidad de seguir aprendiendo y de ayudar a los demás a aprender en medio de la agitación

Tabla I.2 Puntos de vista contemporáneos y clásicos del liderazgo

ASUNTO	LO QUE TIENDEN A DECIR LOS GURÚS DE HOY	LO QUE TIENDEN A DECIR LOS CLÁSICOS
Ventajas competitivas	Se basan en encontrar un nicho de mercado sin competencia	Se basa primero en la unidad interna del equipo, en la agilidad y en la excelencia; y luego en la astucia para darle la vuelta a la situación con un competidor
Dilemas	Son un tipo de problemas que se alzan en entornos inestables y que requieren soluciones más ingeniosas que de costumbre	Son un eterno tipo de desafío fundamentalmente diferente de los problemas, y que requiere dirección, no soluciones
Comunicación	Consiste en transmitir una visión tan estimulante que quienes escuchen deseen participar activamente en el proceso	Consiste en transmitir a los que escuchan cuán especial es la empresa a la que pertenecen y qué es lo que se espera de ellos
Motivación	Depende de las necesidades básicas (seguridad y sustento). Solo si estas están cubiertas puede aspirarse a cubrir necesidades superiores	Se apoya en el impulso básico humano hacia el significado, que persiste incluso cuando no se cumplen las necesidades básicas
Tipos de personalidad	Son una forma de valorar las diferencias entre individuos	Son una forma de valorar las diferencias entre individuos y de calibrar nuestros propios defectos y puntos ciegos
Decisiones	Mejoran cuando nos percatamos de los numerosos sesgos cognitivos y nos protegemos de ellos	Mejoran solo cuando comprendemos el sesgo fundamental que subyace bajo los demás y actuamos para mitigarlo
Cultura	No puede entenderse realmente por los de fuera; lo mejor que podemos hacer es aprender las reglas de etiqueta de varias naciones	Puede aprehenderse por medio del estudio y la exploración; puede ampliarse con la escucha, la identificación y la humildad

Tabla 1.2 Puntos de vista contemporáneos y clásicos del liderazgo

ASUNTO	LO QUE TIENDEN A DECIR LOS GURÚS DE HOY	LO QUE TIENDEN A DECIR LOS CLÁSICOS
Relaciones	Se entienden mejor como grados de cercanía en una sola dimensión, de desconocidos a amigos	Se entienden mejor como puntos dispuestos en dos dimensiones: con o contra ti, y condicional e incondicional
Responsabilidad	Aumenta fácilmente mientras seamos claros e inflexibles sobre lo que se espera	Es ambigua y plagada de dificultades; los esfuerzos para aumentarla son contraproducentes a menos que se acompañen de esfuerzos para eliminar el miedo
Desarrollo del talento	Necesita líderes que diagnostiquen las oportunidades de mejora de los miembros del equipo y que trabajen para cerrar esas diferencias	Necesita líderes que cultiven el talento ya presente y que ayuden a los miembros del equipo a dar lo mejor de sí mismos
Visión	Es algo que todo líder debe expresar y seguir	Es un juego arriesgado al que seguir solo cuando se hayan agotado las opciones más seguras
Carácter	Es simplemente cuestión de ser auténtico y fiel a los valores personales, y de comprometerse con alcanzar los objetivos	Es cuestión de equilibrio, de mantener un término medio; consiste en virtudes concretas que se desarrollan principalmente a través del dominio de sí mismo
Niveles de liderazgo	Corresponden a los cargos (gerente, director, etc.); pueden eliminarse si la organización elige ser «plana»	Corresponden a la repercusión positiva que tengamos y al legado que dejemos; existen hasta en las organizaciones «planas»

Primera parte

EL CORAZÓN DEL LIDERAZGO

El mejor liderazgo empieza con dos preguntas: ¿cuáles son los comportamientos que distinguen a los líderes verdaderos de los falsos? y ¿cuáles son las trampas más peligrosas del liderazgo?

Elevadas preguntas son estas, pero en el mejor sentido: reflexionar sobre ellas te elevará sobre la agitación diaria. Digamos que te eleva sobre los cinco correos que Diego te envió a las ocho y cuarto de la mañana sobre el problema en contabilidad cuya solución necesita del informe que Carol tenía que tener terminado ayer, pero resulta que Carol está de baja por enfermedad y dijo que se lo pasaría a Ted, en quien no tienes mucha confianza y que depende de Suzanne, de quien sospechas que quiere boicotearte.

Tanto si eres nuevo en esto del liderazgo como si eres un experto, estar al cargo puede parecerse a caminar trabajosamente en una ciénaga por un camino empantanado, con mosquitos rondando tu cabeza y zonas de arenas movedizas que amenazan con tragarte. Sin embargo, si te tomas una pausa y miras bien, verás escaleras aquí y allá: una oportunidad de subir, inhalar aire profundamente y conseguir algo de perspectiva antes de volver a meterte en el fango. ¿Cuáles son los comportamientos que identifican al líder verdadero? ¿Cuáles son las trampas de las que se debe cuidar un líder? Estas preguntas son las primeras escaleras que subiremos.

En el capítulo 1 se considerarán las creencias y verdades a través de la lente de uno de los relatos más antiguos sobre el liderazgo: el de Moisés, tal como se narra en el libro del *Éxodo* en el Antiguo Testamento. Y en el capítulo 2 seguiremos con *El rey Lear*, la obra teatral de Shakespeare sobre un líder que se tropieza con un círculo de confusiones, desciende a la locura y emerge, finalmente, hacia la luz.

Grandes escritores
MOISÉS Y EL ÉXODO

Este antiguo relato nos ayuda a ver los errores que contiene una falsa creencia sobre el liderazgo, perniciosa y persistente.

Los acontecimientos del relato del Éxodo se fechan tradicionalmente alrededor del 1400-1300 a. d. C., pero las evidencias arqueológicas muestran que en realidad ocurrieron mucho más tarde, si es que ocurrieron. Los eruditos modernos creen que el relato fue documentado en el siglo VI a. d. C., durante el exilio en Babilonia de los israelitas, y luego se completó y se revisó a lo largo de los dos siglos siguientes. Aunque no existe indicación alguna de que una población de más de medio millón de personas saliese de Egipto en algún momento, se conservan unos cuantos documentos que nos hablan de que una cantidad de gente mucho menor fue llevada a Egipto como cautiva y mantenida en esclavitud, para finalmente salir de aquella región; todo ello en algún momento durante el primer milenio anterior a Cristo. Esos incidentes bien podrían ser el origen del relato.

Sin embargo, no nos preocupa la precisión histórica de los hechos narrados en el Éxodo. Everett Fox, traductor y editor de *La Biblia Schocken*, describe el Éxodo como «una mezcla de remembranzas históricas, elaboradas fantásticamente y vueltas a contar didácticamente»[1] y lo compara con las narraciones semilegendarias de la fundación de Norteamérica –Washington y el cerezo, el Tea Party de Boston y demás–, cuyo propósito no es el de presentar información, sino más bien el de educar a los lectores sobre los ideales de fondo de una nación. De forma parecida, el propósito que tiene el segundo libro del Antiguo Testamento es unificar a la gente por medio de un conocimiento común de quién es y qué la hace especial. Ya que transmitir un conocimiento así es una habilidad clave para cualquier líder que se precie, merece la pena leer el Éxodo simplemente para comprobar cómo funciona esa clase de narración. Pero, más importante aún, este relato parcialmente fantástico sirve de contrapeso a una creencia malsana que aún hoy continúa distorsionando nuestro concepto de liderazgo: un concepto que considera el carisma una condición *sine qua non*.

Lee esto en el libro del Éxodo, capítulos 1-18 y 32-34.

Capítulo 1

Una falsa creencia, tres verdades

E l libro del Éxodo nos cuenta que un hombre de autoestima inestable, con un trastorno del habla y con tendencia a apoyarse en
sus parientes es escogido por Dios para conducir a la libertad a un
pueblo compuesto de seiscientas mil personas. Moisés no encaja en la
idea común de lo que es un gran líder; sin embargo, a pesar de eso el
relato de su liderazgo es quizás el más conocido del mundo, dado que
la Biblia es el libro más vendido de todos los tiempos y que *Los diez
mandamientos* es una de las películas más vistas. Es un buen lugar desde el que comenzar, porque si tenemos cualquier idea preconcebida
o superficial sobre los líderes —como la creencia descrita a continuación—, la vida de Moisés es la más indicada para desmontar dicha idea
y para abrirnos a ciertas verdades más profundas.

UN EJECUTIVO CARISMÁTICO

La palabra *carisma* procede del griego clásico, y significa «un favor que uno recibe sin mérito propio; un regalo de la gracia divina».
Hoy ha llegado a utilizarse para describir la capacidad de cautivar a la
gente con una visión de futuro expresada elocuentemente. La marca

distintiva del líder carismático es un discurso emocionante pronunciado desde una posición elevada: un caballo, una mesa de un café, el puente de un barco de vela... Esta imagen está profundamente imbuida en la cultura occidental y en el ámbito del desarrollo del liderazgo, a pesar de ciertas ridiculizaciones que se han dado en los últimos años. Las descripciones del puesto de trabajo destinado a líderes expertos incluyen invariablemente la «presencia ejecutiva» (otro nombre en clave para carisma) como requisito fundamental, y los modelos de competencia en el liderazgo comprenden generalmente un apartado llamado «inspirar a los demás». Los grandes líderes del pasado, desde Julio César hasta Juana de Arco, se describen frecuentemente en los libros de historia como carismáticos y sus éxitos se atribuyen a esa cualidad. En uno de los primeros seminarios sobre dirección a los que acudí, el instructor empezó diciendo llanamente:

—El liderazgo es un asunto de carisma; lo difícil es averiguar qué es el carisma.

Nada de esto sería problemático si se viese el carisma como el glaseado de la tarta de la capacidad de liderazgo, y si las decisiones para contratar personal se basasen en la calidad de la tarta al completo. Sin embargo, demasiado a menudo los líderes se contratan o ascienden dependiendo del glaseado, y ahí es cuando las cosas se ponen mal, como ocurre en el ejemplo siguiente.

Oliver, un profesional experto en *marketing*, acababa de conseguir el puesto de responsable máximo de consumidores en HomeCo, una empresa de productos de consumo que figura en la lista de Fortune 100.[2] En su carta de presentación, el seleccionador de personal, apuntó lo siguiente: «Su experiencia es impecable, y lo que es más importante: es especialista en tecnología puntera. Cuando hables con él, verás que tiene varias ideas fascinantes y los conocimientos necesarios para impulsar el cambio. Con sinceridad, es un visionario».

Oliver entró en la empresa en un momento turbulento. Estaba en marcha una reestructuración, lo que significaba, entre otras cosas, despidos para unas treinta personas de su grupo, que era de cien. Aunque las decisiones de reestructuración no habían sido suyas, sus empleados necesitaban información sobre los cambios en marcha y él no pudo proporcionársela. Transcurrieron cinco meses antes de la fecha de la asamblea general, y durante esos cinco meses él mantuvo esporádicas reuniones privadas con sus subordinados directos. Se relacionaba sobre todo con los ejecutivos, y en aquellas situaciones le era fácil desplegar todo su carisma.

Oliver hablaba de forma convincente sobre los resultados que había conseguido en trabajos anteriores. Aseguraba que el campo de las oficinas de atención al cliente estaba atrapado en el pasado y tenía que redefinirse por completo como parte del servicio al consumidor. Hablaba de las nuevas tecnologías que planeaba instalar, de las formas novedosas en que utilizaría las redes sociales y de los lazos que se forjarían con los departamentos de *marketing* y de desarrollo de productos. Lo más impresionante de todo es que hablaba como una persona de negocios, algo en lo que ninguno de los anteriores jefes de atención al cliente de HomeCo había sido especialmente bueno. Pero cuando se enfrentó a su primera asamblea de equipo, en la que pronunció un discurso enérgico sobre el futuro del grupo y quiso saber si había preguntas, hubo un silencio abrumador. Después uno de los empleados explicó así la situación:

—Uno no puede estar ausente cinco meses y luego convocar una reunión en la que intenta ser todo carisma.

La marcha de Oliver se anunció medio año después de haber llegado. Dada su evidente inteligencia, uno podría preguntarse si era un líder de negocios eficaz al que sencillamente le faltaba experiencia. Pero más adelante se supo que durante su corto período de ejercicio se había gastado con mucho su presupuesto anual completo. Un año después, el grupo de atención al cliente aún se esforzaba por salir del agujero económico que había dejado. Por aquel entonces, el consenso en HomeCo era que Oliver, aunque era innegablemente carismático, no era un líder.

Así pues, el carisma no es suficiente para un liderazgo eficaz; pero ¿es siquiera necesario? Nuestro primer clásico nos dice que no.

MOISÉS, EL MUNDO

Moisés, el personaje principal del Éxodo, no encaja con la imagen corriente que se tiene de un gran líder. Aunque hacia el final del relato su confianza en sí mismo ha crecido, a través de los diez primeros capítulos apenas dice una sola palabra, excepto para expresar dudas sobre su capacidad de cumplir con las expectativas. Ciertos observadores modernos lo consideran introvertido (ver «A hombros de gigantes: Susan Cain sobre las creencias y las verdades del liderazgo», en la página 43); yo iré aún más lejos y diré de él que era un hombre nervioso y tremendamente tímido.

En la película *Los diez mandamientos*, Moisés muestra una resistencia orgullosa cuando lo detienen y lo exilian por haber matado a un supervisor egipcio; sin embargo, en el libro él simplemente sale corriendo cuando se da cuenta de que su crimen ha salido a la luz. «¡El asunto se sabe, con seguridad!», dice (Éxodo 2,14), y huye del país en un momento de pánico.[3] En su nueva patria encuentra esposa y se establece como pastor, trabajando para su suegro. No muestra ambiciones mayores que esa durante muchos años. Hasta que un día recibe la gran llamada: Dios se le aparece en una zarza ardiente y le dice que conduzca a los hebreos fuera de Egipto. Estas cuatro frases son la respuesta de Moisés:

¿Quién soy yo para presentarme ante el faraón a decirle que debo llevarme de Egipto a los hijos de Israel? (3, 11).

Les diré: el Dios de vuestros padres me ha enviado a vosotros, y ellos me dirán a mí: ¿cuál es su nombre? ¿Qué debo responderles? (3, 13).

Pero ellos no confiarán en mí, y no atenderán a mi voz, y me dirán: ¡tú no has visto a YHWH! (Yahvé) (4, 1).

Te lo ruego, mi señor, no soy hombre de palabras [...] ¡pues soy duro de palabra y lengua! (4, 10).[4]

A hombros de gigantes
SUSAN CAIN SOBRE LAS CREENCIAS Y LAS VERDADES DEL LIDERAZGO

En su libro *Silencio: el poder de los introvertidos en un mundo incapaz de callarse*, Susan Cain escribe muchas alabanzas de los introvertidos, aquellos a los que se describe con frecuencia como tímidos, pero que deberían ser llamados más acertadamente analizadores. Los introvertidos rehúyen la autopromoción y las exhibiciones ruidosas, a favor de asumir una postura silenciosa o de hacer una contribución discreta.

Cain es una notable desprestigiadora contemporánea del concepto de «liderazgo como carisma» y aboga por un punto de vista diferente. En su libro habla de los grandes líderes que «evitan ser el centro de atención», entre ellos Rosa Parks, Steve Wozniak, Mahatma Gandhi, Eleanor Roosevelt y Moisés, del que dice que «no era del tipo hablador y desenvuelto, que organiza viajes y despliega su elocuencia en un aula de la Escuela de Negocios de Harvard».[5] En lugar de eso subió a una montaña para hablar con Dios cara a cara y escribió cuidadosamente en dos tablas de piedra todo lo que aprendió.

Cain dice: «No nos preguntamos por qué escogió Dios como su profeta a un tartamudo con fobia a hablar en público, pero deberíamos hacerlo».[6]

Dios intenta calmar a Moisés. Le revela su identidad, le promete su apoyo, le enseña algunos trucos de magia para impresionar a los hebreos y le pide que no se preocupe sobre lo de hablar en público porque él mismo le dirá todo lo que tenga que decir. A pesar de toda esta ristra de demostraciones, el quinto y último comentario de Moisés viene a decir básicamente: «¿Es que no puedes encontrar a otro?», con lo que Dios pierde la paciencia. Le dice que su hermano Aarón puede ser el líder y deja claro que el debate se ha terminado.

Moisés hace el equipaje, probablemente al no ver otra alternativa. Se dirige a Egipto, se encuentra con Aarón y le informa, sin mucho entusiasmo, de la tarea que tienen por delante. Dios organiza diez plagas para convencer al faraón de que libere a los esclavos, y a través de las primeras nueve Moisés casi no dice ni hace nada. Es Aarón quien habla y quien empuña el bastón que convierte el Nilo en sangre y congrega las ranas y los mosquitos, mientras Moisés se queda en segundo plano transmitiendo las instrucciones de Dios. Solamente en el inicio de la décima plaga —la matanza de los primogénitos de Egipto y la Pascua de los hogares hebreos— le dirige unas pocas palabras al faraón o le indica algo a su propio pueblo. Y, sorprendentemente, es justo *antes* de pronunciar el discurso cuando se percibe por primera vez su situación de liderazgo: en ese momento, dice el narrador, a Moisés «se lo considera extremadamente grande en la tierra de Egipto, ante los ojos de los sirvientes del faraón y ante los ojos del pueblo» (11, 3). Claramente, los discursos estimulantes no son la razón, ya que él no pronunció ninguno.

El líder carismático es también un líder solitario. Siempre es un general, no dos, el que proclama el discurso entusiasta desde el lomo de un caballo. Es Norma Rae* la que se alza en la mesa de la fábrica de tejidos con el cartel SINDICATO,[7] no Norma Rae y su hermana. Tendemos a imaginar a los líderes solos, pero, en realidad, los líderes raramente se alzan solos, como vemos en el resto del relato del Éxodo.

Poco a poco, durante la salida de Egipto, la separación de las aguas del mar Rojo y el largo camino por el desierto, Aarón va quedándose en la sombra y Moisés pasa a primer plano. Para cuando la gente llega a la región donde la esposa de Moisés y su familia política todavía viven, este se ha convertido en el único líder de la tribu. Ahora su retrato empieza a cuadrar con la imagen popular: el gran patriarca barbado encaramado a una roca, por encima de su pueblo y apartado de él, en comunicación directa con un poder superior. Pero entonces —justo cuando empezábamos a sentir que es el Moisés que conocemos— comete su primer gran error. Su suegro, Jethro, le llama la atención por ello:

---

* N. del T.: la autora se refiere a la película de 1979 del mismo título, basada en la vida real de la sindicalista Crystal Lee Sutton.

Moisés se sentó para juzgar al pueblo, y el pueblo estuvo ante Moisés desde el amanecer hasta el ocaso. Cuando el suegro de Moisés vio su modo de proceder, dijo: ¿qué estás haciendo? ¿por qué te sientas solo mientras todo el pueblo se coloca en torno a ti desde el amanecer hasta el ocaso? (18, 13-14).

Moisés afirma que el pueblo le trae sus disputas porque saben que él tiene línea directa con Dios y nadie puede juzgar como él. Jethro no está en desacuerdo, pero aun así insiste en que esa disposición no funcionará:

¡No eres bueno para este asunto, tal como lo haces! Te agotarás, sí, te agotarás [...] porque este asunto es demasiado pesado para ti y no puedes hacerlo solo [...] tienes que tener la visión de elegir hombres de calibre entre todo el pueblo [...] todo asunto importante, que lo traigan ante ti, pero todos los pequeños deben juzgarlos ellos mismos. Haz que sea ligero para ti, y déjalos que lleven la carga contigo (18, 17-22).

Moisés sigue el consejo de Jethro y empieza a seleccionar y delegar. Elige «hombres de calibre» y crea una estructura organizativa que a cualquier empleado moderno le resultaría familiar, con «jefes de miles, jefes de cientos y jefes de decenas» (18, 25), autorizado cada uno de ellos a tomar decisiones de cierta importancia. Como estamos empapados de la creencia en el líder heroico, podríamos ver toda la escena como extrañamente corporativa: Moisés el profeta debe construir una organización. En una versión en película aparecería dibujando mapas organizativos y manteniendo reuniones matinales con los jefes.

Lo ocurrido a Oliver muestra que el carisma es insuficiente para un liderazgo eficaz; el Éxodo nos muestra asimismo que es innecesario. Moisés no tiene ni una pizca de carisma, ni tampoco se le exige o se le anima a alzarse en solitario, pero a pesar de eso lo siguen miles de personas y logra grandes cosas.

¿QUÉ HACE A UN LÍDER?

Nada de esto quiere decir que la comunicación elocuente no sea útil o que el heroísmo individual no se necesite en ocasiones; solamente significa que ninguna de esas características es la marca del líder verdadero. Pero si no lo son, ¿qué lo es? ¿Qué es un líder sino la estrella carismática que cabalga a la cabeza del ejército? Dicho de otra manera, ¿cómo podemos distinguir a los líderes verdaderos de los falsos?

Existen tres pistas, tres comportamientos que caracterizan al líder verdadero. En este capítulo voy a referirme a ellos brevemente, junto con los tres tipos correspondientes del «falso líder». En la cuarta parte volveré a esas verdades, abundaré en ellas y las utilizaré para definir un nuevo conjunto de niveles de liderazgo relacionados con la repercusión que tiene el líder, más que con el cargo empresarial que se ostente.

Lo primero de todo, dicho con las palabras de la hija de seis años de uno de mis colegas, es que **los líderes van los primeros**. Los buenos líderes toman la iniciativa cuando los demás se quedan atrás. Hablan cuando los demás se quedan en silencio. Avanzan paso a paso hacia el frente donde no existe camino y componen un ejemplo para que lo sigan los demás. No siempre los verás en primera línea; con frecuencia se los ve trabajando al lado de su equipo o aceptando un puesto entre bastidores de modo que su gente pueda brillar en primer plano. Pero sea lo que sea por lo que elijan alzarse en un momento concreto, será con la salvaguarda de una pared, con el trasero a cubierto y observando por dónde sopla el viento. Por el contrario, existen muchísimas personas de alto rango que hacen justamente eso, y aunque tengan títulos de liderazgo impresos en sus tarjetas de visita, no son líderes, sino *lacayos* (ver «Herramienta de valoración: ¿cuál de los falsos líderes?», a continuación).

Herramienta de valoración
¿CUÁL DE LOS FALSOS LÍDERES?

Piensa en uno de los peores líderes que conozcas, lo que llamamos un «falso líder». Elige la frase que mejor le encaje en cada una de las preguntas siguientes. Después utiliza la clave del final para interpretar los resultados.

Repite el cuestionario en referencia a otros falsos líderes, y por último pregúntate a ti mismo hacia cuál de las tres direcciones te inclinas en tus peores momentos y qué podrías hacer para evitar esa tendencia.

1. ¿Cómo se comporta en general?
    A. Se atiene a las normas y políticas oficiales pase lo que pase
    B. Emprende cualquier acción que mantenga o aumente su poder
    C. Hace lo que aprueben los grandes jefes

2. ¿Cuál es su conducta habitual?
    A. A la hora de hacer negocios; raramente establece contacto visual; a menudo no tiene tiempo para hablar
    B. Parece enojado frecuentemente; grita y chilla cuando las cosas van mal
    C. Agradable ante ti, pero te apuñala por la espalda

3. ¿Cómo pasa la mayor parte de su tiempo?
    A. Controlando a los empleados o calculando resultados
    B. Está ausente a menudo; cuando está presente, critica el trabajo de la gente o exige explicaciones por los errores
    C. Fuera de la vista, haciendo poquísimo, al parecer

4. ¿Qué utiliza para mantener el control sobre sus subordinados?
    A. Sistemas y procesos
    B. Espías e informantes
    C. La autoridad de los directivos de mayor nivel

5. ¿Cuál parece ser su objetivo principal?

   A. Asegurarse de que la gente sigue las reglas

   B. Asegurarse de que la gente lo tema

   C. Asegurarse de que la gente lo deje en paz y no le pida que tome decisiones

Clave

Mayoría de A   Es un burócrata

Mayoría de B   Es un déspota

Mayoría de C   Es un lacayo

A pesar de su timidez natural, Moisés no se refugia tras los muros, sino que, más bien al contrario, parece inclinado a dar un paso adelante. Después de huir de Egipto y de establecerse en la tierra de Madián como pastor, un día sale con su rebaño y contempla algo extraño: una zarza que arde sin consumirse. Otro hombre podría haber huido, o quizá se hubiera encogido de hombros y seguido adelante, pero Moisés exclama: «¡Me acercaré para poder ver esta maravilla de por qué no se consume la zarza!» (3, 3). En ese momento, «cuando el señor Yahveh vio que Moisés se acercaba para ver», pronuncia su nombre desde dentro de la hoguera (ahora es cuando se alejaría corriendo la mayor parte de la gente) y Moisés dice sencillamente: «Aquí estoy». Tal vez este incidente fuese el primer examen de liderazgo de Dios: ¿es este un hombre que irá y verá?, ¿es un hombre que tomará la iniciativa?

Lo segundo es que **los líderes generan esperanza**. Los líderes nos ayudan a ver la luz al final del túnel, o nos lanzan un salvavidas cuando nos hundimos bajo las olas. «El líder es un proveedor de esperanza», dijo Napoleón Bonaparte, y el opuesto del proveedor de esperanza es el déspota, que trafica con miedo. Aunque varios pensadores políticos de la línea dura (sobre todo Nicolás Maquiavelo; ver el capítulo 3) han argumentado que para un líder es más importante ser respetado que amado, hasta ellos reconocen que un líder que nos haga sentir terriblemente inseguros respecto al futuro tiene muchas menos probabilidades de éxito que uno que suscite la creencia en un mañana mejor.[8]

A pesar de que puede parecer que el carisma se está colando de nuevo en nuestra definición de liderazgo, generar esperanza no tiene que ver por lo general con discursos carismáticos lanzados a la multitud. Con mucha más frecuencia tiene que ver con palabras y hechos sencillos. Uno de los fragmentos más impresionantes del libro del Éxodo cuenta cómo Moisés explica a los hebreos, muy brevemente, que deben pintar los marcos de sus puertas con sangre de cordero de manera que el «ángel de la muerte» de Dios pase de largo ante sus casas la noche de la plaga final para que sus primogénitos se libren de ella, y cómo deben enseñar a sus niños lo ocurrido aquella noche (12, 21-27). No es un discurso —realmente es solo una serie de instrucciones— pero Moisés planta en sus mentes una imagen del asombroso poder de Dios, de su sorprendente amor por ellos y del futuro que puede prever gracias a ese amor. Como resultado, ellos se «inclinan» y hacen lo que les dice, con la esperanza renovada.

Por último, **los líderes se enfocan en la gente**. En palabras de Grace Murray Hopper, científica informática y contralmirante de la Marina de los Estados Unidos: «Las cosas se manejan, a la gente se la dirige». Por supuesto, hay muchísimos directivos que poseen excelentes habilidades con la gente. Sin embargo, el papel de la dirección consiste principalmente en utilizar políticas, sistemas y procedimientos para controlar las actividades de una organización. Las cosas son mucho más fáciles de controlar que la gente, de modo que para alguien que actúa en un papel puramente administrativo, la gente va después de las cosas (Peter Drucker bromeaba con esto: «Gran parte de lo que llamamos dirección consiste en poner trabas a los trabajadores en el ejercicio de su labor»). El liderazgo, por el contrario, se concentra en los seres humanos: en su desarrollo, en movilizarlos y en ganarse su confianza.[9] Cuando los que están en puestos de autoridad hacen más hincapié en la dirección que en el liderazgo, se convierten en *burócratas*: los señores de los procedimientos que se olvidan de la humanidad de sus «recursos *humanos*».

El Moisés que se retrata en el libro del Éxodo no es ningún burócrata. Después de que algunos judíos rompen el primer mandamiento al construir un becerro de oro al que adorar como ídolo, un Dios iracundo amenaza con destruirlos a todos. Moisés no se refugia, ni tampoco sale con legalismos. En lugar de eso, le recuerda sencillamente a Dios que ellos son su pueblo elegido: «Esta nación es en verdad tu pueblo —le dice— y somos distintos, tu pueblo y yo, de cualquier otro pueblo que haya sobre la faz de la Tierra» (33, 13-16). Casi parecería que Moisés anime a Dios a actuar más como un líder que como un director; que se enfoque en su relación con los israelitas y en todo aquello en que pudieran convertirse, más que en las normas que hayan quebrantado.[10] Moisés ruega perdón, y luego permiso para ver a Dios. Esta parte del libro termina con la respuesta a sus oraciones y con su liderazgo establecido al fin sin género de dudas.

Tomar la iniciativa, generar esperanza, enfocarse en la gente: estas son las verdades que sustituyen a la falsa creencia del solitario líder carismático, y que conforman la marca del líder verdadero. Dice el libro del Deuteronomio que después de Moisés hubo otros profetas, pero que ninguno se igualó al pastor trabado de lengua con el que Dios habló cara a cara y al que escogió para que fuera su hombre fuerte.

◉ ◉

A continuación examinaremos ocho trampas comunes del liderazgo. Todas ellas son consecuencias del mismo gran error.

Grandes escritores

EL REY LEAR, DE WILLIAM SHAKESPEARE

Shakespeare sacó la trama de *El rey Lear* de un antiguo cuento popular inglés, en el que un anciano rey decide repartir su riqueza y sus tierras entre sus tres hijas y las hace competir por su parte de la herencia mostrándole cuánto lo aman. Las dos hijas mayores pronuncian exagerados discursos en los que proclaman que aman a su padre más que a nada en el mundo, o más que a la vida misma, con lo que consiguen grandes porciones del reparto. La hija menor, sin embargo, o se queda en silencio o dice algo frío y ambiguo, como «te amo más que la carne a la sal».

En la versión de Shakespeare, escrita en 1608, la hija menor, Cordelia, dice esto: «No puedo poner mi corazón en mi boca. Amo a vuestra majestad según mis vínculos, ni más, ni menos» (acto I, escena 1.ª). Se niega a hablar más. Lear, furioso por su aparente crueldad, la destierra y rescinde su dote. Cordelia marcha con su pretendiente, el rey de Francia, que todavía desea casarse con ella. Lear sobrevive a su propio destierro, y después de muchos infortunios, al final termina por comprender: Cordelia era la que más lo amaba.

Shakespeare añade una trama secundaria sobre otro padre, el conde de Gloucester, que, al igual que Lear, cree en el hijo erróneo. Ambos hombres son traicionados por sus antiguos aduladores, que los expulsan de sus hogares y permiten que deambulen locos (Lear) o ciegos (Gloucester). «Todo es deprimente, oscuro y mortal», dice el conde de Kent en la escena final de la obra; aun así, hacia el final los dos padres han conseguido escaparse parcialmente de los lodazales en los que cayeron. No se les podría considerar felices, pero se les podrá considerar libres.

Lee esto en *El rey Lear*, acto I, en el que se presentan los personajes principales y el fundamento de la obra.

Capítulo 2

Ocho trampas

Que gran parte de la infelicidad del mundo proviene del mal liderazgo se hace muy evidente cuando piensas en un tirano infame del escenario mundial, pero no es tan evidente cuando piensas en la persona que vive en la puerta de al lado. Aun así, por cada Hitler o Stalin existen un millón de pequeños déspotas y diez millones de pequeños burócratas a los que, en comparación, no se les puede llamar diabólicos, pero que van por la vida esparciendo desgracias lo mismo que un niño pequeño se unta de mermelada. ¿Qué es lo que hace que estos falsos líderes solapados sean lo que son?

TRAMPAS PARA LÍDERES

En un capítulo de *Cartas del diablo a su sobrino*, el libro de C. S. Lewis sobre el arte de la tentación visto desde el punto de vista de un diablo, el veterano diablo Screwtape propone un brindis en un banquete en el infierno. El menú tiene platos elaborados con almas humanas y Screwtape empieza su discurso con reminiscencias nostálgicas de los días en los que los invitados cenaban malhechores de la talla de Casanova o Enrique VIII. Dice que aquellas cenas ofrecían «algo crujiente y sabroso», mientras que la de aquella noche no había consistido en más que «una mezquina autoridad municipal mugrienta, con salsa de corrupción» y otros guisos aguados y sosos.[1] Sin embargo, se apresura a añadir que el infierno tiene todavía mucho que celebrar, porque aunque la calidad de la comida es penosa, la cantidad ha aumentado vertiginosamente: «No hemos tenido nunca almas [de ninguna clase] en mayor abundancia», asegura.

Lo que dice Screwtape es interesante. Las instituciones de hoy, aunque no se pueden permitir líderes verdaderamente malos del mismo nivel de los que tuvieron las antiguas y las medievales, consiente ciertamente que ascienda más gente a puestos desde los que pueden ejercer una influencia destructiva, aunque se tratase solamente de la oportunidad de estar en el Comité de Planificación de las Actividades de los Empleados para rechazar todos los lugares que se propongan para hacer la fiesta de verano. Habrá menos gente como Stalin, pero supervisores tóxicos y agobiantes directores de proyectos hay muchos más. Y puesto que ahora somos más los que tenemos oportunidad de ser líderes, somos más los que hemos de preocuparnos y evitar los errores a los que estos son propensos.

Por supuesto, todos juramos no ser como ese mal jefe que todos conocemos: el que cada dos por tres tiene rabietas, o ese otro, el pasivo-agresivo que se niega a tomar una decisión y luego le echa la culpa a los subordinados por el lío consiguiente. Sin embargo, al hacer esos votos nos olvidamos de una verdad esencial: nadie se levanta por la mañana *con el propósito* de ser un gerente horrible. Exactamente como hacemos nosotros, los Gerentes Horribles salen de sus camas con el propósito de hacer un buen trabajo, de conseguir unos cuantos objetivos y de ganarse el respeto de los demás.

Pero el camino al infierno, como cualquier Screwtape podría decirnos, está pavimentado con buenas intenciones. Con «mi intención era buena», no basta. Aquellos que quieran evitar transformarse en falsos líderes deben tener los ojos bien abiertos para no caer en ninguna de estas ocho trampas:

1. Pasar por alto los puntos ciegos.
2. Ser ingenuo sobre las relaciones.
3. Menospreciar el aspecto emocional.
4. Recurrir a respuestas simplistas.
5. Cantar victoria demasiado pronto.
6. No adaptarse.
7. Infravalorar los puntos fuertes de los demás.
8. Dominar y renunciar.

Antes de que nos sumerjamos más a fondo, deja que establezca dos ideas generales.

La primera es que estos ocho errores pueden comprenderse como versiones de un mismo error dominante: *elegir tener razón en lugar de ser eficaz*. Esta es la supertrampa, el error que genera los demás errores. Como líder debes comprometerte con una opción o con la otra —tener razón o ser eficaz—, porque muy a menudo no serán compatibles. De hecho, es posible que tener «razón» en cada paso del camino lleve al desastre. Una coplilla que leía de niña expresa esa idea muy gráficamente:

Yace aquí el cuerpo de William Jay,
que murió defendiendo su preferencia de paso.
Tenía razón, mucha razón al acelerar,
pero está tan muerto como si no la hubiera tenido.[2]

La segunda es que aunque cada trampa puede llegar a ser extrema, y por lo tanto evidente, cada una de ellas se presenta como una conducta de liderazgo perfectamente natural, incluso loable. Eso quiere decir que es fácil que avancemos con dificultad, satisfechos de nuestra trayectoria y repitiendo para nuestros actos las mismas justificaciones que tan bien suenan, hasta cuando nos deslizamos inconscientemente hacia el agujero (ver «A hombros de gigantes; Marshal Goldsmith sobre las trampas del liderazgo», en la página 57).

1.ª trampa: pasar por alto los puntos ciegos («Estoy seguro»)

Es posible que esta primera trampa sea la más difícil de evitar, ya que a menudo para evitarla tenemos que abrir los ojos a cosas que no queremos ver.

El rey Lear, de Shakespeare, es un ejemplo excelente de un líder al que destruyen sus puntos ciegos. Cuando leemos o vemos la famosa escena primera de la obra, en la que Lear dice alegremente a sus tres hijas que deben competir para llevarse partes de su reino contando cuánto lo aman, nos parece increíble que no vea que los discursos de Goneril y de Regan (las hijas mayores) son pura adulación nauseabunda, mientras que las discretas declaraciones de Cordelia son una evidencia clara de su amor y su fidelidad. Pero Lear está cegado por el ego, junto con un montón de miedos —pérdida de su posición, disminución de su prestigio, la muerte que se acerca— que hacen al ego aún más fuerte. Su compromiso con tener razón, en lugar de con ser eficaz, es inconmovible; cuando el conde de Kent intenta intervenir para abrirle los ojos sobre la verdad de sus tres hijas, el rey no lo acepta: «No te interpongas entre el dragón y su ira», exclama, y un poco después: «¡Fuera de mi vista!» (acto I, escena 1.ª). Lear sabe lo que sabe y, como muchos de nosotros, es reacio a admitir que puede equivocarse en algo.

Lo que es de más ayuda para esta trampa es salir en busca de gente diferente de nosotros —a veces, radicalmente diferente— y escucharla. La primera vez que vi *El rey Lear* estaba desconcertada por el gran papel otorgado al bufón, que comienza como un bufón de corte y luego se convierte en el compañero y protector de Lear al quedarse este sin hogar. La mayoría de los discursos del bufón son extraños y enigmáticos. Sin embargo, gracias a las adivinanzas y las arengas de este tipo raro el camino de Lear se va iluminando y el monarca comienza a abrir los ojos. En el capítulo 15 se proporcionan más detalles sobre cómo las perspectivas diversas pueden despejar nuestros puntos ciegos (ver la tabla 2.1, en la página 58 y «Herramienta de planificación: evitar las trampas», en la página 59).

A hombros de gigantes

MARSHALL GOLDSMITH SOBRE LAS TRAMPAS DEL LIDERAZGO

La revista *Forbes* ha nombrado a Marshal Goldsmith uno de los cinco «*coaches* ejecutivos más respetados». Sus libros –como *Lo que te trajo aquí no te llevará allí* (2007) y *Disparadores* (2015)– se enfocan en las trampas y los lodazales que nos rodean como líderes.

Goldsmith es uno de los pocos escritores contemporáneos especializados en el ámbito de los negocios que valoran lo terriblemente difícil que es percibir nuestros propios defectos y cambiar nuestra conducta y, al mismo tiempo, lo seductoramente fácil que resulta «culpar de nuestros desastres al Sol, a la Luna y a las estrellas», como si fuéramos «villanos necesitados, idiotas por compulsión celestial» (como dice Edmund, el hijo de Gloucester, en *El rey Lear*, acto I, escena 2.ª).

Goldsmith utiliza el *feedback 360°** para llevar a sus tutelados más allá del mero pensamiento reduccionista «yo no soy así», pero sabe que, al final, evitar las trampas de liderazgo depende, sobre todo, de la capacidad de autoevaluación y autocrítica.. Escribe en *Disparadores*: «¿Cómo podemos fortalecer nuestra determinación para afrontar el desafío eterno y omnipresente que todo individuo debe acometer: el de convertirse en la persona que desea ser?».[3]

2.ª trampa: ser ingenuo sobre las relaciones («¡Me aman!»)

La mayoría de los líderes no saben que sus relaciones pueden agruparse en cuatro grandes categorías: amigos, enemigos, aliados y adversarios.[4] Las relaciones de amigo y de enemigo son incondicionales: un amigo te apoya pase lo que pase, mientras que un enemigo actúa contra ti pase lo que pase. Por el contrario, los aliados y los

---

* El *Feedback 360°*, o evaluación 360, es una evaluación sobre los comportamientos y habilidades de una persona en su ámbito personal o profesional en la que participa su entorno y la persona evaluada. A través de este análisis, se establece la forma en la que influye en el rendimiento de la organización. Lo que permite focalizar la atención en el potencial de cada persona y completar la formación en las habilidades necesarias para mejorar el rendimiento profesional y el bienestar personal (Fuente: feedback360.com).

adversarios están contigo o contra ti basándose en los *intereses*, que son condicionales y transitorios. En el capítulo 18 echaremos un vistazo a estos cuatro tipos de relación y a la forma más común de esta trampa: confundir a los aliados con amigos y a los adversarios con enemigos.

El rey Lear confunde a los aliados con amigos y no reconoce a su verdadero amigo. Al creer las desmesuradas declaraciones de Goneril y de Regan, les deja todos sus bienes y delega su autoridad a ellas. No ve que su amor y su obediencia hasta ese momento dependen enteramente de su deseo de hacerse con sus riquezas y de acrecentar su propio poder; dicho de otra manera, eran sus aliadas, no sus amigas. Si hubiera sabido escucharlas, las palabras de Cordelia le habrían dado a Lear una pista sobre quién es la amiga *verdadera*: «Amo a vuestra majestad según mis vínculos», dice (acto I, escena 1.ª) refiriéndose a su vínculo como hija, una relación incondicional que nunca cambiará, incluso si lo hacen los intereses.

Tabla 2.1 Ampliación sobre las trampas de liderazgo

TRAMPA DE LIDERAZGO	VER CAPÍTULO	CONCEPTO CLAVE
1. Pasar por alto los puntos ciegos	15	El mapa celeste
2. Ser ingenuo sobre las relaciones	18	Tipos de relaciones
3. Menospreciar el factor emocional	13	El ambiente de trabajo
4. Recurrir a respuestas simplistas	10	La estructura de un dilema
5. Cantar victoria demasiado pronto	3	El camino al cambio
6. No adaptarse	8	Zonas de crisis
7. Infravalorar los puntos fuertes de los demás	20	Dos puntos de vista sobre el talento
8. Dominar y renunciar	5	La paradoja del rey

3.ª trampa: menospreciar el factor emocional («Supéralo»)

Esta trampa es para los líderes que esperan que los empleados se dejen el corazón en casa. Fracasan al no ver que negar la conexión emocional que tiene la gente con su trabajo es una de las maneras más rápidas de aplastar el espíritu de una organización.

En la escena cuarta del segundo acto de *El rey Lear*, Goneril y Regan se niegan a dar hospedaje al séquito de su padre; anteriormente le habían prometido permitirle cien caballeros, número adecuado para su estatus de realeza, pero Goneril, dándose cuenta de que ella tiene suficientes siervos para cubrir las necesidades de su padre, lo recorta a cincuenta. Un momento después vuelve a recortar esa cantidad: «¿Para qué necesitas veinticinco, o diez, o cinco?». Y Regan concluye con total frialdad: «¿Qué necesidad hay de uno solo?». El rey se siente desolado. En su último discurso a la pareja, antes de internarse en la tormenta, las reprende, no por negarle dinero ni siervos, sino por humillarlo con la excusa de una administración doméstica prudente: lo que hoy llamamos reestructuración de personal.

Herramienta de planificación

EVITAR LAS TRAMPAS

Piensa en una situación de liderazgo o en un desafío al que te enfrentes. ¿Cuál de las ocho trampas deberías vigilar? Traza tu plan de acción para evitarlas respondiendo las preguntas que se plantean a continuación, o coméntalas con un compañero.

Trampa que vigilar: _____

- ¿Qué tres acciones principales emprenderás para evitar la trampa?
- ¿Qué tres acciones no emprenderás de ningún modo?
- ¿Cuál será la señal de aviso de que estás cayendo en esta trampa?
- ¿Qué hábitos o creencias son los que te hacen caer?
- ¿Qué ayuda o consejo necesitarías, y de quién los obtendrías?

Utiliza la tabla 2.1 de la página 58 para encontrar el capítulo y el concepto clave que aborden la trampa que hayas elegido, y empléalos como guía para trazar tu plan.

● ●

El que sigue es un ejemplo de un líder contemporáneo que despreció el factor emocional y tuvo que pagar un precio por ello. Pinecone, una empresa mediana de relaciones públicas con sede central en California, había sido adquirida por Hanover, un grupo empresarial mundial de *marketing* y publicidad con base en Sídney. Fundada en la década de los ochenta, durante muchos años Pinecone había conservado la fidelidad de sus empleados en un mercado laboral altamente competitivo gracias a su cultura optimista y de colaboración, así como a una misión de la que la gente se enorgullecía. Dentro de la «familia Pinecone» eran frecuentes las celebraciones: grandes ventas, cumpleaños y ascensos se festejaban con tarta y aplausos. También los clientes sentían esa calidez. En los sondeos, decían sistemáticamente que la «estupenda gente» de Pinecone era la razón principal de haber escogido a esa empresa.

Después de la adquisición, se incorporó a Pinecone para llevar el timón Rona, alta ejecutiva de otra rama de los negocios de Hanover. Aunque Pinecone había sido siempre rentable, su margen de beneficios era bajo comparado con las demás empresas de Hanover, y Rona, que creía en los números, estaba convencida de que los empleados necesitaban unas cuantas lecciones serias sobre mentalidad de empresa. En su primera presentación ante todo el personal, les mostró una diapositiva que decía:

La misión de Pinecone es conseguir beneficios para Hanover

Esta frase fue recibida con un silencio consternado, que luego dio lugar a muchas conversaciones alrededor de las máquinas de café. Siguieron después varios años de moral en declive, despidos, ingresos en caída y dimisión de muchos empleados antiguos. Al final, Hanover vendió Pinecone a otro propietario, y a Rona se la invitó a marcharse. Por supuesto, las causas del declive eran muchas y complejas; sin embargo, cuando se les preguntaba qué había ido mal, los exempleados señalaban como detonante el momento en que la diapositiva con la «misión» de Rona apareció en la pantalla. Uno de ellos dijo: «Ese fue el momento en que el espíritu de la empresa salió por la ventana».

4.ª trampa: recurrir a respuestas simplistas («Es evidente»)

¿Debería haber pasado por alto Rona los pobres resultados financieros de Pinecone y dejar que la empresa caminase sin prisa pero contenta? Está claro que no, pero tampoco debería haber caído en la trampa de ver cada dificultad como un riguroso «o bien esto o bien lo otro». Ella vio su oportunidad como «*o bien* hago que estalle ahora mismo la burbuja de autosatisfacción de esta gente *o bien* va a seguir para siempre con sus celebraciones semanales de cumpleaños y con sus resultados de mierda». Sin embargo, la mayoría de los retos del liderazgo no son problemas de o bien esto o bien aquello, sino dilemas.

Un dilema es un problema de dos caras, y cada una de ellas tiene beneficios que ampliar al máximo e inconvenientes que disminuir al mínimo. Los dilemas se gestionan, no se resuelven (examinaremos la estructura de los dilemas en el capítulo 10). Existe un conjunto de dilemas clásicos a los que se enfrentan muchas organizaciones, entre ellos: centralizado frente a descentralizado, largo plazo frente a corto plazo y planificación frente a acción. Cuando Rona tomó el mando, Pinecone se enfrentaba con los dilemas de beneficio frente a crecimiento y de eficacia frente a compromiso. En lugar de intentar extirpar los problemas, simplemente, ella podría haber reconocido los beneficios que habían resultado de la cultura de colaboración de la empresa —beneficios como la longevidad en la compañía, la retención de los empleados y el potencial de crecimiento— y buscar la manera de mantener aquellos aspectos positivos mientras se iban adaptando a los nuevos.

5.ª trampa: cantar victoria demasiado pronto («Misión cumplida»)

Hasta el más competente de todos los líderes puede caer en esta trampa; de hecho, ocurre a menudo que sean los competentes quienes lo hacen. Evitarla requiere conocer la manera en que se desarrollan normalmente las iniciativas de cambio. Como veremos en el capítulo 3, el camino del cambio tiene cinco etapas: el comienzo, el ascenso rápido, la meseta, y, por último, el ascenso suave y el precipicio. Muchos líderes cometen el error de cantar victoria en mitad del ascenso rápido. Creen que «con el maravilloso avance que hemos conseguido y con el objetivo al alcance, es seguro que los soldados de a pie podrán seguir solos». Lo que no consiguen prever es la meseta que aparecerá en lo alto de la subida y que se alarga muchos kilómetros hasta el destino real.

Quizá el ejemplo más famoso de este error sea cuando el 1 de mayo de 2003 el presidente George W. Bush, en pie sobre el puente del navío *USS Abraham Lincoln* frente a una pancarta que decía «Misión cumplida», anunció el final de las operaciones de combate en Irak. El rey Lear cae en la misma trampa cuando anuncia su abdicación y delega en sus hijas en cuestión de minutos, esperando en apariencia que todos los implicados acepten ese cambio drástico inmediatamente. Sea cual sea la misión, y por mucho éxito que tenga el lanzamiento, los líderes harían bien en inspeccionar el terreno que tienen por delante antes de hacer ese tipo de declaraciones tan confiadas.

6.ª trampa: no adaptarse («Este es el único camino»)

En la introducción hemos visto que los grandes líderes tienen un agudo olfato para las circunstancias y modifican su estrategia en consecuencia. El rey Lear acaba aprendiendo de sus errores. Toca fondo en el fragor de la tormenta (acto III, escena 4.ª), pero también en esa tormenta, con la compañía del conde de Kent y del bufón, empieza a analizar su comportamiento anterior e intenta enmendar su camino. El conde de Gloucester (el otro padre airado de la obra) reflexiona también sobre sus errores y se redime al final; pero algunos líderes no aprenden nunca.

«El procurador de Judea», famoso relato corto de Anatole France, proporciona una imagen convincente del líder atrapado en este obstáculo. El líder es Poncio Pilato, antiguo prefecto de la región de Judea en el Imperio romano, el mismo administrador que ordenó la ejecución de Jesucristo. Para Pilato, la forma correcta de hacerlo todo está en conformidad con las leyes y los intereses de Roma. Podría parecer que esta máxima permite mucha laxitud, pero cuando le cuenta a su amigo Aelio Lamia los muchos agravios sufridos en el pasado, vemos lo inflexible que es esta interpretación de lo que son los «intereses de Roma».

Pilato sofoca rebeliones, solamente para ver que su jefe, Vitelio, está a favor de los rebeldes y que el emperador romano (¡qué sorpresa!) favorece a Vitelio. Tiene asimismo la idea de construir un acueducto en Jerusalén: convoca a expertos, trabaja profundamente cada detalle, redacta reglamentos para evitar «expolios» e inicia la construcción... solo para encontrarse con que los habitantes de Jerusalén consideran impía la estructura y quieren derribarla, lo que lleva a más agitación social, más dolores de cabeza para Roma y más reproches de Vitelio. Pilato avanza con determinación, no deteniéndose nunca a pensar si la «forma correcta» podría resultar completamente equivocada en esa situación concreta.

7.ª trampa: infravalorar los puntos fuertes de los demás («Yo soy el experto»)

Lo que hace que los líderes sean vulnerables ante esta trampa es una tendencia a ver a los demás a través de un telescopio invertido: aparecen más pequeños de lo que son y con mucho menos potencial del que tienen. Pilato, por ejemplo, siente un desprecio displicente por sus administrados judíos, que recuerda el desprecio que algunos gerentes de hoy parecen sentir por su equipo. Cuando su amigo Lamia puntualiza que «los judíos celebran ritos cuya mera antigüedad hace venerables», él sencillamente se encoge de hombros. Dice: «Desconocen la naturaleza de los dioses».[5] Y a continuación se pone a dar ejemplos de la presunta confusión y de la ignorancia de los judíos en asuntos divinos, con lo que revela su propia confusión sobre las prácticas religiosas judías y su propia ignorancia de la repercusión que ha tenido el judaísmo en la idea que el mundo tiene de Dios. La bromista indicación de Lamia de que un dios de verdad podría surgir algún día de Judea y amenazar a la autoridad de Roma suscita una sonrisa fugaz en el rostro de Pilato, que descarta rápidamente la idea como algo fantasioso: «¿Un dios de esta gente?, ¿de verdad?».

Al final del relato, Lamia tiene un vago recuerdo del hombre que terminó por ser el judío más importante de aquel tiempo (algunos dirían que fue la persona más importante de todos los tiempos), le pregunta a Pilato qué pasó con él y le dice: «Su nombre era Jesús, venía de Nazaret y lo crucificaron por algún delito, no sé bien cuál...». Pilato indaga en su memoria, pero finalmente expresa: «No consigo recordarlo».[6]

8.ª trampa: dominar y renunciar («No, a menos que yo lo diga... ¡bah!, lo que sea»)

La octava y última trampa tiene que ver con fracasar a la hora de encontrar el equilibrio correcto entre dirección y compromiso. Los mejores líderes saben unificar ambos de manera que los miembros del equipo sientan claramente adónde van y estén comprometidos con el proceso de llegar allí. Por otra parte, los líderes menos eficaces tienden a oscilar entre dominación y renuncia.

La palabra *dominación* puede hacer recordar al típico mal jefe que anda por ahí pisoteando y lanzando órdenes y amenazas como forma de estímulo para que la gente se ponga en marcha; pero es mucho más habitual que la actitud del líder dominante no sea «haz lo que te digo», sino «no, a menos que yo lo diga». Estos líderes, impulsados por el miedo, lo que quieren por encima de todo es asegurarse de que nada sale mal y, si algo sale mal, asegurarse de que no se les echará la culpa a ellos. Por lo tanto, la inacción se prefiere a cualquier clase de acción y lo peor ocurre cuando la gente hace lo que sea, hasta hablar, *sin permiso*.

La gran ira del rey Lear en la primera escena de la obra recae sobre el conde de Kent, que intenta hablar en nombre de Cordelia. El conde casi no ha abierto la boca y ya Lear hace oídos sordos, y cuando Kent se niega a agachar la cabeza —insiste en que «Si la realeza cae en la locura, el honor ha de ser franco»—, las amenazas y los insultos se acrecientan, hasta que el monarca se apoya en el privilegio del jefe de declarar la insubordinación de quienes están bajo su mando y lo despide. Lo destierra.

Sin embargo, date cuenta de que el punto inicial de la conducta dominante de Lear no es una lucha por el poder, sino más bien una renuncia: su proclamación de que se retirará del trono y que cederá el poder a otros. Pero cuando propone la competición «cuánto me amas» y luego se enrabia porque las cosas no van como él ha planeado, podemos ver que todavía sigue aferrado al poder. Está atrapado en el mismo patrón de conducta que el gerente de hoy día que está ausente y es inalcanzable... hasta que de repente lo tienes encima, inspeccionando cada detalle y haciéndote repetir todo el trabajo que hiciste cuando él no estaba. De la dominación a la renuncia, y vuelta otra vez.

- «Estoy seguro».
- «¡Me aman!»
- «Supéralo».
- «Es evidente».
- «Misión cumplida».
- «Este es el único camino».
- «Yo soy el experto».
- «No, a menos que yo lo diga... ¡bah!, lo que sea».

Estos son los pensamientos que corren por las mentes de los líderes que están dispuestos a destrozar sus organizaciones, y a veces hasta a ellos mismos, antes que abandonar su necesidad de tener razón. Es fácil decir que nos mantendremos alejados de esas trampas del liderazgo; es fácil decir que no seremos nunca como Rona, Poncio Pilato, el rey Lear... o William Jay, que murió defendiendo su preferencia de paso.

Pero tengo que admitirlo: si yo pudiera ver las burbujas de mis pensamientos sobre mi cabeza a lo largo de la semana, sé que vería a menudo una de esas ocho frases flotando por ahí.

El famoso manual para líderes de Nicolás Maquiavelo, *El príncipe*, arroja luz sobre lo que impulsa el cambio y lo que lo impide. Ese es el siguiente tema que abordaremos. Allá vamos.

POLÍTICA

Ahora vamos a concentrarnos en cuestiones de liderazgo más concretas. La segunda parte trata de política: la palestra de conspiraciones y juegos de poder, de pronunciados ascensos e igualmente pronunciadas caídas. Examinaremos los temas del cambio, la justicia, el poder, la autoridad y el carácter.

La política es un buen lugar desde el que empezar una investigación sobre la práctica del liderazgo, dado que uno no puede estar en un papel de liderazgo ni medio día sin toparse con algún tipo de desafío político. Sea cual sea tu terreno, los problemas políticos se presentarán solos y, en potencia, te convertirán en un líder o te anularán como tal. La política es el aire mismo que respiran los líderes.

En las últimas décadas se ha puesto de moda entre la gente más importante, incluso entre políticos en activo, declarar que «prefieren evitar la política», o que ellos «detestan ocuparse de todo lo político»; pero no oirás decir frases así a los mejores líderes. Otto von Bismarck, el canciller prusiano y diplomático que en 1871 unificó en un imperio a la mayoría de los estados alemanes, llamó a la política «el arte de lo posible». También podría haber dicho que el trabajo de un líder es convertir las posibilidades en realidades. Podemos evitar la política a favor de altos ideales si queremos, pero los ideales por sí mismos no harán que las cosas sucedan. Si la misión tiene que cumplirse realmente —y, por supuesto, todas han de hacerlo—, los líderes deben ser maestros en el arte de la política, a veces enrevesado, pero siempre necesario.

Muchas obras clásicas sobre política se escribieron como guías prácticas para líderes. Empezaremos echando un vistazo a la más famosa de todas, *El príncipe*, de Nicolás Maquiavelo, y luego viajaremos al pasado unos mil novecientos años hacia la obra más trascendental de la filosofía política, *La República*, de Platón. A continuación vienen *Antígona*, de Sófocles, y *Julio César*, de Shakespeare, que exploran el poder, la autoridad, la diferencia entre los dos y el precio que pagan quienes se oponen. Por último, estudiaremos varios ensayos sobre el carácter del liderazgo escritos por Winston Churchill, el gran estadista del siglo XX que ganó el Premio Nobel de Literatura por ser, según dijo el comité del premio: «Un César con el don de Cicerón».

Grandes escritores
EL PRÍNCIPE, DE NICOLÁS MAQUIAVELO

Debe tenerse en consideración que nada es más difícil de emprender ni más peligroso de conducir que tomar la iniciativa en la introducción de un nuevo orden.[1]

Esta declaración es la esencia de *El príncipe*, de Nicolás Maquiavelo, que enseguida se convirtió en el libro más famoso y más infame sobre el liderazgo que jamás se haya escrito. Está dedicado a Lorenzo de Medici, miembro de la astuta y poderosa familia Medici, que dirigiera la Florencia del Renacimiento. Durante varios cientos de años después de su publicación en 1513, *El príncipe* se consideró como una guía básica para tiranos, plagada de consejos siniestros. Sin embargo, en las últimas décadas se la ha defendido como una obra de pragmatismo supremo: un examen resueltamente sincero de lo que funciona y lo que no para un líder que quiera generar grandes cambios y mantenerlos.

Dado que *maquiavélico* es una palabra que los asesores de dirección suelen usar peyorativamente (si es que la usan), es sorprendente ver cuántas ideas maquiavélicas subyacen bajo los consejos que ofrecen esos mismos asesores. Estas son unas cuantas de las máximas expresadas en *El príncipe* para los aspirantes a conquistador:

Conoce a la gente. Si no conoces bien el territorio, es mejor vivir allí y mostrarse accesible. Tus súbditos sabrán más de ti, de modo que tendrán más motivos para que les gustes, o al menos para respetarte. Asimismo, podrás aprender las costumbres del país y controlar cualquier desorden antes de que se vaya de las manos. Mejor que eso incluso: lleva contigo a vivir allí también a algunas de tus personas de confianza y ayúdalas a integrarse en la población existente.

Si tienes que actuar con dureza, hazlo rápidamente. Si percibes el descontento, enfréntate a él enseguida, no obvies los problemas para eludir el conflicto. Es mejor librarse de los señores rebeldes completamente que destituirlos y mantenerlos en tu entorno, porque ellos no olvidarán el insulto ni siquiera si te muestras conciliador después. En cuanto a las duras acciones necesarias, asegúrate de que se hagan de un golpe y de que tus súbditos puedan percibir su utilidad rápidamente. Las crueldades que se dilatan en el tiempo son una invitación al motín.

Fundamenta tu gobierno en la aptitud y las buenas intenciones. Es mejor hacerse con un principado por medio de tu propio ingenio y virtud. Comprar con dinero la lealtad de la gente, o amenazarla con castigos, no te llevará muy lejos. La gente desconfiará siempre de alguien nuevo, pero cuanto más apto seas y cuanto más actúes en beneficio de tus súbditos, tanto más rápidamente te ganarás su confianza y tanto más fácilmente aceptarán los cambios que decidas instituir. Por otra parte, si enojas a muchos de ellos y llegan a odiarte, ten cuidado. No durarás mucho.

Lee esto en *El príncipe*, capítulos I-IX, XV-XIX, XXI, XXIII y XXV.

Capítulo 3

Cambio

A menudo ejercer el liderazgo consiste en hacer que alguien o algo cambie, ya se trate del lanzamiento de un nuevo producto, de implementar una nueva metodología, o de fomentar el aprendizaje o crecimiento de un empleado. En esos empeños los líderes tienen que tomar la iniciativa y arrastrar a otros consigo, lo que implica que deben comprender lo que hace que la gente acepte o rechace los cambios.

EL DESAFÍO DEL CAMBIO

El príncipe, de Maquiavelo, se ha descrito como el primer tratado de la política tal como es, no como debería ser. Es, ciertamente, el primero en ser completamente franco a la hora de asumir que lo que realmente desea todo gobernante es adquirir el poder, y el primero en explicar cómo conseguir justo eso.

Lo que es aún más importante, *El príncipe* explica cómo *mantener* el poder, porque gran parte del libro se ocupa de los errores y los fuerzan a abandonarlo, o, como era más probable en la época de Maquiavelo, a perderlo junto con la cabeza. En sus páginas afirma: «Es difícil hacer un cambio, pero mantenerlo es más difícil todavía». Los gurús actuales de la gestión del cambio estarían de acuerdo: sus investigaciones indican que a los individuos solo se les convence de intentar un cambio si la prometida situación les parece el doble o el triple de buena que la actual; además, los estudios muestran que, de promedio, entre el cincuenta y el setenta por ciento de las iniciativas de cambio fracasan a la larga.[2] Si la situación prometida requiere tres veces más fuerza que la actual, y si la mayoría de los esfuerzos de cambio acaban en la cuneta, debemos preguntarnos por qué se embarcan tantos líderes en iniciativas de cambio planificándolas con la ligereza de quien planifica un día en la playa: «¿Tenemos las neveras con las bebidas, la sombrilla y las toallas? ¿Tenemos la dirección del restaurante donde almorzaremos para que podamos meterla en el GPS? ¡Niños, no os peleéis ahí atrás! ¡Vámonos!».

Lamentablemente, un poco de planificación y de dirección firme no son ni remotamente suficientes para hacer que el cambio ocurra. A pesar de que algunos líderes se preguntan por qué su equipo no puede sencillamente subirse a bordo («¡Les estamos pagando, por el amor de Dios!»), Maquiavelo era profundamente consciente de que esa manera de pensar no es útil. El hecho es que el cambio es difícil y a la gente raramente le gusta. Como es natural aquellos que se benefician del viejo orden despreciarán el nuevo, pero además de eso, asegura Maquiavelo, hasta la gente que podría beneficiarse del nuevo solo lo apoyará tibiamente, porque, primero, teme que si la vieja guardia vuelve al poder habrá represalias y, segundo, no se puede creer verdaderamente en un nuevo régimen hasta que se haya tenido cierta experiencia real de lo que este puede hacer. Por lo tanto, un líder que busque provocar un cambio importante debe hacer esfuerzos estratégicos enormes para conseguir y mantener la aprobación, o al menos el consentimiento, de todos los implicados. A diferencia de la excursión a la playa, aquí no basta con meterlo todo en el vehículo y bajar los seguros a prueba de niños.

De *El príncipe* nos llevamos dos claves para dirigir el cambio con éxito: conocer el camino al cambio y ocuparse del factor humano.

CONOCER EL CAMINO AL CAMBIO

Lo primero que debe hacer quien aspira a liderar un cambio es tener previstas todas sus etapas. Existe un patrón que predice cómo se va a desarrollar un proyecto, o cómo crecerá un negocio, o cómo evolucionará una industria, o incluso cómo se alzará o caerá una civilización. Este patrón, llamado a veces «la curva S», ha sido estudiado por los científicos sociales y pertenece a ese pequeño grupo de conceptos contemporáneos del liderazgo que son verdaderamente esclarecedores (ver «A hombros de gigantes: George Land sobre los patrones del cambio», en la página 75). Comprender esto es como disponer de unos prismáticos, que te permiten otear un camino y ver sus accidentes geográficos. Por eso llamo *camino al cambio* a este patrón y me refiero a sus cinco fases como *terrenos* (ver la figura 3.1). La previsión y una gestión hábil de estos terrenos —y en concreto de la *meseta*— son esenciales para el éxito de un proyecto. Estas son las cinco fases:[3]

1. **El inicio**. Al principio del camino el entusiasmo es alto. La gente espera un viaje emocionante y se dispone a emprenderlo de buena gana.
2. **El ascenso rápido**. Suponiendo que el líder haya conseguido arrastrar —al menos en cierta medida— a su equipo, el progreso en los primeros días es rápido y todo el mundo se siente motivado.

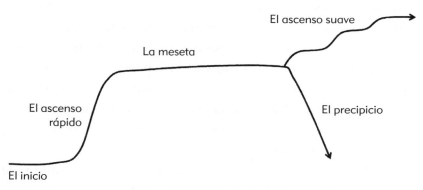

Figura 3.1 El camino al cambio

3. **La meseta.** Aquí es donde la marcha se hace más lenta y los ánimos se enfrían. Con frecuencia no se la espera y se la comprende mal. La meseta es lo que mata la mayoría de las iniciativas de cambio.

4. **El ascenso suave o el precipicio.** Algunos líderes saben cómo salir de la meseta e iniciar el ascenso suave, donde las ganancias de la iniciativa pueden sostenerse a largo plazo. Otros no saben resolverlo y al final sus iniciativas se despeñarán por el precipicio. Esa caída sería la quinta fase.

Dice Maquiavelo que «la naturaleza de las gentes es variable, y es fácil persuadirlas de algo, pero es difícil mantenerlas en ese convencimiento».[4] Añade que un líder debe estar preparado para el momento inevitable en el que sus seguidores dejen de creer. Eso es la meseta: plana, fría, yerma y larga. Ocurre cuando la iniciativa se ha convertido en papel mojado, las peleas han estallado y la gente está harta de oírte hablar de «los clientes primero», o del «poder de equis» o comoquiera que se llame lo nuevo. ¿Qué haces entonces?, ¿decirle a todo el mundo que agache la cabeza y que siga a lo suyo?, ¿luchar para proyectar una visión más inspiradora?, ¿o quizá dejarlo todo y seguir adelante hacia algo nuevo?

El consejo de Maquiavelo es estar preparado para «hacerles creer a la fuerza», y eso suena desagradable. Sin embargo, si seguimos leyendo, averiguamos que no solamente está hablando de fuerza armada, sino, más ampliamente, de lo que uno podría llamar fuerza magnética; de algo significativo que retenga a los creyentes vacilantes y atraiga a los no creyentes (un «hechizo pegajoso permanente», como dirían los fans de Harry Potter). Para ilustrar que la fuerza más poderosa para consolidar la creencia es la propia virtud del líder, o su eficacia, Maquiavelo cuenta el relato de Hierón de Siracusa, un hombre sin posición social ni medios de fortuna que consiguió hacerse con la corona y aferrarse a ella por medio de la aptitud y de una atención cuidadosa a los amigos y aliados. Maquiavelo nos dice:

«Cuando tuvo amistades buenas y soldados propios, pudo construir sobre firmes cimientos».[5]

Es sorprendente ver tanto énfasis sobre la amistad viniendo del infame autor de la frase «mejor ser temido que amado», pero parece que Maquiavelo era muy consciente de que la «fuerza» real que mantiene a la gente en marcha durante un período de cuestionamiento y desánimo no es la amenaza del castigo, ni una visión imaginaria, sino algo mucho más concreto y positivo: la creencia en ti, el líder, y en tu intención de ayudar a esa gente.

A hombros de gigantes
GEORGE LAND SOBRE LOS PATRONES DE CAMBIO

El libro de George Land *Crece o muere: el principio unificador de la transformación*, se publicó en 1973. Es una obra poco conocida en el mundo de los negocios, pero ha tenido un profundo efecto sobre él. Las teorías de Land generaron muchos de los términos, imágenes y metáforas que utilizamos hoy para hablar de la planificación estratégica y la gestión del cambio.

Land señala que el impulso de crecer es la base de los procesos naturales –químicos, biológicos, psicológicos y sociales– y da origen a los patrones comunes a todas esas áreas. En el núcleo de su teoría de la transformación está la llamada curva S, que representa las tres fases del crecimiento: la experimentación, caracterizada por el intento de conseguir establecerse en el entorno; la reproducción del éxito, caracterizada por un crecimiento rápido, y por último la reinvención, un abrirse a las informaciones, los recursos o las estrategias nuevas que se rechazaron en las fases anteriores. Antes de las fases II y III hay un punto de discontinuidad en el que el organismo da un salto a la fase siguiente (y sigue creciendo), o fracasa al hacerlo (y muere).

Muchos líderes ven el cambio bien como una excursión rápida o bien como un tranquilo paseo. George Land y Maquiavelo saben que no es ni rápido ni tranquilo, sino más bien un largo trayecto en una carretera llena de baches.

Además de construir la lealtad desde el principio, hay algo más que el líder hace para fidelizar al equipo durante la meseta: crear hitos y festejar llegar a cada uno de dichos hitos, mientras se tiene muy claro que la misión no se ha cumplido todavía. Al llegar a la meseta, los líderes menos eficaces, que ignoran la importancia que tienen los hitos, tienden a cometer uno de los siguientes dos errores: o exhortan al equipo para que siga adelante, haciendo todos las mismas tareas y utilizando las mismas estrategias, o deciden que después de todo el esfuerzo no merecía la pena, lo dejan y pasan a lo siguiente. Sin embargo, los líderes eficaces comprenden que aspirar a una serie de hitos proporciona a los participantes en el proyecto un foco y una energía constantemente renovados, a la vez que mantiene su compromiso con el objetivo final. Por no mencionar, dice Maquiavelo con su habitual pragmatismo tonificante, que dedicarse a conseguir una serie de hitos mantiene a tus súbditos felizmente ocupados, de manera que no tengan tiempo de elaborar planes contra ti.

Otro dato importante sobre el camino al cambio: una vez que llegues al ascenso suave verás que también consiste en una serie de miniascensos y de minimesetas. Si se mantienen las ganancias del cambio, deberías pensar en tu objetivo no como el destino en el que todo el mundo se detiene permanentemente, sino más bien como el punto tras el que a ti y a tus compañeros de viaje, acostumbrados ya a los ascensos, os resulte fácil seguir la marcha (ver «Herramienta de equipo: prevenir los cambios de terreno», en la página 78).

OCUPARSE DEL FACTOR HUMANO

La segunda clave para dirigir el cambio es reconocer la importancia clave del «factor humano». Planificar el cambio y preparar las tecnologías y los sistemas necesarios son factores importantes, por supuesto, pero no tan importantes como asegurarse el apoyo de los afectados. Me gusta utilizar como metáfora los paseos y caminos no utilizados en los campus universitarios: los administradores universitarios y sus arquitectos paisajistas emplean muchos esfuerzos en planear y en instalar encantadores senderos pavimentados que serpentean entre los edificios, pero basta echar una mirada a las sendas trilladas que atraviesan directamente los campus de las residencias a los comedores, para comprender el poco poder que tienen esos administradores y arquitectos a la hora de mantener a los alumnos en los senderos aprobados. De manera semejante, los líderes de las organizaciones pueden promulgar diagramas de flujo todo el día, pero si la gente no *quiere* hacer las cosas de manera distinta, emplear gestos más enérgicos hacia los diagramas no servirá de nada.

De esta idea general se ha hablado tantas veces en artículos y libros sobre el liderazgo que cabría pensar que a estas alturas la mayoría de los gerentes han aceptado su validez y se han tomado el consejo en serio. Sin embargo, desde mi experiencia, los líderes de iniciativas de gran envergadura tienden todavía a mostrar mucha más preocupación por cómo se diseña el nuevo *software* que por cómo se siente la gente con ese *software*. Gerentes así creen que las emociones son «blandas» y que por lo tanto no tienen cabida en los negocios, o puede preocuparles parecer insuficientemente orientados al negocio —o sea, débiles— si los sorprendieran prestando atención a cómo se *sienten* sus subordinados con el cambio. Sin embargo, el gerente más duro del mundo no debería tener escrúpulos para seguir el consejo de Maquiavelo, el duro original. Veamos qué tiene que decir sobre ocuparse de los sentimientos de la gente:

> Quienquiera que crea que [...] los nuevos beneficios harán olvidar las viejas heridas, se engaña a sí mismo.[6]

> El príncipe debe preocuparse poco por las conspiraciones si el pueblo le muestra buena voluntad; pero si le es hostil y siente odio hacia él, debería temer a todo y a todos.[7]

> El príncipe necesita contar con la amistad del pueblo, de lo contrario no tendrá recursos en la adversidad.[8]

Cuando un príncipe que se apoya en el pueblo, sabe cómo mandar y es hombre de gran corazón [...] y con su espíritu y sus órdenes mantiene motivada a la generalidad de los hombres, él [...] verá que ha construido bien sus cimientos.[9]

Lo que aprendemos de estos y muchos otros alegatos de *El príncipe* es esto: las emociones de los subordinados están lejos de ser *blandas y suaves*; son más bien como un abanico erizado de espadas que o bien te respaldan o bien te derriban.

Herramienta de equipo
PREVENIR LOS CAMBIOS DE TERRENO

Elige un proyecto de cambio, grande o pequeño, del que seas el líder.

Prepárate para tu próxima reunión con el equipo del proyecto dibujando el perfil del camino al cambio (ver la figura 3.1) en una página de un rotafolio o en una pizarra blanca (o bien, si el equipo no se halla en la misma localización, en una diapositiva o en una pizarra virtual) y anota mentalmente el punto del camino que crees que ha alcanzado el proyecto.

En la reunión, o en el transcurso de varias de ellas:

1. Explícale al equipo el camino al cambio y sus cinco terrenos.
2. Pide que cada miembro del equipo marque en el diagrama dónde cree que se encuentra ahora el proyecto.
3. Debate las diferentes opiniones y llega a un consenso sobre el terreno que atravesáis en este momento.
4. Una vez establecido dicho consenso, debate los posibles problemas y retos a los que habrá de enfrentarse el equipo en ese punto. Cómo mitigar unos y afrontar otros, y qué se puede hacer en este terreno para prepararse para los terrenos inminentes.

Maquiavelo comprendió mejor que cualquier otro filósofo el poder básico que tienen los sentimientos de la gente, la imprudencia de pasarlos por alto y la necesidad de utilizarlos en tu beneficio. Cuando habla sobre ganar o perder el apoyo de la gente, sus palabras son contundentes, casi violentas: *amor*, *odio*, *hostilidad*, *herida*, *corazón*, *engaño*... Podemos empezar a sospechar que los duros gerentes de hoy tienen razón cuando ponen los ojos en blanco ante el consejo de sus asesores de que «construyan compromiso» y «se comprometan con los agentes del cambio». Frases así suenan pueriles, sentimentaloides, pero no porque la emoción sea blanda, al contrario, sino porque no le hacen justicia al poder que tiene la emoción. Esta puede ser un maremoto que barra el pulcro mundo tecnocrático de procesos y de procedimientos y lo deje todo anegado en un instante. Al final, los sentimientos que tenga la gente sobre un cambio (y sobre su líder) son lo que lo impulsa hacia delante o lo que lo envía hacia el precipicio.

LA VÍA RÁPIDA CHIRRÍA HASTA DETENERSE

Cantar victoria demasiado pronto y pasar por alto el factor humano van frecuentemente de la mano, lo que garantiza el fracaso de la iniciativa de cambio. Ten en consideración el ejemplo siguiente.

Arthur, un ejecutivo experto en operaciones y tecnología de la información, fue recientemente contratado como jefe de operaciones en AmDel, una empresa de logística y mensajería que trabaja en el ámbito de los Estados Unidos. Con la bendición del director ejecutivo de AmDel, Arthur se dispuso a revisar la red de transporte y los sistemas de seguimiento de la empresa. «Con una flota de camiones modernizada, varios aviones nuevos y un *software* de seguimiento de paquetes actualizado, seremos capaces de competir cara a cara con las empresas mundiales de reparto», dijo con entusiasmo en su presentación al equipo directivo. Bautizó la iniciativa con el nombre de «vía rápida», que hizo honor a su nombre empezando como una centella. En pocos meses nuevos camiones llegaban a los centros de distribución y nuevos aparatos manuales de seguimiento se habían entregado a todos los conductores. Se instalaron cámaras y registradores de datos en vehículos y almacenes. Cada empleado que manejaba paquetes pasó por cursos intensivos de formación, cuyo plato fuerte era el orgullo y la alegría de Arthur: el «Manual vía rápida», quinientas páginas brillantes que describían cada procedimiento, cada método y cada paso asociado con el nuevo método.

Arthur elogió las mejoras que reflejaban todos los datos que iban llegando; y en tan solo seis meses hizo públicos algunos resultados impresionantes: una reducción del diez por ciento en entregas tardías, por ejemplo. El séptimo mes contrató a una compañía audiovisual para producir un vídeo en calidad cine para publicitar los éxitos de la «vía rápida» y agradecer a los empleados de AmDel su apoyo. Un actor famoso fue el narrador.

Sin embargo, alrededor del noveno mes las mejoras empezaron a reducir velocidad; algunas incluso se invirtieron. Cuando se investigó la raíz de las causas, resultó que el problema principal era el aumento de las averías de los camiones de entrega. Arthur y el equipo ejecutivo estaban perplejos, hasta que al final alguien sugirió que entrevistasen a unos cuantos encargados de mantenimiento.

Resultó que la división de mantenimiento se había pasado completamente por alto en el lanzamiento de «vía rápida», su personal no había recibido formación y no se les preguntó nunca su opinión ni se les hizo partícipes de cualquier otro aspecto del proceso de cambio. Ni siquiera se los mencionaba en el vídeo de agradecimiento. Además, ni un solo céntimo del ingente capital invertido se destinó a poner al día los sistemas de ese departamento. Como consecuencia de ello, todo el personal de mantenimiento suponía que no se valoraba su contribución, y su moral estaba por los suelos. Habían dejado de preocuparse por buscar señales de aviso de inminentes problemas mecánicos o de informar de ellas; sencillamente, esperaban a que un camión se averiase y luego lo arreglaban.

Arthur se embarcó inmediatamente en una «visita de escucha» para oír a los de mantenimiento y a unos cuantos grupos que también se habían pasado por alto. Pero cuando estudiaba las transcripciones de las entrevistas, sentía que era demasiado tarde. Una de las declaraciones de uno de los trabajadores de mantenimiento lo decía todo: «Los camiones se averían; yo los arreglo. Para eso es para lo que me pagan».

Podemos concentrar lo que le ocurrió a Arthur y el consejo de Maquiavelo en dos principios decisivos para los líderes del cambio: comprender las fases del cambio y ocuparse del factor humano más que de los factores técnicos. Sin embargo, todavía más decisivos son los corolarios negativos de estos principios: no proclames «misión cumplida» cuando todavía estás a mitad de la primera colina y no te sientes en tu tienda dibujando diagramas de flujo cuando las emociones se cuecen a fuego lento fuera, en el campamento.

Seguidamente nos preguntamos: ¿qué es la justicia? *La República*, de Platón, una obra trascendental en el campo de la filosofía política, ofrece respuestas a esta pregunta nada fácil.

Grandes escritores
LA REPÚBLICA, DE PLATÓN

En *La República*, Sócrates, el maestro de Platón y famoso «tábano» de Atenas, pregunta: «¿Qué es la justicia?». Aunque los lectores modernos podrían esperarse un debate sobre la ley penal, Sócrates tiene algo mucho más amplio en mente. Quiere saber la mejor manera de conseguir que los seres humanos vivan y trabajen juntos, por lo que conduce a sus amigos a un diálogo de gran alcance sobre el gobierno, las estructuras sociales y las prácticas de liderazgo.

Al empezar *La República*, Sócrates y un compañero salen del centro de Atenas cuando los detiene su conocido Polemarco, que los invita a su casa. Allí encuentran a los amigos y los hermanos de Polemarco junto a su padre, Céfalo. Sócrates está deseoso de hablar de filosofía, y pronto se encuentra inmerso en un debate con Céfalo sobre el significado de justicia. Este último asegura que justicia es que te devuelvan algo cuando te lo han arrebatado, pero Sócrates cita el caso de un loco al que claramente no le debes devolver las armas que te ha prestado. Afirma que la justicia debe ser algo distinto.

Para Polemarco, justicia es darle a cada uno lo que se le deba, lo que se traduce en ayudar a los amigos (que presumiblemente merecen ayuda) y en dañar a los enemigos (que presumiblemente merecen daño). Sócrates rechaza también esta definición, apuntando que cuando se daña a la gente, esta se vuelve menos virtuosa. Sostiene que el propósito de la justicia es hacer mejor a la gente, no peor, de modo que la justicia no puede consistir en dañar a nadie, ni siquiera a los enemigos.

Trasímaco, amigo de Polemarco, aparece ahora en el diálogo: «Despierta, Sócrates, la justicia es la ventaja del más fuerte —señala—. Los gobernantes de una ciudad establecen leyes para su ventaja, y esas leyes son lo que todo el mundo llama justicia». Sócrates desmenuza el argumento de Trasímaco señalando que los buenos gobernantes trabajan verdaderamente en beneficio de los gobernados, de la misma manera que los buenos médicos trabajan en beneficio de los pacientes.

Trasímaco se enfada aún más e indica que no, que lo que quiere decir es que la injusticia es más provechosa que la justicia. Sócrates contraataca mostrando que la injusticia crea disensión, desacuerdo y fracaso entre los grupos, e incluso entre las almas individuales, mientras que la justicia crea armonía, fuerza y eficacia. Por lo tanto, agrega: «El alma justa y el hombre justo tendrán una buena vida, y el hombre injusto una mala» (sección 331a).[1] En cuanto a si provechoso significa lo mismo que bueno –un problema interesante para los líderes de negocios de hoy–, es un tema que se deja para más adelante en el diálogo.

Lee esto en *La República*, libro I, que es un resumen del diálogo entero).[2]

Capítulo 4

Justicia

L os capuchinos marrones, o copetudos, son unos primates pequeños de pelo crespo, cola gruesa y corta y manos y pies negros. Viven en la cuenca del Amazonas y son conocidos por sus conductas
sociales y cooperativas. Estas criaturas se seleccionaron para un estudio llevado a cabo en 2003 en el Centro Nacional de Investigación
de Primates de Yerkes de cara a estudiar si los animales tienen alguna
clase de sentido de la justicia.[3]

En ese estudio, los capuchinos se agruparon en parejas y se les
adiestró para que le dieran una piedrecita al adiestrador humano a
cambio de un trozo de pepino. Tras un período de continuo true-
que piedrecita-pepino, los adiestradores cambiaron el trato: ahora,
si un capuchino entregaba una piedra, se le daba pepino a él y a su
compañero, incluso si este no había hecho nada en absoluto. A veces
incluso le daban al compañero una uva, lo que para un capuchino es
como conseguir un aumento de sueldo muy importante. Al ver que
los holgazanes conseguían las mismas recompensas que ellos, y hasta
mejores, los monos perjudicados mostraron reacciones sorprendentes: se negaron a trabajar (ya no entregaban piedras), rechazaron su

paga (ya no comían pepino) y manifestaron su protesta (arrojaban trozos de pepino a las cabezas de los adiestradores). En pocas palabras, preferían la venganza sin recompensa a los premios distribuidos injustamente.

Este estudio, junto con otros sobre los primates y sus respuestas a un trato «injusto», indica que el sentido de la justicia no es solo un producto de la cultura o la costumbre humanas, sino algo integrado delicadamente en nuestro cerebro animal. Los líderes que pisotean el sentido de justicia deben asumir las consecuencias. Si un mono agraviado lanza comida, ¿qué podría hacer un ser humano agraviado?

LA JUSTICIA ES DAR LO QUE SE DEBE

Algunos líderes reconocen la importancia que tiene la justicia, pero a pesar de eso adoptan un enfoque simplista sobre todo el asunto. Creen que saben lo que significa ser justo: tienen que darle a la gente lo que se le debe bajo las reglas y contratos con los que todo el mundo estuvo de acuerdo. Son como los líderes que mencioné en el capítulo anterior, que cuando se les aconseja que se aseguren previamente la aceptación de su equipo ante los cambios, replican con impaciencia: «Pero les estamos pagando». Piensa en Don Draper, de la serie de televisión *Mad men*, que, ante la queja de un empleado porque él nunca dice «gracias», responde con un «¡para eso es el dinero!». Líderes como esos son como el adiestrador salpicado de pulpa de pepino que intenta convencer con palabras a un capuchino enojado: «Te he dado un trozo de pepino a cambio de la piedra exactamente como acordamos, así que, ¿qué problema tienes? ¿Y qué pasa si a Buster le di una uva gratis?».

Para averiguar lo que es la justicia verdaderamente y por qué nos importa tanto, no existe guía mejor que *La República*, de Platón, la primera obra de filosofía política y, para muchos, todavía la mejor. El libro consiste en un largo diálogo entre Sócrates, el afamado maestro de la antigua Atenas, y un grupo de sus amigos y seguidores. Su propósito es reflexionar sobre qué es la justicia y por qué es mejor ser justo que injusto.

El escenario está preparado cuando Sócrates y sus amigos visitan la casa de Céfalo, padre de uno de los jóvenes del grupo. Sócrates le pide a Céfalo que describa cómo es la vida a su avanzada edad: ¿es dura, o no?, ¿y qué hace que la vejez sea fácil o difícil? Céfalo, con algún apunte de Sócrates, admite que la riqueza hace que sea mucho más fácil tener una vejez apacible, pero añade que no es el dinero mismo lo que establece la diferencia, sino más bien que tener dinero hace más fácil evitar cometer injusticias. Mantiene que esa es la causa principal de la infelicidad al final de la vida:

> Ahora bien, el hombre que acumula muchos actos injustos en su vida llega a despertarse a menudo en su sueño, asustado como un niño, y vive a la expectativa del mal. Al hombre que es consciente de que no existen en él actos injustos, la esperanza, buena y generosa, lo acompaña siempre a su lado (354a).

Céfalo continúa con sus meditaciones y compara la injusticia con el engaño, con la mentira y con no pagar las deudas. Sócrates capta enseguida esta suposición y la utiliza como ocasión para plantear la pregunta central del diálogo: «¿Qué es la justicia?». La justicia no puede ser simplemente decir la verdad y pagar las deudas propias, asegura, y ofrece el ejemplo de alguien que toma prestadas las armas de un amigo. Si el amigo se vuelve violentamente loco y le pide que le devuelva las armas, es evidente que no se las devolverá. Podemos pensar que eso es un ejemplo tonto, pero en realidad va al meollo del asunto: la justicia no puede definirse como atenerse a los contratos y a las leyes al pie de la letra, porque siempre podemos pensar en circunstancias excepcionales, que frecuentemente tienen que ver con el carácter y las intenciones de la gente en cuestión, que requerirían una interpretación más flexible de los contratos y las leyes que nos competen a nosotros y a ellos. Conforme continúa el diálogo, vemos cómo Sócrates anima a sus amigos a que examinen la idea general de justicia, que es algo más que «dar lo que se debe».

La República presenta la idea, inesperadamente compleja, de *lo que se debe* a grupos diferentes, personas diferentes e incluso partes diferentes de uno mismo. Para los líderes de la actualidad, la idea clave que tienen que captar es que aunque podamos acatar todas las políticas de la empresa y respetar todos los contratos, si no le damos a la gente lo que se le debe —es decir, lo que se le debe dado su carácter y las circunstancias—, nos considerarán injustos. Puede que argumentes: «No estoy de acuerdo, es injusto. Un líder debe ser imparcial». Quizá sí, pero «traté a todo el mundo imparcialmente y en conformidad con la política de la empresa» no se sustentará como defensa ante las acusaciones de injusticia. Por el contrario, los líderes que se apartan de la política de la empresa *cuando la situación lo requiere* son los que tendemos a tener como ejemplos de justicia.

Considera cómo reaccionaron las grandes compañías de seguros de vida de los Estados Unidos ante los sucesos del 11 de septiembre (los conocidos ataques a las Torres Gemelas y al Pentágono). Como escribe Robert Gandossy en el *Journal of Business Strategy*,[4] poco después de que los aviones se estrellasen contra los edificios, algunas de las compañías de seguros recordaron a sus clientes la cláusula de exclusión por guerra (que las muertes causadas por actos de guerra no estén cubiertas es un elemento estándar en las políticas de seguros) y la mayoría de ellas se atuvieron a los procesos de reclamación normales: esperar a que se presentase una reclamación, solicitar un certificado de defunción y otros documentos, analizar la reclamación y pagar si esta es apropiada. Sin embargo, una de las compañías se comportó de manera diferente. Antes del mediodía del 11 de septiembre, Northwestern Mutual anunció que no iba a aplicar la cláusula de exclusión por guerra y que aceptaría formularios de confirmación de muerte aunque no estuvieran normalizados.

Además, más que esperar a que los clientes se pusieran en contacto con la empresa, Northwestern empezó a procesar las reclamaciones preventivamente, utilizando manifiestos de vuelo y listas de embarque para definir las familias que habían sufrido una pérdida. El promedio en pagar una reclamación es de treinta días; en el caso del

11S, Northwestern procesó ciento cincuenta y siete reclamaciones en cinco días. No había nada estándar en la forma en que manejaron la situación; en lugar de eso, su personal fundamentó sus acciones en lo que creyeron que debían a sus clientes en aquellas circunstancias especiales. Varios años después todavía se los nombraba en la prensa como un ejemplo admirable de trato justo.

¿Cómo debe pensar un líder sobre lo que les es debido a los miembros de su equipo? La clave es pensar más allá del dinero o de la categoría que se deba a alguien basándose en su experiencia o en su actuación. Manejar el dinero y la categoría de forma arbitraria seguramente ofenderá el sentido de justicia del empleado, pero la justicia tiene que ver con cosas intangibles la mayor parte del tiempo: «¿Merece Alison que la escuchemos sobre esta idea?», «¿Debo darle a Rowan el beneficio de la duda en este caso?», «¿Cuánto de mi tiempo y atención debo darle al equipo de Pekín?», «¿Se ha ganado Carmela este encargo, y le encaja bien a ella?», «¿Debo responder a la pregunta de Gunter con un correo, o por teléfono?». Ni estudiar los contratos de los empleados ni saber de franjas salariales te ayudará a tomar esa clase de decisiones, pero sí lo hará un sentido de la justicia bien desarrollado.

Al final del libro I, Sócrates y sus amigos mantienen una conversación profunda sobre dos cuestiones: ¿qué es la justicia? y ¿es la persona justa más feliz que la injusta? Ambas sirven para ampliar nuestro punto de vista sobre el tema. Podemos empezar como Céfalo, viendo la justicia como un simple asunto de decir la verdad y de pagar las deudas propias (o sea, abstenerse de mentir, engañar o robar), pero al final llegamos a comprenderla como algo mucho más amplio, algo que podemos describir como «el orden y la gestión apropiados de una comunidad u organización, por los que todo el mundo se comporta y es tratado de manera correcta, lo que da como resultado el éxito para todos». Eso es una gran tarea para un líder, mucho más difícil que pagar los sueldos a tiempo y que enviar cualquier disputa contractual al departamento legal; pero el liderazgo no está hecho para quienes aspiran a una vida fácil.

LA JUSTICIA ES INDIVIDUAL

Fíjate también en las palabras que usa la gente cuando habla de justicia y de injusticia: «Me esperaba más de ti», «De entre todos, ella es la que más se lo merece», «Te debo mi éxito a ti»...

La justicia es un asunto personal. Las quejas de injusticia no se enfocan por lo general en que la gerencia, esa masa amorfa sin nombres, no aplicó correctamente la política o tomó una decisión contraria a los intereses de la empresa. Más bien, los agravios tienden a sonar a algo así: «*Esa* persona *me* (o *te*, o *le*) trató injustamente». Incluso cuando el problema afecta a toda una organización, como sería revelar una infracción ética importante o negociar una disputa entre sindicatos y gerencia, la gente habla normalmente de la injusticia en términos personales: a alguien se le ha tratado injustamente y los malvados son unos tramposos infames que merecen que les arrojen tomates podridos (o trozos de pepino, si eres un mono capuchino). Para un líder, por lo tanto, definir las reglas generales y aplicarlas sin sesgos indebidos, aunque importantes, es solo el inicio de la justicia. Detente ahí, y acabarás tratando a las personas injustamente; o, al menos, las personas lo verán así. Justicia completa significa comprender los puntos fuertes, las debilidades, los antecedentes y las relaciones que mantienen contigo y con los demás de manera individual, y tratarlos en consecuencia, sin sesgo *debido*, si quieres (ver «Herramienta de comunicación: ¿cómo quieren que los traten?», en la página 91).

La mayoría de las sociedades occidentales modernas son altamente igualitarias en actitud, si bien no siempre en la práctica, e incluso en las organizaciones jerárquicas tiende a prevalecer el punto de vista de que «todo el mundo es igual y a todo el mundo se le aplican las mismas normas». Aunque los líderes occidentales aceptan fácilmente diferencias de sueldos y de cargos basados en evaluaciones de su actuación y por su antigüedad, que se consideran criterios justos, lo llevan peor a la hora de aceptar la idea de que los diferentes talentos, contribuciones y puntos débiles pueden provocar que cada empleado merezca un tratamiento específico. Últimamente los asesores de gerencia han sido unánimes en su consejo de que los líderes deben aplicar los mismos criterios y políticas comunes a todos los subordinados, si no quieren ser considerados injustos. Marcus Buckingham y Curt Coffman, autores de *Primero, rompa todas las normas*, fueron los primeros asesores que adoptaron, quizá sin saberlo, una versión más platónica de la justicia y en propugnar que se aplicase al lugar de trabajo (ver «A hombros de gigantes: Marcus Buckingham sobre romper la regla de oro», en la página 92).[5]

Herramienta de comunicación
¿CÓMO QUIEREN QUE LOS TRATEN?

Si eres un buen líder, rompes la regla de oro constantemente: en lugar de tratar a los demás como a ti te gustaría que te tratasen, tratas a los demás como a ellos les gustaría que los tratasen.

Preguntar a tu gente sobre sus objetivos, preferencias y necesidades es una de las formas más fáciles de mejorar como líder. Muchísimos libros sobre gestión proporcionan plantillas para tales conversaciones, pero las preguntas exactas no son importantes, lo que es importante es que preguntes, simplemente, y que escuches las respuestas. Aquí hay unas pocas para empezar:

- ¿Qué te gustaría estar haciendo dentro de un año?, ¿y de cinco?
- Piensa en un día en el trabajo en los últimos tres meses en el que sentiste que estabas rindiendo al máximo. ¿Qué hacías?, ¿cómo te sentías?
- ¿Qué crees que haces bien?, ¿qué te demanda más esfuerzo?
- ¿Te gusta que se reconozca tu labor?, ¿qué clase de recompensas tienen más sentido para ti?, ¿cuáles no lo tienen?
- ¿Qué clase de comportamiento o de tratamiento hace que te sientas especialmente enojado o frustrado?
- ¿Qué clase de ayuda necesitas y agradeces?, ¿qué ayuda no necesitas ni agradeces?

A hombros de gigantes

MARCUS BUCKINGHAM SOBRE ROMPER LA REGLA DE ORO

En los libros *Lo primero, romper todas las normas* y *Ahora descubre tus puntos fuertes*, Marcus Buckingham argumenta que los mejores gerentes no intentan tratar a todo el mundo por igual, que en lugar de eso canalizan la individualidad.

Esos gerentes saben capitalizar los puntos fuertes de cada empleado, o, dicho de otra manera, saben dar y pedir a cada empleado lo que es adecuado. Los libros de Buckingham están llenos de relatos de gerentes que adaptaron magistralmente la persona al papel y el papel a la persona, retorciendo a veces la política empresarial de manera que quien tenga talentos evidentes, pero debilidades igualmente definidas, pueda hacer la contribución más grande posible a la empresa. «Todo el mundo es excepcional», argumenta Buckingham, lo que significa que todo el mundo posee puntos fuertes especiales y que todo el mundo pedirá cosas diferentes de un gerente. Según él: «Los mejores gerentes rechazan la regla de oro. En lugar de eso, dicen, tratan a cada persona como a ella le gustaría ser tratada, teniendo presente quién es».[6]

Por supuesto, esto no significa que los líderes deban pasar por alto las normas alegremente, pero sí significa que a veces la flexibilidad apropiada es la esencia de la imparcialidad, y a menudo, la clave del éxito del equipo.

✦ ✦ ✦ ✦

Uno de los ejemplos más extremos, y brillantes que ofrecen Buckingham y Coffman se centra en la historia de «Marie S.», la jefa de una agencia de seguros del hogar que tenía que vérselas con un agente que era tremendamente productivo, pero también tremendamente egocéntrico. Cada vez que el Agente Ego (ya conoces el tipo) estaba en la oficina, se ponía a deambular por ahí sin parar de hablar y volviendo locos a sus compañeros. La mayoría de los gerentes, intentando ser «justos», le habrían dado una charla sobre los valores de la empresa, o quizá lo hubieran enviado junto a todo el personal a una clase para fomentar el espíritu de grupo. Pero este personal no necesitaba trabajar como un equipo, y este agente no estaba arruinando proyectos ni relaciones con los clientes; era, sencillamente, un incordio. La solución de Marie fue abrir una puerta nueva en la pared del despacho del agente, que daba al pasillo exterior, y poner su nombre en ella en letras doradas. Como escriben Buckingham y Coffman: «De un solo golpe, ella no solo alimentó su ego, sino que también lo retuvo en su despacho y acabó con sus insufribles paseítos».[7] ¿Fue injusto que él consiguiera una placa dorada con su nombre y los demás no? Quizá; pero Marie supo que a nadie más de la agencia le importaban las placas con su nombre. Sin embargo, estaban encantados de haberse quitado de encima al Agente Ego.

Uno de los sellos distintivos de los estados totalitarios es el énfasis que ponen en barrer las ideas sobre «justicia social» y su desconsideración total por las diferencias individuales. Una vez vi una fotografía de unos juegos que se organizaron en Corea del Norte para celebrar una fiesta nacional. La imagen presentaba unas doscientas adolescentes, en pie fila tras fila, vestidas de manera idéntica, con idénticas postura y expresión; hasta parecían del mismo peso y estatura. El efecto era escalofriante.

Hacia el final del libro VII de *La República*, Platón nos ha entregado una imagen exacta de esa clase de estado, una imagen resultante del incansable impulso de Sócrates de dar cuerpo a la naturaleza de una sociedad perfectamente justa, si «perfectamente justa» se toma como que «no haya tratamiento especial alguno para los individuos». Describe una imagen de una ciudad-estado en la que a cada uno se lo trata exactamente igual, donde el bien de la comunidad es el único bien y donde la política social reina por encima de todo. El argumento se convierte en una *reductio ad absurdum* (reducción al absurdo), porque se hace claro que nadie desearía vivir ni trabajar en un lugar tan terriblemente injusto y tiránico como la ciudad «perfectamente justa» que evoca Sócrates. De hecho, la fundación de una ciudad así sería imposible, ya que tendría que eliminar o denegar la mayoría de las relaciones y los objetivos de los que se ocupan los seres humanos. Sin duda, para Platón, hay algo profundamente erróneo en esa visión concreta de la justicia.

Para los lectores de hoy, ¿qué significa ser justo? Algunos nos arreglaremos con el enfoque desenfadado de Céfalo, que evita rotundamente la mentira, el engaño y el robo y como consecuencia de ello duerme profundamente por la noche. Otros apuntaremos un poco más alto y aplicaremos las reglas y las políticas de la empresa imparcialmente. Pero los únicos líderes a los que se alabará como auténticamente justos serán aquellos que se esfuercen por una clase de justicia que es más sensata y al mismo tiempo más flexible: la clase por la cual los individuos obtienen lo que (verdaderamente) merecen.

Los líderes necesitan poder para cumplir sus objetivos, pero la búsqueda del poder puede resultar contraproducente, como veremos en el próximo capítulo.

Grandes autores
ANTÍGONA, DE SÓFOCLES

Es posible que haya otras obras dramáticas que representen los dilemas y los inconvenientes del liderazgo más a fondo o con más matices que *Antígona*, pero ninguna lo hace tan concisamente ni con tanta emoción.

Antígona, hija de Edipo, es una aristócrata de la ciudad-estado de Tebas. Cuando sus hermanos Polinices y Eteocles se matan uno al otro en una batalla por la ciudad (el primero atacándola, el segundo defendiéndola), el rey Creonte, recientemente coronado, se niega a enterrar a Polinices; lo considera un traidor a la patria y a su familia, por lo que no es merecedor de los últimos rituales. Creonte pone centinelas alrededor del cuerpo. Polinices será carroña.

Antígona, que cree que el juicio de Creonte va contra la ley divina, decide incinerar ella misma el cuerpo de Polinices. Le cuenta sus intenciones a su hermana, Ismene, que le suplica que no se arriesgue a que la ejecuten por desafiar las órdenes del rey, pero Antígona asegura que prefiere la muerte a participar en la vergüenza y la maldad de dejar sin enterrar a su hermano. Cuando Creonte sorprende a Antígona en el acto, la sentencia a ser emparedada en una cueva.

El hijo de Creonte, Hemón, que está prometido en matrimonio con Antígona, eleva una súplica de misericordia, indicando que el pueblo de Tebas está del lado de ella y acusando a su padre de obstinación ciega. Los ancianos de la ciudad intervienen respaldando a Hemón y manifestando piedad por la princesa, pero Creonte insiste en que su juicio es correcto y se niega a escuchar. Con cada rechazo del consejo, se aísla más de su familia, de sus consejeros y de sus súbditos, con lo que acelera su propia caída. Para cuando el profeta Tiresias lo convence de que cambie de idea y dé marcha atrás a la sentencia de Antígona, es demasiado tarde, el daño ya está hecho.

Parece que Creonte creyese que el poder de un gobernante reside esencialmente en la capacidad de matar o de eliminar a la gente problemática. Cuando Antígona pregunta: «¿Quieres algo más que mi apresamiento y mi ejecución?», él responde: «¡Oh, nada más!, una vez que tenga eso, lo tendré todo» (línea 542).[1] Es un error antiguo, uno que los líderes modernos

—que normalmente no ordenan ejecuciones, pero que pueden aplastar a los subordinados de otras maneras— harían bien en evitar. Porque si todo lo que un rey puede conseguir es la destrucción de sus súbditos (y, de hecho, eso es todo lo que Creonte consigue en la obra), ¿cuánto poder tiene realmente?

Capítulo 5

Poder

Mientras Sócrates hablaba de filosofía con los futuros líderes de Atenas, Sófocles escribía dramas para su entretenimiento. Fundamentó su obra *Antígona* en un antiguo mito griego; el dramaturgo francés Jean Anouilh creó una adaptación moderna en 1944. Podríamos observar muchas de las cuestiones sobre liderazgo expuestas en este libro a través de los ojos de Antígona, que desafía la orden del rey Creonte de dejar sin enterrar el cuerpo de su hermano fuera de las murallas de Tebas. La obra es especialmente reveladora sobre la cuestión del poder: qué es, cómo debe utilizarlo un líder y qué ocurre cuando un líder abusa de él... o simplemente lo malentiende.

EL PODER ES LA CAPACIDAD DE LLEVAR A CABO EL TRABAJO

Por lo general, a los líderes no les gusta hablar del poder, no digamos admitir que lo buscan. Hoy, cualquier líder destacado que respondiese a la pregunta «¿por qué luchaste para conseguir este puesto?» con un «¡porque quería el poder!» se arriesgaría a que lo echaran a patadas de dicho puesto, o, al menos, se le exigiría que pidiese disculpas públicamente. El poder tiene mala reputación, y bien ganada:

cuando observamos el dolor y el sufrimiento que ha ocasionado la gente más poderosa a lo largo de las épocas y en varios niveles, desde la Inquisición, en el siglo XVI, pasando por el Holocausto en el XX, hasta los colapsos financieros del XXI, debemos reconocer que los líderes que no muestran una sana reserva en lo que se refiere al poder lo esgrimen frecuentemente de formas terribles. Debemos estar agradecidos de que los asaltos al poder se vean en cada vez más áreas y culturas como algo inaceptable, y de que esta desaprobación tenga un efecto disuasorio. Sin embargo, un freno aún más eficaz es el conocimiento de lo que es realmente el poder. Es menos probable que los líderes que conozcan la verdadera naturaleza del poder abusen de él y, paradójicamente, es más probable que lo consigan y que lo mantengan.

Digo que es menos probable que abusen de él, pero, por supuesto, existen líderes que conocen el poder muy bien, que acumulan mucho y que eligen emplearlo para fines diabólicos. No obstante, esto es algo relativamente poco corriente. Es muchísimo más común ver (o ser) un líder cuyas intenciones son buenas, pero que, al fallar a la hora de captar la naturaleza y los mecanismos del poder, se convierte en el famoso elefante en la cacharrería. En cualquier caso, convencer a los lectores de que no se dediquen a fines malvados está más allá de mi propio poder como escritora; debo atenerme a tareas más modestas: aclarar lo que es el poder y cómo se consigue.[2]

La palabra *poder* viene del latín *posse*, que significa «ser capaz». En el *Diccionario de Inglés de Oxford* su primera acepción es «hacer o efectuar algo, o actuar sobre una persona o cosa». Tendemos a pensar en el poder de esta manera cuando hablamos del poder muscular que levanta un peso, o de la corriente eléctrica que impulsa una máquina.[*] En el terreno físico, el poder es simplemente la capacidad de efectuar un trabajo: hacer que algo ocurra, o cambie, o se mueva. Y por esa definición, el líder con un poder real —llamémoslo poder productivo— no es el que tiene un gran título o mucho personal a su cargo, sino el que puede conseguir que se hagan las cosas (ver «A hombros de gigantes: Dale Carnegie

---

[*] N. del T.: en los países de habla inglesa, *power* significa tanto «poder» como «fuerza» o «corriente eléctrica».

sobre el poder para todos», más adelante). Pero cuando pasamos de los músculos y la electricidad al liderazgo y la política, a menudo nos confundimos y mezclamos la idea de poder con la idea de posición social.

Es cierto que la posición social promueve el poder. La gente tiende a consentir las órdenes dadas por aquellos que la superan en rango. Cuando observamos cualquiera de las pirámides del antiguo Egipto, que se erigieron no porque diez mil esclavos lo quisieran, sino porque lo quiso un faraón, es evidente que el hecho de que el trabajo se cumpla depende más de la persona que se sienta en la cima de una jerarquía organizativa en forma de pirámide que de la persona que está en la base de esa pirámide. Y a menudo el deseo de posición social y el anhelo de poder van de la mano, lo que puede llevarnos a mezclarlos. Incluso así, la posición social no es nada más que la capacidad de dictar órdenes a la gente y de contar con su consentimiento superficial. Es un error equiparar la posición social con el poder productivo, que solo está presente cuando los demás no solamente sonríen y asienten con la cabeza, sino que se esfuerzan para llevar a cabo tus propuestas.[3]

A hombros de gigantes
DALE CARNEGIE SOBRE EL PODER AL ALCANCE DE TODOS

Escribe simplemente «guía práctica» en el campo de búsqueda de la página de inicio de Amazon.com (o «cómo ganar», en Google) y lo primero que sale es *Cómo ganar amigos e influir sobre las personas*. Ochenta años después de publicarse por primera vez, el clásico libro de autoayuda de Dale Carnegie figura como número 1 en las categorías de comunicación y liderazgo, y muy arriba en la lista de los mil libros principales en Amazon en su conjunto.

El genio de Carnegie reside en combinar dos formatos antiguos: el manual de consejos para aristócratas que buscan gobernar un estado y el libro de etiqueta y protocolo del típico matrimonio de clase media que quiere ascender en la sociedad. En sus páginas argumenta que cualquiera, y no solamente los peces gordos, puede ostentar poder real en este mundo. ¿Cómo hacerlo? No mangoneando a diestro y siniestro, sino ganándose a los demás. Entre las «doce cosas que este libro puede hacer por ti —escribe Carnegie— está la de enseñarte a ganarte a la gente por tu manera de pensar» y «aumentar tu influencia, tu prestigio y tu capacidad para conseguir que se hagan las cosas».

Esta última frase, junto con la evidente debilidad que tenía Carnegie por los términos de ingeniería, me hace pensar que él hubiera aprobado mi definición de poder: la capacidad de cumplir un trabajo.

●●

UNA PROCLAMA CARENTE DE PODER

En la obra *Antígona*, el rey Creonte confunde su posición social, que nadie le disputa, con su poder, que alguien sí le disputa. Ese alguien es Antígona, una princesa de Tebas que pronto se convertirá en su nuera. Cuando Creonte proclama que a Polinices, hermano de Antígona y comandante del ejército que atacó Tebas, se lo trate como corresponde a un traidor muerto y se lo deje en el campo de batalla para que se pudra, está absolutamente seguro de que su edicto es correcto, que tiene el derecho de proclamarlo y que cualquiera que lo desobedezca merece la muerte. «Así pienso sobre este asunto; por mí nunca tendrá preferencia en los honores el hombre malvado sobre el justo», dice (línea 225). Supone también que la única razón que podría tener alguien para desafiar sus órdenes es una muy baja: avaricia. Al final de su primer discurso, cuando los ancianos de la ciudad han insistido en que nadie sería tan estúpido como para morir por desobedecer la orden del rey, apunta secamente que se sabe que la gente hará cosas tremendamente estúpidas por amor al dinero. Puede imaginarse a un avaricioso que incumpla la proclama por un soborno; también puede imaginar a una persona despreocupada que ni se ha enterado la proclama completamente. Lo que no puede imaginarse es a alguien de buenas intenciones y diligente que desafíe a sabiendas la proclama, con la creencia sincera de que esta es errónea.

Cuando llevan a Antígona, que ha intentado enterrar a Polinices con los rituales adecuados, frente a él, Creonte —como Lear— queda impactado ante la obstinación de la muchacha:

CREONTE	[...] Y ahora, Antígona, dime breve y directamente, ¿conocías la proclama contra tus actos?
ANTÍGONA	Lo sabía, por supuesto que lo sabía, porque era pública.
CREONTE	¿Y te has atrevido a desobedecer esa ley?
ANTÍGONA	Sí, no fue Zeus quien hizo la proclama; ni la justicia, que vive con los que están abajo, tampoco ha promulgado leyes como esas para la humanidad. Yo no creí que tu proclama tuviese el poder [...] de anteponerse a los mandatos de Dios (490-499).

Si Creonte está asombrado por la «insolencia» de Antígona al romper la ley («las leyes establecidas», como él dice, implicando con ello que una orden ejecutiva proclamada por él el día anterior es equivalente a un gran cuerpo de legislación construido durante mucho tiempo), todavía se sorprende más de que ella no intente negar sus actos, y que de hecho los defienda. Creonte no puede comprender que nadie subordinado pueda obedecer una idea del bien que sea diferente de la suya. En lugar de eso, ve la actitud de Antígona como pura prepotencia: «Se jacta de ello, se ríe de lo que ha hecho», dice incrédulamente (527).

La actitud de Creonte no nos recuerda solamente a la del rey Lear, sino también a la de Trasímaco en *La República* (ver el capítulo 4). Al igual que este, Creonte cree que la justicia y la voluntad del gobernante son una sola y misma cosa. Puesto que Antígona sigue una versión de la justicia diferente de la voluntad del rey, ella debe de ser injusta y una traidora merecedora de la muerte. Conforme avanza la obra y vemos que otras personas, incluso los miembros de la propia familia de Creonte, empiezan a cuestionarse y a desafiar sus decisiones mientras que él sigue adelante con la ejecución de Antígona, podemos observar que el monarca ha mezclado tres cosas diferentes: lo que *tiene* que hacer (su deber), lo que su posición le concede el *derecho* de hacer (su autoridad) y lo que puede *realmente* hacer o hacer que se haga (su poder). Es posible que esas tres cosas sean lo mismo para un líder, a veces, pero no son necesariamente la misma.

Hacia el final, la esposa de Creonte, su hijo y la prometida de su hijo han muerto y el pueblo de Tebas se ha vuelto contra él. Resulta que Antígona tenía razón al menos en algo: que en la proclama de Creonte no había ningún poder real; de hecho, acabó por ser su ruina. Creonte, que se denomina a sí mismo como «un hombre vano y estúpido», le pide a sus hombres que se lo lleven.

LA PARADOJA DEL REY

Creonte, como hicieron muchos líderes después de él, fue atrapado por la paradoja del rey (ver la figura 5.1 en la página 104). Este fenómeno fue descrito en el siglo XIX por el filósofo alemán G. W. F. Hegel, que lo llamó «la dialéctica del amo y el esclavo». La paradoja consiste en lo siguiente: cuanto más pisotee un amo (un gobernante, un líder) a sus esclavos (súbditos, empleados), aseverando su dominio sobre ellos y procurando controlar lo que hacen, tanto más débiles, indecisos y mediocres se vuelven estos, hasta que, al final, el amo no es nada más que un «amo de esclavos», o sea, el primero entre los débiles, indecisos y mediocres. Cuando aumentan los intentos de dominio, el poder real cae.

Puedes encontrar un ejemplo moderno buscando en tu propia organización al gerente más abusón, que generalmente tiene el equipo más deficiente e ineficaz. Esta clase de líder, incapaz de soportar la idea de que sus subordinados lo eclipsen, fracasa no solamente a la hora de fortalecer a su equipo, sino que llega a sofocar también el talento, destrozar la armonía y socavar los planes. Los líderes, como vimos en el capítulo 1, no se alzan solos; su poder consiste en la capacidad de cumplir el trabajo con y por medio de los demás. Un equipo desastroso es el fruto de un mal líder.

Poder

Herramienta de valoración
¿CUÁNTO PODER TIENES REALMENTE?

Utiliza este test para valorar tu nivel actual de poder productivo (dependiendo del caso, 0 o 1 es la calificación más baja, y 10 o 20 la más alta:

A. Número de personas a tu cargo que reconocerán tu valía, en parte, por sus propios logros profesionales (0-20): _____

B. Promedio anual de calificación por cumplimiento de todos los miembros de tu equipo (1-10): _____

C. Nivel promedio del compromiso de los miembros con los proyectos y los objetivos del equipo (1-10): _____

D. Porcentaje de los proyectos que tú lideras que se completan a tiempo y logran los resultados deseados (10-100%; divide el porcentaje entre 10 para obtener un número entero entre 1-10): _____

E. Clasificación de la capacidad de trabajo en grupo de tu equipo en comparación con los demás equipos de la organización (1-10): _____

F. Número de «decisiones ejecutivas» que tomas cada mes a pesar de la oposición de tu equipo (0-10); anótalo con signo negativo: _____

G. Número de personas que hayan elegido abandonar una organización cuando dependían directamente de ti (0-20); anótalo con signo negativo: _____

Clave

Haz la suma total de tu puntuación, y no te olvides de sustraer lo que has puntuado en F y G, no lo sumes.

-26-5   Apenas tienes poder productivo.

6-15   Tienes un nivel bajo de poder productivo.

16-25   Tienes un nivel moderado de poder productivo.

26-50   Tienes mucho poder productivo.

51-60   Es probable que estés sobrestimándote a ti y a tu equipo (pídeles a algunos miembros del equipo que te proporcionen calificaciones más objetivas).

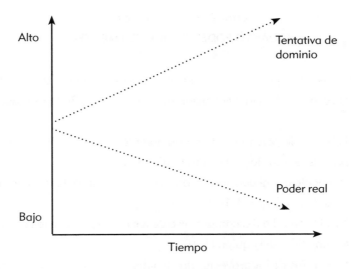

Figura 5.1 La paradoja del rey

Este es un ejemplo contemporáneo de la paradoja del rey. Kyle y Robert dirigían conjuntamente el Instituto Malory, un grupo de expertos con base en Londres, enfocados en políticas educativas que ofrecían servicios de investigación, publicaciones y conferencias a los suscriptores. Unos pocos años antes, el fundador del instituto (un teórico, que no tenía interés alguno en dirigirlo) había nombrado a los dos para puestos de liderazgo conjunto por sus habilidades complementarias: Kyle tenía un doctorado en Educación y estaba a cargo del contenido y las investigaciones del instituto, mientras que Robert, con un máster en Administración de Empresas, tenía a su cargo las actividades de *marketing*. Empezaron trabajando bien en cooperación, pero las semillas del conflicto se plantaron cuando Robert pidió el control del calendario de publicación de la estrella de Malory, una revista trimestral llamada *Lyceum International*: «Desde el punto de vista del *marketing*, es decisivo que tengamos la revista para distribuirla en nuestras conferencias semestrales —dijo en una reunión ejecutiva— y debido a la lentitud en la aprobación editorial, no dispusimos de ella en la última conferencia». Kyle dejó de mala gana que Robert ejerciera cierto control sobre el calendario de la revista, pero exigió mantener el control absoluto sobre su contenido. No se dijo nada de las demás publicaciones del instituto.

Y así empezó un rápido descenso hacia la disfunción en ambos lados de la casa. Los investigadores asociados comenzaron a recibir correos electrónicos semanales de Robert, en los que pedía información sobre cuándo estaría listo tal artículo para el boletín de noticias X o para el boletín Y. Cuando se pusieron al habla con Kyle para pedirle con urgencia su visto bueno, este les llenó los oídos con que era él, y no Robert, el que estaba a cargo del contenido y que no daría su aprobación a los artículos sin revisarlos detenidamente. Como contraataque, Robert decidió «cambiar la categoría» de varias de las publicaciones del instituto, que pasaron a ser consideradas *marketing* colateral; dio órdenes a su equipo para que preparase un calendario para aquellos artículos y que los imprimiesen a tiempo, con o sin la aprobación editorial. Cuando una desafortunada auxiliar apretó la pestaña «enviar» para un boletín de noticias que resultó que contenía datos equivocados, Kyle la convocó a su despacho y le gritó durante diez interminables minutos. En cuestión de meses todo el personal estaba paralizado. El siguiente número de la revista salió con tres meses de retraso, el blog y las noticias estaban plagados de errores y dos de los escritores expertos dejaron simplemente de escribir. Las quejas de los suscriptores llegaron hasta el techo y no se renovó la subvención que proporcionaba la mitad de los fondos del instituto.

MIEDO A LA TRAICIÓN

Aunque podría ser fácil culpar del desastre del Instituto Malory a las borrosas líneas de autoridad, el problema real fue el fracaso de los codirectores para ver que, conforme agarraban con uñas y dientes a su tentativa de dominio (ver la figura 5.1), su poder real se iba hundiendo. Por supuesto, si les preguntases a líderes como Kyle y Robert lo que intentaban hacer, dirían, como Creonte, que simplemente «mantenían los estándares altos» o que «insistían en hacer lo que es bueno para la organización». Y es justo: como líderes, están al cargo, y deben tomar ciertas decisiones y procurar que se lleven a cabo es su trabajo, como lo es establecer ciertas normas y hacer que se cumplan. Quién sabe, quizá Creonte tuviese razón al aplicar un castigo ejemplar a Polinices, que, a fin de cuentas, condujo un ataque a su ciudad y mató a su propio hermano en la batalla.

Pero el error de Creonte no reside en promulgar un edicto y esperar que se obedezca, ni siquiera en castigar a quien no lo haga. Su error está, más bien, en la creencia de que cualquier desafío a ese edicto, cualquier cuestionamiento sobre su pertinencia o cualquier argumento para defender un plan alternativo deben interpretarse como ataques directos a su autoridad, o como traición.

Esa creencia hace que oiga las palabras de Antígona —cuyo intento de enterrar a su hermano no tiene nada que ver con derrocarlo a él— como si fueran el grito de guerra de un enemigo. Hace que oiga el informe de su hijo Hemón sobre que la ciudad respaldaba a Antígona como si fuese una amenaza de motín: «¿Es que va a decirme la ciudad lo que debo hacer?», dice resoplando. Los líderes como Creonte tienen escondida en su mente, si no en su mesa de despacho, «una larga lista de traidores que no comprenden nada» (por citar la letra de una canción de la estrella del pop Taylor Swift). Es una lista de los que cuestionan las órdenes, de los respondones, de los que muestran una tendencia inquietante a actuar de acuerdo con su propio juicio. La amenaza de una «traición» así mantiene a los líderes en un terror constante de que sus órdenes no se cumplan, de que su poder disminuya o sea destruido.

Date cuenta de que uno no tiene que ser un obseso del poder para pensar así. Solo es necesario ignorar lo que el poder es y, en consecuencia, ser vulnerable a la paradoja del rey. El poder verdadero reside en contar con gente realmente poderosa —o sea, eficaz— que desee seguirte voluntariamente. Los líderes que no comprenden este hecho intentarán construir su propio poder a base de suprimir el de los demás. Verán las señales de poder creciente en un subordinado como la razón para pisotear con más fuerza; y seguirán llegando más lejos en la línea de la tentativa de dominio, mientras la línea del poder, que no se ve a través de la roja neblina de la frustración, cae cada vez más abajo.

El conocimiento de la esencia del poder nos dice que deberíamos utilizar nuestra autoridad como líderes para alimentar el poder (o la eficacia) de nuestra gente, porque al hacerlo no solamente evitaremos los abusos de poder, sino que también conseguiremos y mantendremos nuestro propio poder productivo. Por supuesto, esto no consiste simplemente en darles un soplido a tus subordinados y que se echen a volar: porque, como ocurre con los globos que uno infla pero a los que luego no hace el nudo, se precipitarán por ahí haciendo ruidos desagradables antes de convertirse en pequeños bultitos de goma elástica desmoronados sobre el suelo. Hay un arte en desarrollar y canalizar el poder de los demás, sin fomentar por ello el desorden o a la rebelión (Maquiavelo tiene mucho que decir sobre este arte; ver el capítulo 3). Los líderes deberían empezar por los sencillos pero profundos consejos que Hemón, el hijo de Creonte, le ofrece a su padre:

> No mantengas en ti mismo solo un punto de vista:
> el de que lo que tú dices y nada más es lo que está bien.
> Pues los que creen que únicamente ellos son sensatos,
> o que poseen una lengua o una inteligencia cual ningún otro,
> estos, cuando quedan al descubierto, se muestran vacíos.
> Pero no tiene nada de vergonzoso que un hombre, aunque sea sabio,
> aprenda mucho y no se obstine en demasía [...]
> Haz que ceda tu cólera y consiente en cambiar (707-717).

En el próximo capítulo, dos dirigentes romanos y sus muertes violentas nos enseñan de dónde viene la autoridad y las causas de que estalle la rebelión.

Grandes escritores
JULIO CÉSAR, DE WILLIAM SHAKESPEARE

Julio César es rey de Roma aunque no ostente el título, y un grupo de senadores —entre ellos el cínico Casio, el traidor Casca y hasta el escrupuloso Bruto, cuyos sueños de restaurar la República romana han debilitado su lealtad a su querido amigo— conspiran contra él. Aunque César rechaza tres veces la corona que Marco Antonio le ofrece frente a la multitud en los juegos públicos, Casio convence a los demás de que César aspira secretamente a ser emperador y debe ser eliminado en nombre de la libertad. Los conspiradores señalan la fecha en los «idus de marzo». A pesar de los oscuros presagios y de las súplicas de su esposa para que se quede en casa, César acude al Senado ese día, lo atacan en el auditorio y muere de trece cuchilladas. Sus últimas palabras son: «Et tu, Brute? (¿Tú también, Bruto?)».

Los asesinos no tienen tiempo de celebrar la liberación de Roma. Marco Antonio, cuya vida han salvado Bruto y Casio con la esperanza de que se una a su causa, utiliza sus impresionantes habilidades oratorias para levantar al pueblo, recordándole las virtudes de César y dando a entender la gran cantidad de dinero que legó al pueblo en su testamento, a la vez que declara que él no tiene deseo alguno, no, ninguno en absoluto, de criticar a los asesinos: «Porque Bruto es un hombre honrado». La anarquía que desata Marco Antonio se cristaliza en la tercera escena del tercer acto, en la que un hombre inocente es confundido y asesinado por el populacho de manera no menos brutal que César:

PRIMER PLEBEYO	¡Hacedlo pedazos, es un conspirador!
CINNA	¡Soy Cinna, el poeta! ¡Soy Cinna, el poeta!
CUARTO PLEBEYO	¡Despedazadlo por sus malos versos!, ¡despedazadlo por sus malos versos!
CINNA	Yo no soy Cinna, el conspirador
TERCER PLEBEYO	¡Despedazadlo, despedazadlo!

Los actos IV y V nos muestran la lucha por la misma corona que César había rechazado. Marco Antonio se une a Octavio, el sobrino-nieto e hijo adoptivo de César, y luego pierde su favor; Bruto se une a Casio y luego se enemista con él. Las batallas y las disputas siguen hasta que queda claro quién va a ser el emperador de Roma.

Lee esto en Julio César, Actos III, IV y V (secuela del asesinato).

Capítulo 6

Autoridad

L os líderes necesitan poder, pero el poder por sí mismo no basta. Los líderes necesitan también autoridad, es decir, el derecho legítimo a gobernar o a juzgar. Por ejemplo, es posible que una muchedumbre violenta ejecute a un criminal convicto, pero solamente un juzgado tiene la autoridad para hacerlo. El poder es la fuerza; la autoridad, el derecho.

EL PODER Y LA AUTORIDAD SE VENDEN POR SEPARADO

Imagina el poder y la autoridad como si fueran dos círculos en un diagrama de Venn (los esquemas utilizados en la teoría de conjuntos). Los líderes con mucho poder, pero sin autoridad, son sansones o estafadores: pueden forzar a la gente o utilizar sus encantos para salirse con la suya, pero tarde o temprano su ilegitimidad se ve expuesta y son derribados (ver «A hombros de gigantes: Frank Abagnale sobre el poder sin autoridad», en la página siguiente). Por otra parte, los líderes que tienen mucha autoridad pero no poder son meros *mascarones*: podrán tener grandes títulos, pero son incapaces de conseguir que se haga mucho, de modo que su gobierno también es inestable. Como líder querrás estar en la zona donde ambos círculos se superponen, donde confluyen autoridad y poder.

Hemos visto un ejemplo de un líder con «mucha autoridad y no mucho poder» en el capítulo 5: el rey Creonte de Tebas, que supuso que su puesto gobernante haría que sus súbditos cumpliesen sus edictos y que se quedó estupefacto cuando uno de ellos, Antígona, se negó a hacerlo. Otro de ellos es Ron Johnson, el hombre que desarrolló las tiendas minoristas de Apple de tanto éxito, y al que en 2011 contrató la cadena J. C. Penney, que no atravesaba por su mejor momento, para que la hiciera rentable de nuevo.

Como informó Jennifer Reingold en un artículo que escribió para la revista *Fortune*, Johnson llegó con la idea de transformar la apagada y aburrida Penney en un hogar para marcas punteras y diseño moderno que atrajese a clientes jóvenes y adinerados.[1] Junto con una nueva imagen de los productos y la renovación del diseño de las tiendas, presentó una nueva estrategia de precios: en lugar de los constantes saldos y liquidaciones a las que, en opinión de Johnson, era tan adicto Penney, habría siempre un precio bajo para prácticamente todo.

A hombros de gigantes
FRANK ABAGNALE SOBRE EL PODER SIN AUTORIDAD

La autobiografía de Frank Abagnale, *Atrápame si puedes*, es el relato de un gran estafador.[2] El libro, que luego se convirtió en película de Hollywood, cuenta que Abagnale, empezando a los dieciséis años de edad, se hizo pasar por piloto de la aerolínea PanAm, por catedrático de universidad, por médico, por abogado y tuvo muchos disfraces más. En cada uno de los papeles su autoridad era nula, pero su poder era trascendental: fue capaz, por ejemplo, de cobrar en metálico 2,5 millones de dólares en cheques falsos. Como todos los estafadores, era un maestro en el arte de conseguir amigos y de influir sobre la gente (ver Dale Carnegie en el capítulo 5), y no le preocupaba en absoluto si era ético o no ejercer esa influencia.

Al final, la Ley lo atrapó. A los veintiún años fue detenido en Francia, pasó por un juicio, cumplió un tiempo en cárceles de varios países y por último fue extraditado a los Estados Unidos y sentenciado a doce años en una penitenciaría federal. Pero lo liberaron tras cuatro años con la condición de que ayudase a los federales (la Policía Nacional de los Estados Unidos) a echar el guante a otros estafadores. Después de eso fundó una empresa de consultoría para asesorar a los bancos, a las empresas y al FBI sobre prevención del fraude.

De modo que Abagnale, el estafador, se convirtió en Abagnale, la autoridad. Según parece, el hecho de pasarse al bando legal modificó sus puntos de vista: en la parte de preguntas y respuestas del libro argumenta a favor de sistemas penales más duros.

* *

Johnson tuvo el apoyo completo de la junta directiva, muchos de cuyos miembros parecían estar asombrados por la fama del gerente y por su visión. Nadie lo cuestionó, ni siquiera cuando anunció un calendario increíblemente rápido para la transformación: tres meses para desvelar la imagen de la nueva marca y los precios, cuatro para lanzar los nuevos anuncios y doce para reformar cientos de tiendas.

Uno de los miembros de la junta directiva preguntó cuándo se testarían los nuevos precios. Dice Jennifer Reingold: «Johnson se burló. No importaba que otros grandes almacenes hubieran perdido a sus clientes intentando una política de precios similar. Ya había tomado su decisión».[3]

Johnson siguió adelante, sin que nada ni nadie cuestionase su autoridad. Contrató a un nuevo equipo de liderazgo que menospreciaba a los empleados de larga duración; presuntamente, uno de los ejecutivos se refirió a ellos como «los empleados viejos y estúpidos de Penney». Este equipo protegió a su director del escepticismo que se iba propagando. Reingold señala: «En la mente de Johnson él tenía razón y el resto le iba a la zaga».[4] Pero los resultados económicos no eran muy alentadores. En mayo de 2012, las ventas en tienda fueron un diecinueve por ciento menores que el año anterior. Los antiguos clientes de Penney estaban desertando; resultó que les gustaban las ofertas que ahora estaban prohibidas, que echaban de menos las marcas que se habían eliminado y que la nueva publicidad les había causado rechazo. En lo que se refiere a los clientes más jóvenes y modernos a los que Johnson suponía que iba a atraer, tampoco logró su objetivo.

Johnson insistía en que era solo cuestión de tiempo. Había que educar a los clientes, dijo en una entrevista. Sin embargo, al final de 2012 estaba claro que los clientes no estaban por la labor. Los resultados del año eran pésimos y los miembros de la junta directiva empezaron a perder la confianza. Johnson dimitió el 8 de abril de 2013.

No es raro que los líderes más fuertes supongan (como hicieron Creonte y Johnson) que su autoridad les confiere automáticamente poder sobre la voluntad de los demás: están convencidos de que los subordinados, los colegas y hasta los clientes pensarán lo que se les dice que piensen. No es raro tampoco que los líderes crean que si ellos son poderosos, la gente reconocerá automáticamente su autoridad para liderar, es decir, su legitimidad. De hecho, la autoridad y el poder se venden por separado, y los líderes de éxito cultivan ambos.

¿QUIÉN PUEDE RECLAMAR UN TRONO VACANTE?

La obra *Julio César* narra lo ocurrido a un grupo de hombres que depusieron a un líder y que luego vieron que solo uno de ellos tenía el suficiente poder y autoridad para tomar su lugar. Los análisis de la obra suelen centrarse en el plan de los conspiradores y en los motivos para el asesinato, pero date cuenta: a César lo matan al principio del acto III, de modo que más de la mitad de la obra trata de los sucesos posteriores, de la lucha por el liderazgo entre Bruto, Casio, Marco Antonio y Octavio. Parece que a Shakespeare le preocupaba lo que ocurre no solamente en los antecedentes de una rebelión, sino también en sus secuelas, cuando un gobernante legítimo ha sido depuesto y el trono queda vacante. Al final, ¿qué clase de persona se alza con el trono?

En la obra de Shakespeare la respuesta es Octavio: el hombre que al final se convirtió en César Augusto, fundador del Imperio romano y uno de sus gobernantes más longevos. Cada uno de los demás personajes intenta hacerse cargo, y cada uno de ellos tiene talentos y virtudes importantes —por no decir dinero y posición social— para reafirmar sus demandas. Bruto es un hombre escrupuloso que ante todo quiere hacer lo correcto. Casio es un hombre político, despierto psicológicamente, y cuenta con grandes dotes de persuasión. Marco Antonio es apasionado y gran orador, capaz de convencer a multitudes con sus palabras. A diferencia de estos, Octavio parece un tanto anodino. Aparece tarde, en el acto IV, sin haber tomado parte ni en la conspiración ni en la lucha por la lealtad de la multitud después del asesinato (cuando Marco Antonio lanza su famoso discurso «Amigos, romanos, compatriotas, prestadme vuestros oídos»). Forma equipo con Marco Antonio para luchar contra Bruto y Casio, pero mientras que Marco Antonio sigue creciendo en elocuencia todo el tiempo, Octavio dice muy poco, y lo que dice revela sus planes de batalla más que sus pensamientos interiores. En la última escena, Marco Antonio hace un panegírico florido sobre Bruto («Este era el romano más noble de todos»), mientras que Octavio da las órdenes sucintas para el entierro (acto V, escena 5.ª).[5]

Pero Octavio tiene una gran ventaja sobre los demás: es el hijo de Julio César. César lo adoptó en su testamento —aunque esta práctica de adopción póstuma pueda parecernos extraña hoy, no era infrecuente en la antigua Roma y ciertamente se la consideraba legítima—. La adopción se menciona por primera vez al principio del acto V: Octavio se refiere a sí mismo como «otro César», lo que significa que tiene el mismo apellido que su padre adoptivo. Tras romper con Marco Antonio, todos lo reconocen como «Octavio César» y heredero de Julio. Aunque Bruto es más concienzudo, Casio más persuasivo y Marco Antonio más apasionado, ninguno de ellos tiene la autoridad —el *derecho* de suceder a Julio— que posee Octavio. Él aúna el poder (o la eficacia) con la autoridad (o la legitimidad). Como resultado de ello, asciende al trono y permanece en él.

TRES FUENTES DE AUTORIDAD

Conforme, bien por Octavio; pero la mayoría de nosotros no vamos a ser adoptados por un monarca, así que ¿cómo conseguimos los líderes corrientes adquirir una autoridad que afiance nuestro poder? Una de las respuestas nos la da Max Weber, socialista y economista alemán (1864-1920), que describió tres clases de autoridad: autoridad *racional/legal*, que proviene de las leyes escritas, las normas y los fueros; la autoridad *tradicional*, que se genera de la costumbre o de estructuras sociales establecidas desde hace tiempo, y la autoridad *carismática*, que emana de la capacidad innata del líder para suscitar la creencia (por las razones ya habladas en el capítulo 1, prefiero llamar al tercer tipo autoridad *intrínseca*).

Para los líderes es importante comprender su fuente principal de autoridad y evitar socavar esa fuente. El ejemplo más evidente son los líderes de grandes organizaciones, cuya autoridad proviene de su situación en la jerarquía organizativa, y por lo tanto deben apoyar a esa jerarquía o arriesgarse a debilitarse a sí mismos. Lo que Bruto y Casio no pueden captar es que la muerte de César es un duro golpe a las estructuras sociopolíticas de las que ellos, como senadores de Roma, obtienen *su* derecho a gobernar. Parece que Bruto tenga esperanzas de que en el velatorio tras la muerte de César emerja espontáneamente una república y que él siga teniendo una plaza de senador en ella; aparentemente, las esperanzas de Casio son sobre algo semejante a una anarquía, en la que los individuos inteligentes como él puedan ejercer el poder en ausencia de un gobierno. Pero las esperanzas de los dos son en vano: el pueblo de Roma se ha acostumbrado a un regente en solitario, a un «César», y la autoridad del Senado proviene ahora en gran parte de él. Si se elimina al César actual, otro debe tomar su lugar, y la única pregunta es quién.

Cualquier líder de hoy, cuya autoridad provenga de una estructura organizativa y busque derribar esa estructura, debe estar preparado para enfrentarse a la situación en la que estaban Bruto y Casio: un vacío de autoridad que se llenará —pero no necesariamente, ni siquiera probablemente— por aquellos que causaron el derribo.

Y luego está la autoridad intrínseca, la más misteriosa de los tres tipos de Weber y la que Marco Antonio intentó emplear. La mayoría de los líderes lo hacen bien sin ella, y en su lugar se apoyan (como hizo Octavio) en la autoridad racional/legal o en la tradicional, ya que cualquiera de las dos es una plataforma perfectamente firme para el liderazgo. Los líderes que basan sus reivindicaciones sobre la autoridad intrínseca son pocos, por eso resultan inolvidables para la mentalidad colectiva: Mahatma Gandhi, Martin Luther King o Juana de Arco son algunos de ellos. Un ejemplo más reciente es Malala Yousafzai, la escolar pakistaní que ganó el Premio Nobel de la Paz y que fue el objetivo de un intento de asesinato en 2012 por los talibanes, en venganza por su defensa de la educación de las niñas. Lo que tienen en común todos esos líderes es su capacidad de implicar a la gente en una causa mayor, o, al menos, de hacer que la gente se *sienta* implicada. Algunos lo logran gracias a su carisma —por ejemplo, Martin Luther King lo hizo mediante discursos sumamente elocuentes— pero el carisma no es, de ninguna manera, el único camino. Por ejemplo, Juana de Arco parece que lo consiguió gracias a una creencia sólida en su propia idoneidad, que expresaba contundentemente, lo que al principio parecía a quienes la oían pura locura, luego un engreimiento escandaloso y finalmente una fuerza que unificaría Francia y los salvaría a todos (ver el capítulo 21).

Ciertas personas argumentarían que las causas nobles conducidas por figuras así se malogran con mucha frecuencia; que se dan más pequeños Hitlers que pequeños Gandhis. Ciertamente, la autoridad intrínseca es una plataforma más resbaladiza que las otras dos clases de autoridad. Aun así, es importante que los líderes comprendan *todas* las fuentes posibles de autoridad y si la racional/legal y la tradicional no están a su alcance, que sepan que existe una tercera fuente que pueden cultivar, independiente de las estructuras externas: su capacidad intrínseca de inspirar confianza.

DESENCADENAR EL MOTÍN

De modo que supón que eres un líder que ha hecho un buen trabajo combinando el poder y la autoridad. Tu poder es productivo:

te has alejado de la paradoja del rey (capítulo 5) y has trabajado para mejorar no solamente tu propia eficacia, sino también la de tu equipo. Conoces la base más importante de tu autoridad (racional/legal, tradicional o intrínseca) y tienes mucho cuidado de evitar socavarla. ¿Tienes claro que tu posición está segura y no tienes nada que temer?

Bueno, sí y no. Sí, porque la combinación de poder productivo y de autoridad bien fundamentada es difícil de atacar, y poca gente se inclinará a intentarlo; pero no, no estás completamente seguro, porque hasta un líder bien afianzado puede cometer un error fatal y desencadenar un motín (ver «Herramienta de valoración: ¿está tu autoridad en peligro?», en la página 119).

Un motín es un intento, por lo general dentro de una organización militar, de derribar a un gobernante legítimo. Los motines son casos-estudio muy iluminadores para los líderes, porque no hay sitio alguno en que las líneas de autoridad estén más claras y el poder más absolutamente desarrollado que en la milicia. Por supuesto, mientras que en cualquier ejército tienen cabida ciertos hombres fuertes y algunos meros *mascarones*, la mayoría de los ejércitos son meritocracias bastante eficaces en las que los líderes ascienden por su eficacia y se les concede autoridad respaldada por el inmenso peso de la tradición, la ley y la estructura. Por lo tanto, los motines son escasos, puesto que dependen de personas que deben armarse de la voluntad de oponerse a un poder omnímodo además de detentar, ellos mismos, una autoridad clara, una combinación formidable. Pero los motines se dan, y no siempre son provocados por circunstancias históricas de gran envergadura, o por circunstancias fuera del control del líder. Con frecuencia, la chispa de un motín la enciende un error de liderazgo concreto.

El error es humillar a los propios subordinados. Son muchos los ejemplos históricos que demuestran que existe una relación entre la humillación y el motín, desde el tristemente célebre motín del *Bounty* contra el capitán Bligh —que pocas veces recurría a los latigazos, pero que insultaba a sus hombres a cada paso—,[6] hasta el motín indio de 1857, desencadenado cuando los oficiales británicos del ejército indio presentaron un tipo nuevo de munición que requería que los cipayos abrieran los cartuchos de papel con los dientes. Se rumoreaba que los cartuchos estaban engrasados con grasa de vaca y de cerdo, prohibidas para hindúes y musulmanes respectivamente.[7]

Herramienta de valoración
¿ESTÁ TU AUTORIDAD EN PELIGRO?

La autoridad de los líderes puede verse debilitada por los subordinados (cuando se rebelan o retiran su apoyo) o por los líderes mismos (cuando socavan sus propias fuentes de autoridad). Aunque la mayoría de nosotros no tenemos mucho peligro de que nos asesinen, nuestra autoridad puede disminuir, o incluso perderse totalmente, si fracasamos a la hora de cultivarla.

A continuación presento una lista de las acciones y comportamientos que pueden debilitar tu autoridad. Marca todas aquellas que te consientas, aunque sea solo un poquito o muy de cuando en cuando (si te sorprendes a ti mismo pensando: «¡Oh!, eso no les importa», o «Es todo en broma», replantéatelo) y suma un punto por cada respuesta afirmativa; seguidamente, valora el riesgo de motín utilizando la clave.

1. Haces bromas a los miembros de tu equipo sobre sus hábitos personales, su apariencia o sus gestos, o les pones motes «divertidos».
2. Encuentras formas sutiles de dejar claro a los miembros de tu equipo que tú eres más inteligente o más competente que ellos.
3. Reprendes a los miembros de tu equipo frente a sus colegas o sus subordinados.
4. Cuestionas a los miembros de tu equipo para poner en evidencia su ignorancia o los defectos de su trabajo.
5. Miras tu correo o tus cuentas de redes sociales mientras te hablan los miembros de tu equipo.
6. Hablas mal de tu jefe directo frente a los miembros de tu equipo.
7. Menosprecias a otros líderes y equipos frente a los miembros de tu equipo.
8. Desautorizas sutilmente a tu jefe directo.

9. Haces comentarios cínicos en el trabajo sobre tu empresa o sus líderes, sus objetivos o sus clientes.

10. Sufres en silencio la estupidez y la incompetencia de tu jefe directo.

Total de tus puntuaciones en los puntos 1-5:

0   Sabes cultivar tu autoridad; es probable que tu equipo te respete y te apoye.

1-2   Puede que los miembros de tu equipo no te admiren tanto como crees.

3-5   ¡Cuídate de los idus de marzo! Los miembros de tu equipo están resentidos por tu comportamiento y quieren que te vayas.

Total de tus puntuaciones en los puntos 6-10:

0   Haces un buen trabajo respaldando a tus fuentes de autoridad.

1-2   Aunque puedan estar justificados tus sentimientos negativos, ten cuidado: podrías estar socavando a la gente y las estructuras de las que depende tu autoridad.

3-5   Empieza a planear tu marcha. Tus días como líder de la empresa están contados.

Un ejemplo literario muy gráfico de este fenómeno aparece en *Yo, Claudio*, la novela histórica que escribió Robert Graves sobre los tres primeros emperadores de Roma vistos a través de los ojos del cuarto: Claudio, nieto de César Augusto.[8] Nacido con tartamudez y cojera, considerado un idiota en su juventud, Claudio se pasó las primeras cinco décadas de su vida siendo menospreciado por su aristocrática familia, conforme esta conspiraba y maquinaba en las orgías de intrigas políticas que marcaron los reinados de Augusto, Tiberio y Calígula.[9]

Las crueldades enloquecidas de Calígula y sus excesos lascivos hicieron que fuese temido y odiado por sus súbditos. Dado su abominable comportamiento, no es sorprendente que fuera asesinado, como Julio César. Lo que sí *es* sorprendente es que su asesinato no fue organizado por uno de los muchos ciudadanos cuya familia hubiera sido ejecutada, no por alguien cuya esposa hubiera sido violada, no por un opositor cuyo dinero y cuyas tierras hubiera expropiado; el motín fue liderado por uno de los capitanes de su guardia pretoriana, Casio Querea (un Casio diferente del que conspiró con Bruto). En la versión de los hechos de Graves, Calígula incumple la promesa de promoción a Casio y le obliga a realizar toda clase de tareas desagradables. Casio, un viejo soldado acostumbrado a obedecer a sus superiores, no protesta... hasta que Calígula va demasiado lejos. Uno de los deberes de Casio es presentarse diariamente frente al emperador para recibir el santo y seña para los soldados, y Calígula decide divertirse con esto:

> [La contraseña] había sido siempre «Roma» o «Augusto» [...] o algo parecido, pero ahora, para irritar a Casio, Calígula le daba palabras absurdas, como «sigue con cordones», o «mucho amor», o «bigudí», o «bésame, mi sargento», y Casio tenía que llevárselas a sus oficiales compañeros y aguantar sus bromas. Decidió matar a Calígula.[10]

Casio lidera un motín y es el primero en hundir una daga en el pecho de su jefe. No lo hizo porque Calígula fuese un tirano que aterrorizaba a miles, sino porque era un abusador que obligaba a sus subordinados a humillarse, diciendo cosas como «bésame, mi sargento».

Es posible que recuerdes el aviso de Maquiavelo en *El príncipe*: prácticamente lo más peligroso que puedes hacer como líder es ofender a la gente que te apoya. Por fuertes que sean tu poder y tu autoridad, es probable que su rencor apasionado sea aún más fuerte, y el resultado puede ser un motín.

◆ ◆

Ahora vamos a examinar el carácter del liderazgo basándonos en los ensayos de Winston Churchill sobre los líderes de su tiempo. Los reconocidos y también los infames.

Grandes escritores
GRANDES CONTEMPORÁNEOS, DE WINSTON CHURCHILL

«No solamente los actores, sino la escena», es lo que Churchill intenta presentar en estos ensayos, escritos entre 1929 y 1937. En ellos retrata a veinte líderes británicos y de otras nacionalidades —estadistas, políticos, militares, intelectuales— que moldearon los acontecimientos y las ideas de su época. Dos de las obras más interesantes describen a infames líderes falsos: el káiser Guillermo II y Adolf Hitler, archienemigos de Gran Bretaña e instigadores de dos guerras mundiales. El ensayo sobre el káiser está escrito a posteriori; el de Hitler es (casi) premonitorio.

Una buena parte del valor de los ensayos reside en los detalles. Churchill conoció bien a muchos de sus personajes, por lo que puede divulgar ciertas anécdotas personales que revelan su naturaleza como no podrían hacerlo los relatos oficiales. Hasta los hombres que él veía desde cierta distancia son descritos con una viveza que hace que resulten cercanos: por ejemplo, observar al káiser espléndidamente sentado sobre su caballo de batalla durante las maniobras militares, o a T. E. Lawrence (más conocido como Lawrence de Arabia) en el momento justo en que enciende una mecha para volar un tren turco en el desierto arábigo.

Aunque esos líderes vivieron sus vidas en grandes escenarios, los escritos en su conjunto ilustran lo que es el «gran liderazgo»: no se trata de pronunciar grandes discursos, ni de derrocar gobiernos, ni de dirigir ejércitos enormes. Se trata, más bien, de promesas mantenidas o rotas, de decisiones tomadas juiciosamente o deprisa y corriendo, y de opiniones pronunciadas con una mueca o con una sonrisa. En pocas palabras, es una cuestión de carácter.

Lee esto en Grandes Contemporáneos: ensayos sobre Lawrence de Arabia, el káiser Guillermo II, George Nathaniel Curzon, Adolf Hitler, el conde de Rosebery, Herbert Henry Asquith y Georges Clemenceau.

Capítulo 7

El carácter, definido

La sabiduría práctica de un líder comprende tres cualidades: percepción, perspicacia y eficacia. La percepción tiene que ver con observar las situaciones tal como son, y la perspicacia, con interpretarlas y saber lo que hacer. Sin embargo, por brillantes que puedan ser tus planes y tus decisiones, se quedarán en nada si no puedes llevarlos a cabo. Para un líder, eficacia significa puesta en práctica. Y la puesta en práctica necesita fortaleza de carácter más que cualquier otra cosa.

Los libros sobre gestión y dirección están llenos de relatos de líderes recién salidos de fábrica que creyeron que la puesta en práctica sería la parte fácil. El típico gerente novato sabe que necesita aprender sobre los aspectos técnicos y estratégicos del trabajo, y se apunta con entusiasmo a seminarios, o busca el consejo de quien conoce la industria, del análisis competitivo, etc. Pero no he oído nunca que un nuevo gerente diga: «En realidad, tiendo a arruinar todo lo que toco; ¿se dan clases para eso?». O bien: «Me he dado cuenta de que mis planes se derrumban con frecuencia, porque no consigo que mi equipo se implique». Y esos son, precisamente, los problemas para los que muchos de nosotros necesitamos más ayuda.

Necesitamos ayuda porque poner en práctica las cosas es algo muy difícil, y es muy difícil porque es un lío. La puesta en práctica significa hacerse con un documento de estrategia escrito con claridad, o con un mapa de procedimientos limpiamente dibujado, y arrojarlo contra un muro de gente: gente de verdad, con sus filias y sus fobias, sus aspiraciones y sus miedos, sus problemas familiares o de salud, sus malos humores y sus días de perros. Y, por supuesto, todo eso se nos aplica a nosotros también: tenemos nuestros propios días nefastos a los que enfrentarnos. Lo mismo que un plan de combate no sobrevive al contacto con el enemigo, no hay plan laboral que sobreviva al contacto con el lugar de trabajo y sus habitantes humanos. Es fácil tomar una decisión limpia y clara y escribirla en una presentación de PowerPoint. Es mucho más difícil defender esa decisión (*¿estoy tocando las teclas correctas?*) en la sesión tras el almuerzo (*la mitad del público está medio dormido*) y que te hagan preguntas sobre ello (*no preví nunca esta clase de reacciones*), solo en el escenario (*quien iba a presentarla conmigo está de baja*), sin que el proyector funcione adecuadamente (*¡maldita tecnología!*), y que al final tu jefe agarre el micrófono y diga: «Esto es solamente un plan preliminar, está claro que se necesitarán ciertas correcciones» (*¿qué?*). Tu decisión, tan clara y tan limpia, ha ido a estrellarse contra un muro de humanos.

Quizá conozcas esta vieja adivinanza: seis ranas están sentadas en un leño. Cuatro deciden saltar, ¿cuántas quedan?

Seis, porque decidir no es lo mismo que hacer.

RASGOS DE CARÁCTER DE LOS LÍDERES EFICACES

El carácter es el músculo que respalda la puesta en práctica eficaz y permite que los líderes pongan su perspicacia y sus decisiones en acción. Los cinco rasgos de carácter de los líderes eficaces son: *valor, integridad, resistencia, generosidad* e *interés*.

Cada uno de estos rasgos es el punto central de un continuo, o como lo denomina Aristóteles, la «mediana» entre dos extremos, uno de los cuales sería la carencia del rasgo y el otro su exceso (ver la figura 7.1).[1] El *valor* es la mediana entre la timidez (demasiado poco) y la temeridad (demasiado). La *integridad* es la mediana entre la mentira y la vehemencia; la *resistencia*, entre la obstinación y la vacilación; la *generosidad*, entre la severidad y la negligencia, y el *interés*, entre la indiferencia y la obsesión. En cada extremo encontramos los comportamientos de liderazgo que son improductivos, en el mejor de los casos, y malignos, en el peor.

Cerca del centro de cada continuo, alojados a ambos lados de la mediana, hay otros dos rasgos —llamémoslos las *casi medianas*—. Es difícil calcular el punto medio exacto de cada línea, de modo que la mayoría de nosotros tendemos a inclinarnos un poco hacia un lado o hacia el otro. No es que nos deslicemos de forma automática hacia cualquiera de los extremos; en lugar de eso nos establecemos bastante cómodamente en una de las casi medianas y hacemos que sea nuestra manera de funcionar. En el caso del valor, por ejemplo, algunos de nosotros tendemos hacia la responsabilidad, que es una forma de valor ligeramente tibia, pero que evidentemente es algo positivo gran parte del tiempo, y otros tendemos hacia la audacia, que es una forma que sobrepasa ligeramente al valor, pero que, de nuevo, es útil muy a menudo.

Una persona sanamente valiente aunaría la responsabilidad y la audacia, consiguiendo el equilibrio perfecto en cada ocasión. De la misma manera, cada uno de los otros cuatro rasgos de carácter representa una integración de dos casi medianas que une lo mejor de cada uno. La integridad aúna la discreción y la honradez; la resistencia, la perseverancia y la flexibilidad; la generosidad, la atención y la tolerancia, y el interés, la calma y la amabilidad. El líder promedio tiende a acercarse hacia un lado o hacia el otro: discreto *u* honrado, perseverante *o* flexible, etc.; pero los mejores líderes se las arreglan, en su comportamiento y en sus formas, para aunar ambos lados y acertar en la mediana (ver «Herramienta de planificación: encontrar la mediana», en la página 128).

Grandes contemporáneos, de Winston Churchill, es una colección de ensayos sobre destacadas figuras europeas de finales del siglo XIX y principios del XX, abundantes en observaciones sobre el carácter de

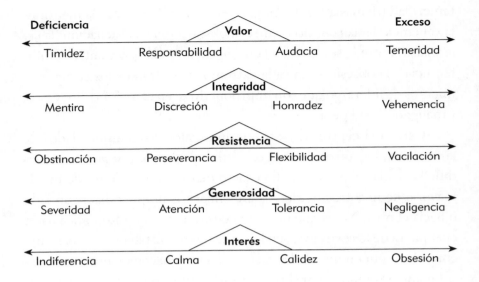

Figura 7.1 Cinco rasgos de carácter de los líderes eficaces

cada hombre y sobre cómo dicho carácter contribuyó a sus éxitos, a sus luchas y, en unos cuantos casos, a su caída final. Cuando consideramos esos retratos a la luz de los continuos del carácter, surgen cuatro tipos de líder: el impulsivo, el sociópata, el peso ligero y el campeón.

Herramienta de planificación
ENCONTRAR LA MEDIANA

Elige una acción difícil e inminente que tengas que emprender como líder. Elige uno de los continuos de carácter (valor, integridad, resistencia, generosidad o interés) que parezca especialmente pertinente para esa decisión o acción. Consulta la Figura 7.1 y pon por escrito las dos casi medianas y la mediana de ese continuo:

Casi mediana a la izquierda: _____

_____

_____

Casi mediana a la derecha: _____

_____

_____

Mediana: _____

_____

_____

Reflexiona sobre cómo podrías manejar la decisión o la acción. Supón que te inclinaras hacia la casi mediana a la izquierda: ¿qué harías? Ahora supón que te inclinaras hacia la casi mediana a la derecha: ¿qué harías? Ahora supón que te has centrado en la mediana: ¿cómo crees que serían los resultados?

Anota tus pensamientos, o habla de ellos con un colega. Sé todo lo detallista que puedas al describir cada situación.

EL IMPULSIVO: «DANDO TUMBOS HACIA LA CATÁSTROFE»

El segundo de los ensayos de *Grandes contemporáneos*, «El exkáiser», trata del emperador Guillermo II, soberano de Alemania durante la Primera Guerra Mundial. Churchill acudió a unas exhibiciones militares alemanas en 1906 y 1908. En el ensayo compara el káiser de entonces, «rodeado de reyes y príncipes, mientras sus legiones desfilaban ante él»,[2] con el káiser de doce años después, un «hombre destrozado, acurrucado en el vagón de un tren» que esperaba el permiso para cruzar la frontera y escapar de su vencido país. Churchill se pregunta si ese destino fue el resultado de la culpa o de la incapacidad, y se decanta por la última: «De hecho, es imposible exagerar la incapacidad que, a lo largo de toda una generación, condujo al Imperio alemán hacia la catástrofe en sacudidas sucesivas».[3] Desde el momento en que subió al trono, Guillermo cometió una serie de transgresiones más propias de un muchacho de instituto que de un monarca —comentarios groseros, mensajes impulsivos, intervencionismo autoritario, etc.— que dieron como resultado el distanciamiento de los aliados más cercanos. Al final,

> [...] se había formado una enorme coalición latente, en cuyo centro ardía la llama inextinguible de la venganza francesa [...]. En la bochornosa atmósfera de julio de 1914, a Guillermo II solamente le quedaba ofrecerle a Austria una mano para castigar a Serbia por los asesinatos de Sarajevo, y luego marcharse lejos durante tres semanas, a un crucero en yate.[4]

Los líderes impulsivos, como el káiser, carecen de control sobre su carácter como líderes. Pasan bruscamente de un continuo a otro (figura 7.1), obstinados un momento, vacilantes al siguiente; engañosos un rato, y después a la ofensiva. No hay duda alguna: no se aferrarán a ningún rasgo de carácter, y mucho menos a la mediana. Son propensos, sobre todo, a la octava trampa de liderazgo: oscilar entre la dominación y la renuncia (ver el capítulo 2). Cuando un impulsivo avanza hacia ti, lo mejor es apartarse de su camino. La confusión, la ira y el desaliento los siguen en su estela; son los resultados de su impredecible comportamiento.

Churchill creía que las acciones del káiser Guillermo, a pesar de sus horrorosos resultados, eran por lo general bienintencionadas y, de hecho, el típico líder impulsivo tiene buenas intenciones. Como alguien me dijo una vez sobre cierto líder, incompetente pero bienintencionado, que ambos conocíamos y que había provocado sin saberlo un problema enorme para su equipo: «Él no *sabe* que es un estúpido».

EL SOCIÓPATA: «ARRASTRADO POR LAS CORRIENTES DEL ODIO»

Por el contrario, los sociópatas saben perfectamente bien quiénes son y lo que hacen.[5] Hoy día Adolf Hitler es un ejemplo evidentísimo de un líder sociópata, pero lo interesante del ensayo de Churchill sobre Hitler es que lo escribió en 1935, cuatro años antes de que el inicio de la Segunda Guerra Mundial eliminase todas las dudas acerca de la naturaleza del dictador. Todavía existían dudas en 1935: aunque las campañas militares de agresión de Hitler ya estaban en marcha y habían sido condenadas por mucha gente, algunos opinaban que estaba elevando del polvo a una gran nación y manifestaban su admiración por su «patriotismo». Churchill dejó escrito que «la Historia está repleta de ejemplos de hombres que ascendieron al poder por medio del uso de métodos autoritarios, desagradables y hasta espantosos»[6] pero a los que ahora consideramos grandes líderes. Se pregunta cómo resultará Hitler y afirma que se reserva el pronóstico, pero conforme sigue el ensayo tenemos la sensación de que en el momento en que lo escribió no estaba enteramente cegado por «la fuerza vital que permitió [a Hitler] desafiar, enfrentarse, conciliar y superar todas las [...] resistencias que obstaculizaban su camino».[7] Aunque haría falta el inicio de la guerra para abrirle los ojos completamente, Churchill ya había empezado a ver a Hitler como el sociópata que era.

A diferencia de los impulsivos, los líderes sociópatas son dueños de su conducta, pero no hacen intento alguno de acertar en la mediana —ser generosos, por ejemplo, o ser valientes— *a menos* que sea conveniente para ellos. Juegan con los continuos de carácter como en un tablero, escogiendo cualquier rasgo que les encaje (ver «A hombros de gigantes: Martha Stout sobre los sociópatas», en la página 132). Si la dureza los ayuda a imponerse, serán duros; si la sinceridad es el medio más rápido para sus fines, serán sinceros. Serán perseverantes o flexibles, tímidos o audaces, porque todo eso dependerá de lo que sirva a sus propósitos. Churchill dice de Hitler: «pronuncia discursos que a veces se caracterizan por la franqueza y la moderación»,[8] porque cuando la franqueza y la moderación son lo que conviene mostrar, el sociópata las exhibe. El rasgo de carácter que no está a menudo bajo el control del sociópata, y que puede ser su perdición, es la obsesión (el exceso de interés extremo). La «pasión» es el velo que tiende sobre la obsesión, con lo que oculta su odio por ciertos grupos de gente o su obsesión por ciertas ideas. Pero parece que Churchill fuese capaz de ver a través del velo:

> Como he dicho, si miramos únicamente al pasado, que es todo lo que tenemos para poder juzgar, debemos sentirnos inquietos de veras.

Hasta el momento, la triunfante carrera de Hitler avanza imparable, y no solamente por un apasionado amor por Alemania, sino por corrientes de un odio tan intenso que podría abrasar las almas de aquellos que naden por encima de ellas.[9]

A hombros de gigantes
MARTHA STOUT SOBRE LOS SOCIÓPATAS

La psiquiatra Martha Stout escribe en su libro *El sociópata de al lado*: «Imagina —si puedes— no tener consciencia, nada de nada, no tener remordimientos ni sentimientos de culpa hayas hecho lo que hayas hecho [...] no saber lo que es sentirse avergonzado, ni una sola vez en toda tu vida».[10] Y ahora reconoce que como todo el mundo supone que la conciencia es algo universal entre los seres humanos, no tendrás problema alguno en ocultar el hecho de que tú careces de ella.

Eso es el sociópata: una persona que tiene un trastorno de personalidad antisocial, una enfermedad definida por una carencia total de interés por los demás o de remordimientos por haberles hecho daño. Dice Stout que la carencia de sentido de culpa fue el primer trastorno de la personalidad en ser reconocido en psiquiatría, y en su libro echa una mirada larguísima a estos alienígenas que viven entre nosotros. Su patología significa que pueden hacer absolutamente cualquier cosa (aunque por regla general no son violentos), y a pesar de su «extraña ventaja» sobre la mayoría, tienden a no ser descubiertos.

Pero ¿conduce a la felicidad esa así llamada *ventaja*, o siquiera al éxito? El retrato que hace Stout de una «sociópata de al lado» llamada Tillie —que provoca peleas con los vecinos, se sienta a solas y borracha cada noche y al final es incapaz de bajarle los humos ni a una marmota— indica que no.

EL PESO LIGERO: «ADORNADO CON TODAS LAS CUALIDADES»

«En la política británica moderna, pocas trayectorias son más merecedoras de examen que la de George Nathaniel Curzon»,[11] sostiene

Churchill. «En su caso se trataba de un ser dotado por encima de la media: estaba equipado y adornado con los brillantes tesoros de la mente y la fortuna», y, a pesar de eso, fue un ser que al final no logró cumplir la ambición de su vida. Curzon, nacido en una familia noble y rica, fue un alumno destacado en Eton y Oxford. Su reputación de gran promesa lo precedió hasta la Cámara de los Comunes (o Cámara Baja del Parlamento británico), y allí siguió impresionando a todos con sus pulidos discursos, sus análisis sagaces y sus modales atractivos. A pesar de ello, faltaba algo:

> Uno podía abrir su mochila y hacer un inventario minucioso. No faltaba nada en la lista, y aun así, de una u otra manera el total estaba incompleto [...] La Cámara lo consideró un *peso ligero* desde el primer día de su incorporación a ella.[12]

Los líderes del tipo peso ligero, como Curzon, están llenos de virtudes que no acaban de cuajar. Los pesos ligeros siempre están un poco desafinados: son responsables cuando sería mejor ser audaces, o apasionados cuando las circunstancias llaman a la calma. Aunque no se desvían hacia los extremos de los continuos, tampoco encuentran el centro, ni transmiten el equilibrio y la profundidad que dicho centro conlleva. Pasan por endebles y superficiales, y el resultado es la falta de influencia. Churchill admira las «exquisitas intervenciones» de Curzon en la Cámara de los Comunes, pero indica que «sujetos más sencillos y cuya fuerza es la naturalidad [...] elaboran discursos sin pretensiones que tienen más repercusión».[13] Otra de las características de los pesos ligeros es que no se comportan igual con todo el mundo: era famosa la generosa hospitalidad de Curzon con sus amigos, pero también lo eran sus duras reprimendas a sus empleados. Si aún estuviera por aquí hoy, sería el típico cliente sistemáticamente grosero con los camareros. Y al final, el sueño que tenía Curzon de llegar a ser el primer ministro de Gran Bretaña se quedó en nada:

Adornado con todas las cualidades que podrían atraer y deslumbrar, nunca tuvo verdaderos seguidores. Era majestuoso en su habla, en su aspecto y en su conducta, pero no lideró nunca. Impresionaba con frecuencia, pero nunca llegó a dominar.[14]

EL CAMPEÓN: «LLEVAR UNA DE LAS LLAVES MAESTRAS»

Por último tenemos al campeón: el líder que posee cualidades atractivas y sabe agruparlas. Al igual que los sociópatas, los campeones controlan totalmente su comportamiento, pero a diferencia de ellos, adaptan su comportamiento con la intención de servir, más que de abusar. Como implica la etiqueta *campeón*, son triunfadores, pero como también implica la etiqueta, son triunfadores que luchan por los demás, que defienden las causas de los que son menos capaces de defenderse por sí mismos. Y también están bien centrados. Mientras que los impulsivos se deslizan arriba y abajo por los continuos de carácter, y los pesos ligeros se inclinan con indecisión y un poco pomposamente hacia este lado o el otro, el campeón da en la mediana con regularidad y vigor.

Churchill nos muestra un campeón por antonomasia en su obra sobre T. E. Lawrence, más conocido como Lawrence de Arabia. La famosa película de ese mismo nombre es una versión superficial y romántica de las hazañas del joven Lawrence en la Primera Guerra Mundial, y se concentra en el papel que jugó en el levantamiento árabe contra los turcos, una campaña que fue decisiva para la victoria definitiva de los aliados.[15] En el corto ensayo de Churchill tenemos una imagen más íntima y sutil del hombre. Se conocieron en 1919, y en ese momento Lawrence llevaba mucho tiempo comprometido con la causa árabe. Su objetivo inalterable durante toda la guerra había sido colocar a Faisal, hijo del gran jerife de La Meca, a la cabeza de un estado árabe unificado y libre con capital en Damasco. Utilizando una mezcla de proezas militares, negociaciones astutas y magnetismo personal, Lawrence atrajo y mantuvo un ejército de tribus árabes distintas que luchó con los turcos y los derribó, y conquistó la gran Siria.

A pesar de eso, su éxito fue de corta duración. En su libro de memorias, *Los siete pilares de la sabiduría*, Lawrence describe sus sufrimientos mentales al ver, tras la conclusión de la guerra, que los gobiernos francés y británico, a pesar del apoyo a sus campañas, no tuvieron nunca la intención de ceder nada del antiguo territorio turco a los árabes, sino que más bien planearon dividírselo entre ellos. Con el amanecer de un nuevo mundo, relata, «los viejos salieron otra vez y tomaron nuestra victoria para volver a crear el antiguo mundo que conocieron. Dijimos tartamudeando que habíamos luchado por un paraíso nuevo y una tierra nueva, y ellos nos dieron las gracias amablemente e hicieron la paz a su manera».[16] En los meses que siguieron, continuó abogando incansablemente por Faisal, acompañándolo y exponiendo su caso en reuniones con líderes gubernamentales en Londres y París. No sirvió de nada. Después de que se firmase el tratado de paz y Siria fuese entregada a Francia, las tropas galas expulsaron a Faisal de Damasco y reprimieron toda resistencia árabe posterior. Lawrence, que tenía el alma destrozada, se retiró de la vida pública por un tiempo.

Winston Churchill lo convenció para que volviese al candelero. En 1921, al futuro primer ministro se le puso al cargo de poner orden en el embrollo de Oriente Medio que se había ido gestando en los dos años anteriores. Entre los problemas (que les sonarán familiares a los lectores del siglo XXI) estaban las sangrientas rebeliones en Irak que necesitaron de cuarenta mil soldados británicos para mantener el orden, y un conflicto creciente entre árabes y judíos en lo que por entonces era conocido como Palestina. Churchill creó un nuevo departamento en la Oficina Colonial Británica para buscar soluciones. Para su núcleo reclutó a media docena de «hombres muy capaces» que habían trabajado en la zona durante la guerra y propuso que Lawrence fuera uno de ellos. Los nuevos reclutados estaban horrorizados, pero no porque no respetasen a Lawrence, sino porque creían que su temperamento no encajaba en absoluto con la política de paciencia que iba a necesitarse. No obstante, Churchill se lo pidió, Lawrence aceptó enseguida, y, para asombro de todos, resultó ser la personificación del tacto y la colaboración: realmente, el diplomático perfecto para una situación transnacional espinosa. Nos dice Churchill:

> Esta es una de las pruebas de la grandeza de su carácter y de la versatilidad de su genio. Vio la esperanza de cumplir en gran medida las promesas que había hecho a los jefes árabes de restablecer una paz tolerable en esas amplias regiones. Al servicio de esa causa fue capaz de convertirse en un funcionario —un funcionario aburrido, me atrevería a decir.[17]

Y como «funcionario aburrido», consiguió su propósito al final. Después de un año de esfuerzos constantes del equipo, Faisal fue puesto en el trono de Irak, a otro emir árabe se le dio el gobierno de Transjordania y algo parecido a la paz se estableció en Oriente Medio.

Una de las anécdotas que aparecen en el ensayo «Lawrence de Arabia» de Churchill muestra perfectamente lo que quiero decir con carácter de liderazgo, y es también una buena forma de terminar este capítulo. En la primavera de 1919 invitó a Lawrence a un almuerzo, en el que uno de los invitados contó, «con bastante malicia», lo que ocurrió cuando Lawrence se negó a aceptar una medalla del rey de Gran Bretaña en una ceremonia pública. Churchill consideró ese rechazo como un pavoneo irrespetuoso y amonestó a Lawrence por ello. Años después, supo que el incidente no había sido en absoluto como lo contó el invitado aquel, sino que rechazó la medalla privadamente, en una conversación improvisada, y que el comportamiento de Lawrence fue intachable. Pero en aquella comida, dice Churchill, «tanto si Lawrence notó que yo había comprendido mal el incidente como si no, no hizo esfuerzo alguno para banalizarlo ni para disculparse. Aceptó la reprimenda con buen humor», y luego explicó de manera breve y afable sus motivos para rechazar la condecoración.[18]

¿Cuánta gente en una situación semejante habría creído necesario ser «sincera» —justificarse a sí misma con el relato verdadero— para acabar por ser meramente agresiva y estropear la fiesta? ¿Cuántos otros habrían interpretado el papel de adulador y habrían estado «discretamente» de acuerdo con todo lo que el poderoso anfitrión dijera? Pero Lawrence acertó con la mediana entre la sinceridad y la discreción, hablando y actuando con una integridad perfecta. En esta situación, y en muchas otras, indica Churchill, «él tenía una de esas llaves maestras que abren las puertas de muchas clases de tesoros».[19]

¿Cómo manejan las crisis los mejores líderes? En el apartado siguiente, una de las noticias más impactantes de los tiempos modernos y una obra de Shakespeare nos proporcionan las pistas.

BATALLAS

L a *Conquistadora*, la estatua más antigua de la Virgen María que se venera en los Estados Unidos, se denominó así por el capitán español don Diego de Vargas, en agradecimiento por su ayuda en la reconquista de la ciudad de Santa Fe, que tuvo lugar doce años después de la revuelta de los indios pueblo de 1680. Pero después, él mismo reconoció que su nombre no se refería a la ayuda prestada para aplastar la rebelión, sino que era por su benevolente generalato sobre los corazones de sus fieles. De hecho, muchos líderes que se disponen a conquistar a otros descubren que la lucha real está en conquistarse a uno mismo.

La tercera parte gira en torno a las batallas del liderazgo: externas o internas, con vocablos o con venablos. Nuestros temas concretos son las crisis, la competencia, los dilemas, la comunicación y el desarrollo del carácter.

Empezamos con la obra *Enrique V*, de Shakespeare, que no solamente presenta un estupendo discurso motivacional, sino algo aún más instructivo: una mirada muy de cerca a los intentos de un líder para comprender sus propios motivos en medio del conflicto y de las crisis. A continuación examinaremos las campañas de seis capitanes legendarios a través de los ojos de Theodore Dodge, un soldado que se convirtió en historiador militar. Después analizaremos una campaña verbal, *El federalista*, escrito por James Madison y Alexander Hamilton para presionar la ratificación de la Constitución de los Estados Unidos. Tras eso tenemos dos grandes discursos orientados a levantar la moral a toda una nación en tiempo de guerra: uno del estadista ateniense Pericles, y el otro del presidente de los Estados Unidos Abraham Lincoln. Y por último, echaremos un vistazo de nuevo a los rasgos de carácter del liderazgo que examinamos en el capítulo 7; y de Plutarco, cronista de los antiguos griegos y romanos, aprenderemos cómo se desarrollan esos rasgos por medio de la filosofía y de la actitud correcta hacia nuestros enemigos.

Toma nota de que aunque muchos de estos libros hablan de «historia», la precisión histórica que contengan no será de nuestro interés. No hay duda de que un historiador señalaría las numerosas exageraciones e inexactitudes que hay en todos ellos; sin embargo, nosotros profundizaremos en su lectura no como historiadores en busca de datos, sino como líderes en busca de sabiduría... y que la encuentran, muy frecuentemente, en el relato.

Grandes escritores
ENRIQUE V, DE WILLIAM SHAKESPEARE

Muchas de las obras de Shakespeare tienen argumentos intrincados y personajes secundarios inolvidables, pero el argumento de *Enrique V* es directo (Enrique lleva a Inglaterra a la guerra contra Francia, vence batallas en suelo francés contra todo pronóstico y finalmente firma la paz al casarse con la hija del rey galo) y sus secundarios son personajes relativamente planos por los que el autor no se preocupa demasiado. El centro de atención del relato y su principal fuente de interés residen en el rey Enrique: cómo piensa, qué hace, por qué vence.

Conocer los antecedentes del monarca, narrados en la segunda parte de *Enrique V*, nos ayuda a ver y a valorar su crecimiento como líder. Cuando era príncipe se pasaba la mayor parte del tiempo de parranda con sus amigos de los bajos fondos. Pero cuando muere su padre, se desprende de su conducta irresponsable y se vuelve meditabundo: pregunta, reflexiona, examina su consciencia y sopesa las posibilidades. Esta nueva versión de Enrique conduce a un pequeño ejército, formado en su mayoría por no profesionales, contra un enemigo grande y formidable, y lo derrota. En la secuela consiguiente, aunque Francia está vencida y algunos le aconsejan que saque partido de su ventaja, Enrique deja de batallar y en lugar de ello logra una paz duradera atrayendo a una princesa francesa y casándose con ella.

Ya de rey, da rienda suelta a su lado introvertido y equilibra su tendencia a asumir riesgos con un gusto casi hamletiano por la introspección y la cautela (ver en el capítulo 14 más comentarios sobre los extravertidos y los introvertidos). Sin embargo, a diferencia de Hamlet, Enrique conserva el talento para motivar a un equipo, sobre todo en épocas en las que las perspectivas parecen más desalentadoras. Es el proveedor de esperanza por antonomasia, que recrea constantemente los triunfos que le esperan no solo a él, sino también a todos nosotros. Debe observarse atentamente lo que dice en su famoso discurso del «día de San Crispín», pronunciado en el campo de batalla de Agincourt ante una soldadesca heterogénea sobrepasada en número por el enemigo y que se pregunta a qué ha ido:

Este día es el de la fiesta de San Crispín.

El que sobreviva a este día volverá sano y salvo a sus lares,

se izará sobre las puntas de los pies cuando se mencione esta fecha

y se crecerá por encima de sí mismo ante el nombre de San Crispín.

El que sobreviva a este día y llegue a la vejez,

cada año, en la víspera de esta fiesta, invitará a sus amigos

y les dirá: «Mañana es San Crispín».

Entonces se subirá las mangas y al mostrar sus cicatrices

dirá: «Recibí estas heridas el día de San Crispín».

Los ancianos olvidan, pero el que lo haya olvidado todo

se acordará todavía con satisfacción

de las proezas que llevó a cabo en aquel día [...]

Y desde mañana hasta el fin del mundo

la fiesta de San Crispín y Crispiniano nunca llegará

sin que a ella vaya asociado nuestro recuerdo,

el recuerdo de nuestro pequeño ejército,

de nuestro feliz pequeño ejército, de nuestra banda de hermanos;

porque el que vierta hoy su sangre conmigo será mi hermano [...]

Y los caballeros que permanecen ahora en el lecho en Inglaterra

se considerarán como malditos por no haberse hallado aquí,

y tendrán su nobleza en bajo precio cuando escuchen hablar

a uno de los que combatieron con nosotros el día de San Crispín

(acto IV, escena 3).

Lee esto en *Enrique V*, Acto IV, que incluye este discurso y otras escenas de interés.

Capítulo 8

Crisis

Problemas, dificultades, adversidades, confusión, atolladeros, exigencias, crisis… Las llamemos como las llamemos, al final tendremos que enfrentarnos con ellas, con las situaciones difíciles que ponen a prueba nuestro ingenio y nuestra resistencia. Algunos gurús lo llaman «dirigir al límite»,[1] pero los mejores gestores de crisis se esfuerzan para que sus equipos estén *lejos* de esa frontera de acciones irreflexivas, cargadas de adrenalina, y vuelvan a un lugar más calmado donde pueda darse el aprendizaje.

CRISIS DE LIDERAZGO

El hundimiento del *Titanic* es considerado una de las noticias más impactantes de los tiempos modernos.[2] Es también la prueba por antonomasia de que durante una crisis algunos líderes van bruscamente de la autocomplacencia al pánico, mientras que otros se las arreglan para encontrar un punto óptimo —una mediana, por utilizar el lenguaje del capítulo anterior— que permita que ellos y su gente sigan adelante, con calma y rapidez, incluso cuando las aguas amenazan con tragárselos.

Entre los muchos ejemplos conocidos de autocomplacencia a bordo del «barco insumergible» están los botes salvavidas insuficientes, la ausencia de simulacros de seguridad, los prismáticos con los que no contaba el puesto de vigía y, sobre todo, la decisión de acelerar que tomó el capitán sin tener en cuenta la amenaza de los icebergs, con la esperanza de llegar a Nueva York un día antes de lo previsto como remate perfecto para su carrera. La histeria de la tripulación durante la evacuación también es tristemente célebre. Son menos conocidos los sucesos ocurridos a bordo de otros dos barcos que navegaban por el Atlántico Norte la noche del 14 de abril de 1912.

El *Californian* era el que estaba más cerca, a menos de quince kilómetros, y el mejor situado para emprender el rescate, pero los miembros de su tripulación, al igual que los del *Titanic*, se pasaron las primeras horas de la crisis en una inactividad relativa. Aunque el *Titanic* estuvo lanzando cohetes durante horas, la guardia del puente del *Californian* supuso que su color (blanco, y no rojo) significaba que era una fiesta con fuegos artificiales, de manera que miró impasible. Conforme el *Titanic* se hundía, el segundo oficial del *Californian* hizo un comentario distraído sobre su extraño aspecto, pero creyó que sencillamente se alejaba navegando. Nadie a bordo del *Californian* investigó nada hasta que el radiotelegrafista se despertó por la mañana y descubrió los mensajes de socorro del *Titanic*. Eso desencadenó un esfuerzo frenético de rescate, pero era demasiado tarde. En pocas palabras, los líderes de ambos barcos fueron dando bandazos de la autocomplacencia al pánico, y murieron unas mil quinientas personas.

Compara todo esto con lo que sucedió a bordo del *Carpathia*, que estaba a unos cien kilómetros de distancia. El radiotelegrafista de ese barco, que llevaba puestos los auriculares mientras se desnudaba para ir a la cama, recibió la primera llamada de socorro a medianoche. Despertó al capitán Rostron, que ordenó instantáneamente invertir el rumbo. El *Carpathia* se apresuró a llegar al lugar del desastre (con vigilancia aumentada, que les permitía detectar a tiempo los icebergs) y llegó allí completamente preparado para las operaciones de rescate, ya que toda la tripulación se había puesto a ejecutar tareas como bajar los botes salvavidas, recoger mantas y equipar camillas para los heridos.

Pero hay un pequeño detalle que dice aún más de Rostron como líder. Cuando recibió la llamada, ordenó el nuevo rumbo del *Carpathia* inmediatamente, sin comprobar el mensaje y antes de calcular la situación del *Titanic*, y ya luego, una vez que iban a todo vapor, verificó el informe, calculó la posición relativa del barco y ajustó el rumbo. Dicho de otra manera, ni se quedó sentado ni se trastornó, sino que se movió, calculó, ajustó y siguió adelante. El *Carpathia* llegó a la escena a las cuatro y diez de la madrugada, a tiempo de salvar a setecientas personas en sus botes salvavidas. Parece que Rostron fue el único de los tres capitanes que supo lidiar con una crisis.

CUATRO ZONAS DE CRISIS

Ese punto óptimo que encontró Rostron, y no los demás capitanes, es la *zona de aprendizaje*. El director y fundador del Centro para el Liderazgo Público de la Facultad de Gobernación de Harvard, Ronald Heifetz, escribe elocuentemente sobre la zona de aprendizaje y la importancia que tiene para los equipos y las organizaciones que estén en crisis (ver «A hombros de gigantes: Ronald Hiefetz sobre el liderazgo adaptativo», más abajo). La idea es convincente, pero Heifetz o cualquier otro han escrito mucho menos sobre *cómo* permanecer en la zona de aprendizaje. Ese «cómo» es esencial, de manera que he intentado desarrollar la teoría de Heifetz y hacerlo un poco más factible incluyendo la zona de aprendizaje en un marco más amplio compuesto por cuatro zonas de crisis (ver la figura 8.1).

Sobre hombros de gigantes

RONALD HEIFETZ SOBRE EL LIDERAZGO ADAPTATIVO

Ronald Heifetz es conocido por su estudio sobre organizaciones en situaciones inestables e impredecibles. Trata al liderazgo como una actividad, más que como un puesto o un conjunto de cualidades. Llama a su enfoque «liderazgo adaptativo».[3]

Heifetz dio origen a la idea de un «ciclo vital de las crisis», definido por un movimiento de entrada y salida de tres zonas: la conocida, la de peligro y la de aprendizaje. En épocas normales, explica, vamos rodando en punto muerto en un estado de equilibrio, la zona conocida, donde el estrés es bajo y todo el mundo intenta que siga así. Una emergencia nos lanzará a la zona de peligro, donde los altos niveles de estrés crean energía para la acción veloz y el enfoque preciso como un láser, necesarios para sobrevivir a una situación de luchar o huir.

Pero ni la zona conocida ni la de peligro nos ayudan a enfrentarnos a la agitación del mundo, que, como habrás podido darte cuenta, no muestra signos de terminar. Señala Heifetz que el lugar donde hay que estar es en la zona de aprendizaje: el punto en el que estamos alerta y enérgicos, pero donde no nos impulsan ni la ira inútil ni el pánico. La zona de aprendizaje es la zona adaptativa.

* * *

Los dos ejes del marco son la *unidad* y la *agilidad*. Como líder, quieres que las dos estén a un nivel alto, sobre todo durante una crisis y después de ella.[4] Cuando la unidad está alta y la agilidad está baja, tú y tu equipo os situáis en el cuadrante superior izquierdo, la zona de autocomplacencia, donde los signos de crisis inminentes y las sugerencias para la adaptación se reciben con un coro de «en estos casos, nosotros siempre...». Al contrario, cuando la agilidad está alta y la unidad está baja, te encuentras en la zona de desconexión, donde la prioridad de cada persona es salvar su pellejo: cuando el barco empieza a hundirse, hay una estampida hacia los botes salvavidas y que el diablo se lleve a los últimos. Y cuando tanto la unidad como la agilidad están bajas, te hallas en la zona de culpas, donde el interés principal de todo el mundo es asegurarse firmemente de que todos los dedos señalan a otro. En cada uno de estos cuadrantes, los pensamientos y las afirmaciones tienden a empezar simplemente con un pronombre —o bien *nosotros*, o bien *yo*, o bien *ellos*— y a ser enunciativos: «*Nosotros siempre...*», «*Yo haré...*», «*Ellos son...*».

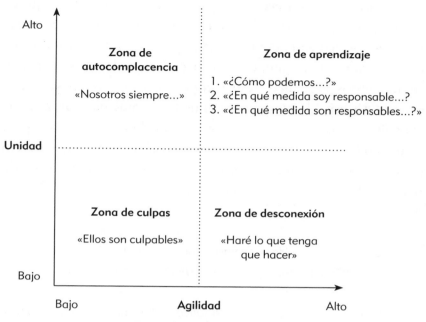

Figura 8.1 Zonas de crisis

Por el contrario, en la zona de aprendizaje el foco cae sobre los tres pronombres y el tono es inquisitivo. Lo más importante que puede hacer un líder para mantener a su equipo en la zona de aprendizaje, tanto durante la crisis como después de ella, es plantearse estas tres preguntas:

1. ¿Cómo podemos *nosotros* resolver estas dificultades y seguir adelante como equipo?
2. ¿En qué medida *soy* responsable de dichas dificultades, y cómo puedo estar seguro de no cometer los mismos errores otra vez?
3. ¿En qué medida son *ellos* (los miembros de mi equipo) responsables, y cómo puedo instruirlos para que eviten cometer los mismos errores y estén mejor preparados para la próxima crisis?

El orden de las preguntas es fundamental. A los líderes que empiecen por la pregunta 3 les parecerá difícil hacerse las preguntas 1 y 2; por consiguiente, el problema original seguirá sin resolverse, la contribución que el equipo pueda hacer se quedará sin reconocer y sus miembros pondrán toda su energía en derivar las culpas ahora y en cubrirse las espaldas después. Sin que haya nadie que aprenda nada, el equipo se instalará en cualquier zona que le sea familiar y esperará a que venga la siguiente crisis, o, más probablemente, a que se repita la misma (ver «Herramienta de planificación: primero nosotros, después yo y luego ellos», a continuación).

Herramienta de planificación
PRIMERO NOSOTROS, DESPUÉS YO Y LUEGO ELLOS

Considera una situación problemática o alarmante que encaréis tú y tu equipo ahora mismo, o con la que os hayáis enfrentado muy recientemente; no hablo de algo «salido de la nada», sino de una crisis que quizá podría haberse evitado o atenuado si la gente se hubiera comportado de manera diferente. Ayuda a tu equipo a permanecer en la zona de aprendizaje reflexionando sobre las preguntas siguientes. Puedes elegir reflexionar sobre ellas tú solo, o mejor aún, debatirlas con tu equipo.

¡Importante!: responde a las preguntas en el orden que aparecen, y deja que pasen al menos veinticuatro horas entre las reflexiones que hagas en cada una. Eso garantizará que le das la suficiente consideración a las dos primeras («nosotros» y «yo») antes de llegar a la tercera («ellos»).

1. ¿Cómo podemos resolver estas dificultades y seguir adelante como equipo?

2. ¿En qué medida soy responsable de dichas dificultades, y cómo puedo estar seguro de no cometer los mismos errores otra vez?

3. ¿En qué medida son ellos (los miembros de mi equipo) responsables, y cómo puedo instruirlos para que eviten cometer los mismos errores y estén mejor preparados para la próxima crisis?

ENRIQUE V: EL REY QUE APRENDE

En *Enrique V,* de Shakespeare, vemos a un líder entregado a fomentar la unidad y la agilidad. En el discurso del día de San Crispín, el rey Enrique pinta una imagen del honor y la gloria que podrá ganar el «ejército de hermanos», que está a punto de luchar contra un enemigo veinte veces superior en número. Los desertores potenciales cambian de idea, y el ejército inglés aúna esfuerzos y consigue la victoria. Pero antes, cuando sitia la ciudad francesa de Harfleur (acto II, escena 2.ª), Enrique adopta una estrategia muy diferente. Sabe que el delfín de Francia se ha negado a enviar tropas para ayudar a la ciudad, de manera que juega la baza del miedo, bramando amenazas de muerte y de torturas tan terribles —«Por eso, mirad por un momento [...] a vuestros hijos desnudos asados en picas»— que el aterrorizado alcalde de la ciudad la entrega sin siquiera protestar. A lo largo de la obra vemos al monarca calcular constantemente las posibilidades y averiguar no solo cómo mantener a los soldados enrolados (unidad), sino también cómo hacer girar las tornas en ventaja de Inglaterra (agilidad).

Aquí vemos de nuevo lo decisiva que es la integración. Dedicarse a la unidad y a la agilidad como objetivos separados puede llevarte a ir saltando entre las zonas de la autocomplacencia y de la desconexión (ver la figura 8.1), pero Enrique evita la trampa gracias al nivel de indagación que mantiene. Él es uno de los personajes más reflexivos de Shakespeare —lo vemos examinar constantemente sus motivos y los de los demás y considerar varias posibilidades de acción— y a pesar de eso no padece nunca de parálisis por análisis. Más que eso, plantea preguntas para aprender y luego aplica ese aprendizaje rápidamente a la situación presente.

Piensa en estos dos ejemplos. En la escena segunda del acto I, vemos a Enrique preguntar a sus obispos sobre la validez de su reclamación de una parte de Francia. Vivamente consciente de la sangre que se derramará si invade el país, pide a los obispos que no se ofusquen ni estudien el caso con engaño, sino que sean escrupulosamente honestos. E interrumpe las nimiedades del obispo de Canterbury con una pregunta sucinta que revela su deseo de adaptarse no solamente a la letra de la Ley, sino también a su espíritu: «¿Puedo hacer esta reclamación en derecho y en consciencia?» (acto I, escena 2.ª). Después, durante la noche anterior a la gran batalla con los franceses (acto IV, escena 1.ª), camina disfrazado por el campamento para descubrir el estado de ánimo de sus hombres y lo que estos piensan de él. Las conversaciones que va oyendo, no todas aduladoras, lo llevan a considerar en profundidad lo que significa ser rey, con sus preocupaciones que ensombrecen el poder y el oro. Acaba por suplicar el perdón, muy consciente de que, como rey, ha de «hacerse cargo» de los pecados y las equivocaciones de muchos otros y de que tiene que aceptar la responsabilidad incluso de aquello que no haya hecho él mismo. Las meditaciones de Enrique en la víspera de la batalla revelan la incertidumbre que sienten a menudo los líderes en la zona de aprendizaje, en la que *nuestros* errores, *mis* errores y *sus* errores se sopesan como un todo interconectado.

ENRIQUE EN LA ZONA DE APRENDIZAJE: EL INCIDENTE WILLIAMS

El paseo de Enrique por las hogueras del campamento pone en marcha una extraña secuencia de acontecimientos, que revelan mucho acerca de cómo puede mantenerse un líder en la zona de aprendizaje hasta en medio del fuego y el humo de la batalla. Se encuentra con un soldado inglés llamado Michael Williams, y los dos se sumergen en un debate sobre el carácter del rey. Williams, que es un cínico impulsivo, declara que el monarca planea que lo capturen y lo rescaten mientras que todos los soldados de a pie van a morir. Enrique no está de acuerdo. Williams no abandona la discusión y desafía a Enrique a una pelea a puñetazos, sin saber, por supuesto, que está hablando con el rey. Este acepta el desafío. Puesto que es noche cerrada, se comprometen a seguir la disputa al día siguiente, después de la batalla, y se intercambian los guantes. Cada uno de ellos reconocerá a su contrincante al ver su propio guante fijado en el casco del otro.

Por la mañana, la batalla tiene lugar y los ingleses derrotan a los franceses. Enrique acaba de confirmar su victoria y tiene un sinnúmero de peticiones de atención, pero en medio de todo ve al soldado Williams (acto IV, escena 7.ª). Le dice que se acerque y le pregunta por qué tiene ese guante en el casco. Williams, tan belicoso como siempre, explica sonoramente que el guante pertenece a un «granuja» a quien ha jurado «meter en el ataúd por las orejas». Enrique manifiesta un leve interés y lo deja ir.

Luego viene la parte rara: el rey hace que el más leal de sus capitanes, Fluellen, se ponga el guante de Williams en el casco. Le cuenta a Fluellen una mentira muy elaborada acerca de que el guante pertenece a un noble francés y que el hombre que lo ataque al ver el guante será un traidor; y luego lo envía a que haga algo asegurándose de que se cruce en el camino con Williams. Uno se pregunta si esto va a resultar en un chiste no muy gracioso para Fluellen y en una trampa maliciosa para el pobre Williams. Sin embargo, Enrique envía a dos de sus condes tras Fluellen, encargándoles que «vean que no haya daño entre los dos». El mismo Enrique los sigue de cerca.

Williams y Fluellen se tropiezan el uno con el otro. El primero ataca al segundo, que está muy encolerizado cuando los dos nobles aparecen (acto IV, escena 8.ª). Enrique revela, un tanto dramáticamente, que es su propio guante el que está en el casco de Williams, y que él, el rey, ¡es el mismísimo hombre contra el que Williams prometió luchar! El soldado está horrorizado; tartamudea que no quiso ofenderlo, que la noche anterior no *sabía* que era el rey y que es su intención lo que cuenta de verdad, porque «todas las ofensas vienen del corazón». Suplica el perdón, y Enrique se lo concede junto con el guante lleno de monedas de oro. A continuación, le dice a Fluellen que «se haga amigo» del hombre. Fluellen da un paso adelante ante la señal y le da a Williams doce peniques y una palmada en la espalda.

¿Qué podemos aprender de este episodio? Pensemos en las opciones que tenía Enrique para enfrentarse a Williams. Podría descartar el incidente como algo trivial que no merece su atención (sobre todo en mitad de una guerra) o deshacerse del guante y dejar que Williams supusiese que su anónimo adversario había muerto en la batalla. También podía dejar que Fluellen despedazase a Williams, asegurándose con ello de que un bocazas tuviese su merecido mientras él, Enrique, mantenía las manos limpias, o podría hacer de todo ello un «te pillé» tremendo si llevaba el guante, dejaba que Williams lo atacase, se mostraba como el rey y luego hacía que lo desterrasen o lo ejecutasen por traición: algo parecido a un director general que controlase secretamente el correo de un empleado y que, al leer unos cuantos comentarios insultantes sobre su persona, lo despidiese por mala conducta.

Pero Enrique no hace ninguna de estas cosas. En su lugar, al organizar que Williams se encontrase con Fluellen, con su guante en el casco, hace que el fanfarrón continúe su fanfarronería. Al enviar a observar a los dos condes, se asegura de que no suceda nada terrible. Al final, al revelarse a sí mismo como el rey, hace que Williams se disculpe y que en adelante se lo tome con calma (sin duda) antes de meterse en otra pelea inútil con un extraño. Al perdonar a Williams y darle un guante lleno de oro, hace que sea evidente para todos su magnanimidad como líder. Y, por último, al darle al capitán la oportunidad de ser magnánimo también, hace que su subordinado directo quede bien. Con ello demuestra otra vez el valor que otorga a la unidad entre los miembros de su equipo.

En una crisis, tanto si es una batalla como si es simplemente una amenaza inesperada de la competencia, los buenos líderes mantienen a su gente en la zona de aprendizaje. Cuando se enfrenta a un caso de lo que algunos considerarían traición, donde otro rey podría haber blandido el mazo, Enrique empuña un puntero de maestro según trata con un caso de lo que algunos podrían llamar traición. Cinco hombres, al menos, son testigos de la reyerta de Williams, y con seguridad habrá decenas, si no cientos de hombres más que oirán el relato a medida que este vaya atravesando los campamentos ingleses esa tarde, suscitando carcajadas y admiración: «Mira, mira lo que ha hecho el rey hoy [...] ¡Qué lección le ha dado a ese tipo!».

Dicho sea de paso, el generoso tratamiento que Enrique da al soldado fanfarrón se alza en agudo contraste con la rapidez de la orden que da en el acto II para la ejecución de tres traidores auténticos. Él sabe, como Williams, que las intenciones del corazón son lo que cuenta.

A continuación, las campañas de dos grandes capitanes del ejército nos enseñan sobre la ventaja competitiva.

Grandes escritores

LOS GRANDES CAPITANES, DE THEODORE DODGE

De joven, Theodore Ayrault Dodge entró en acción en la guerra civil estadounidense (o guerra de Secesión), entre 1861 y 1865; en su carrera militar llegó a alcanzar el rango de coronel, y cuando murió en 1909 dejó como legado su amplísima obra sobre la historia de la guerra. En *Los grandes capitanes* se incluyen sus conferencias sobre las campañas de tres grandes líderes militares de la antigüedad –Alejandro Magno, Aníbal y Julio César– y tres de la modernidad –Gustavo Adolfo de Suecia, Federico II de Prusia y Napoleón.

Los nombres de Alejandro, César y Napoleón siguen siendo conocidos hoy; los de Aníbal, Gustavo y Federico se han desvanecido un tanto. Aníbal (247-182 a. de C.) era el generalísimo de las fuerzas de Cartago, la gran civilización de la costa norte de África que luchó contra Roma por el poder en el Mediterráneo durante cien años. Gustavo Adolfo (1594-1632) fue rey de Suecia durante la guerra de los Treinta Años, que al principio enfrentó en Centroeuropa a los estados católicos contra los protestantes y que luego evolucionó a un conflicto generalizado por todo el continente. Federico II (1712-1786), luego llamado Federico el Grande, era rey de Prusia y condujo a sus ejércitos a la victoria en la guerra de los Siete Años, que envolvió a todos los poderes mundiales de la época.

La tesis de Dodge es que «el arte de la guerra debe sus orígenes y su crecimiento a los hechos de unos cuantos grandes capitanes. No por sus magníficas victorias [...] sino por sus ideas intelectuales».[1] Las seis conferencias de *Los grandes capitanes* trazan la evolución de la guerra, desde ser simplemente asunto de ordenar dos ejércitos en paralelo y hacer que luchen hasta que un lado se rinda, hasta convertirse en un sofisticado asunto de formaciones de batalla, avances y repliegues, recursos, logística, entrenamiento y, sobre todo, mantenimiento de la moral. En las mejoras que hizo Alejandro en las catapultas y las balistas (el equivalente de la artillería moderna), en el invento de Gustavo de una cadena de suministros fortificada que mantiene las tropas equipadas y en la unificación que hizo Napoleón de la teoría y la práctica militares en sus campañas, vemos el desarrollo de la estrategia como «el más alto grado de sentido común intelectual».[2] Pero, aún más que eso, vemos cómo comprometían a sus soldados para llevar a cabo sus planes. Afirma Dodge que, en un análisis final, un gran capitán se caracteriza no por un intelecto extraordinario, sino por una fuerza de carácter igualmente extraordinaria, un carácter que imbuye «confianza y ánimo en el soldado, que será fuerte y victorioso, o débil y vencido, según lo que crea que es».[3]

Dodge es el único escritor de los presentados en este libro que ha sido casi completamente olvidado por los lectores actuales. Es hora de desempolvar sus obras, que no tienen parangón en cuanto a análisis profundo, aunque conciso, de las grandes campañas militares y de los hombres que las lideraron.

Lee esto en *Los grandes capitanes*. Los ensayos funcionan mejor en parejas antiguo-moderno: primero Aníbal y Gustavo Adolfo, luego Alejandro Magno y Napoleón, y por último Julio César y Federico el Grande.

Capítulo 9

Competencia

Hace mucho tiempo mis padres tenían un amigo llamado Teddy Newbold —yo lo llamaba tío Teddy—, que era conocido por jugar muy bien. No hablo de los agotadores deportes (aunque también era bueno en ellos), sino de los juegos de mesa, los de cartas, los de salón y los de exterior. Tanto si eran las damas, como si era el cróquet, el *bridge* o el Boticelli (juego de biografías de personajes famosos), el tío Teddy siempre quedaba el primero. Cuando se le preguntaba el secreto, él siempre respondía: «Juego para mí mismo». Quería decir que cuando se le ofrecía la oportunidad de decidir entre dos jugadas distintas, elegía la que le haría progresar a él, en lugar de la que retrasaría al jugador contrario. Por ejemplo, en un juego de mesa hacía avanzar sus propias fichas en lugar de lanzar a la casilla de salida la ficha de cualquier otro jugador. Mientras que los demás jugadores luchaban a brazo partido, él seguía avanzando y acumulando puntos hasta que ganaba el juego.

LUCHAR CON INTELIGENCIA

Existen pocos asuntos más interesantes para un líder que el de cómo vencer a la competencia. Al fin y al cabo, si los grupos de seres humanos no tuviesen que competir —tanto si lo hacen por la tierra como por la cuota de mercado, por trofeos, por reconocimiento de marca, por subvenciones o por cualquier otro tipo de premio—, podríamos no necesitar líderes en absoluto. Los líderes tienen que luchar por su equipo, ayudarlo a tener éxito en un mundo en el que no todos los equipos pueden tenerlo. Con esto no quiero decir que la colaboración entre equipos sea mala, o que los negocios sean lo mismo que la guerra, sino más bien que un líder debe saber algo de estrategia competitiva, lo que significa fundamentalmente saber cómo derrotar a un oponente que tenga la misma fuerza, o mayor. Afortunadamente para los pequeños y para los sobrepasados en número, la fuerza bruta no garantiza la victoria. Como demostraba el tío Teddy, frecuentemente el vencedor de una competición no es el más capaz de vapulear y de destrozar, sino quien hace un trabajo mejor manteniendo su sentido interno de propósito y la confianza alta. Frecuentemente, el vencido es el que se desmorona desde dentro.

El historiador de la guerra Theodore Dodge señaló: «La guerra es tan altamente intelectual como la astronomía. La diferencia principal entre la una y la otra está en el hecho de que la idea intelectual del general [...] apela al esfuerzo de las fuerzas morales de su carácter, mientras que la inspiración del astrónomo termina en un proceso puramente mental».[4] De los ensayos de Dodge sobre seis magníficos generales podemos deducir cuatro factores que habilitan a David para derribar a Goliat.

PRIMER FACTOR: UNIDAD

Vimos en el capítulo anterior que el rey Enrique invertía en la unidad del equipo para vencer a un enemigo más fuerte. La idea merece repetirse: *si un equipo está menos alineado o más sujeto a las facciones que su oponente, al final será vencido*. Es asombroso cuántos líderes, que se olvidan de esta verdad, no invierten esfuerzo alguno en unificar a su equipo e incluso llegan a enfrentar a los miembros entre sí en un esfuerzo equivocado para aumentar su propio poder. Esta clase de «estrategia competitiva» solo garantiza la derrota.

Dodge hace hincapié sobre el valor de la unidad en todos sus ensayos sobre los grandes capitanes, pero sobre todo en su relato del rey de Suecia Gustavo Adolfo, que defendió en el siglo XVII a su propio país y a una gran parte de la Alemania protestante de la agresión del imperio de los Habsburgo, a la vez que elevó el arte de la guerra desde la confusión en la que habían languidecido durante toda la Edad Media, y con muchos menos recursos que sus enemigos. Gustavo fue el primer rey europeo que creó un ejército nacional permanente, lo equipó y le pagó bien. Anteriormente, los gobernantes que iban a la guerra reclutaban soldados entre las muchedumbres de mercenarios que se paseaban por el continente, les pagaban con la oportunidad de saquear y los despedían una vez terminada la lucha. Los salarios de los soldados suecos mejoraron no solamente su propia moral, sino también su imagen ante aliados potenciales: los pueblos de las provincias por las que pasó Gustavo tendían a verlo como un liberador, no como un saqueador, y, por lo tanto, apoyaban su causa.

Igual que Alejandro Magno, Gustavo era famoso por compartir los mismos peligros y adversidades que experimentaban sus soldados: «Siempre estaba en lo más duro de la lucha y lideraba a sus hombres en persona».[5] También compartía con sus hombres un propósito que se alzaba por encima de la ganancia monetaria o política: él luchaba para salvar al mundo protestante del yugo (así lo veía él) de la opresión católica, y «su ejército compartía su entusiasmo, lo mismo que compartía su sincero sentimiento religioso, y estaba apegado religiosamente a él como hombre y como rey».[6] En objetivos, cultura y creencias, los soldados suecos eran una fuerza unida.

SEGUNDO FACTOR: AGILIDAD

También hemos visto un ejemplo de agilidad. El rey Enrique batallaba contra un príncipe francés un año, y se casaba con una princesa francesa al siguiente. Dice Dodge que los grandes capitanes son capaces de «sacar ventaja de las circunstancias, a la vez que las construyen».[7] Tienen la capacidad de tomar en cuenta el contexto y adaptarse a él.

Cerca de la superior maniobrabilidad de sus ejércitos (basada en formaciones de combate más flexibles que las del enemigo), la forma más reveladora de agilidad que poseían los seis señores de la guerra de Dodge era su extraordinaria capacidad de percepción de qué posición militar adoptar —ofensiva o defensiva, avance o retirada— sin referencia en las reglas tradicionales de la estrategia. Así es como describe la campaña en las provincias alemanas:

Aquí se da una adaptación especialmente inteligente del trabajo a las condiciones existentes. Desde la llegada del rey hasta el paso del Elba, a la vez que aseguraba su base, una política precavida, pero en absoluto indecisa; desde el cruce del Elba hasta Nuremberg, a la vez que se desplazaba sobre el enemigo, una especial rapidez y audacia, pero en absoluto carencia de inteligencia o de precaución metódica; desde Nuremberg hasta Lützen, una alternancia entre precaución y audacia según pedían las circunstancias.[8]

Una de las reglas de la guerra establecida en aquellos días era que no se podía atacar con éxito a los campamentos afianzados del enemigo. Incluso intentarlo se consideraba algo estúpido, aunque Gustavo lo intentó varias veces y demostró que se podía hacer. En abril de 1632, en Baviera, su ejército se encontró con cuarenta mil soldados imperiales instalados tras muros de tierra en la orilla opuesta del río Lech. El comandante austríaco enemigo era el conde Tilly, un general famoso por su habilidad militar. Tilly se negó a retirarse, de modo que Gustavo concibió un plan audaz. Primero situó una batería de cañones y, cubriéndolos con su fuego, envió botes con algunos hombres a través del río. A su vez construyeron un puente sobre el que hizo desfilar a toda su infantería, mientras que al mismo tiempo su caballería vadeó el río a cierta distancia y cabalgó hacia el flanco del enemigo. Como estaba bajo un ataque directo, Tilly se vio forzado a enviar parte de su ejército fuera del campamento para defenderlo, pero la combinación de fuego de cañón, infantería y caballería de los suecos resultó demasiado para el destacamento de los austríacos: perdieron los nervios y huyeron, poniéndose a cubierto detrás de sus parapetos. Con la moral dañada, el ejército imperial se retiró enseguida totalmente, lo que permitió que los suecos tomasen posesión de gran parte de Baviera.

Sin embargo, Gustavo modificó sus planes otra vez: como vio que la población de Baviera le era hostil, tomó la decisión de no desperdiciar energía en una ocupación militar y retiró a sus fuerzas al este, poniendo su atención en otros frentes y en aliados más prometedores.

Los líderes como Gustavo nos enseñan que la carrera no la ganan ni el constante ni el rápido, ni el precavido ni el audaz: la gana el adaptable. A menudo, el lado vencedor no es el que tiene un plan más genial, sino el que ve más claramente cómo tiene que ajustarse el plan genial y hace los ajustes necesarios sin dudarlo.

TERCER FACTOR: EXCELENCIA DEL EQUIPO

Demos un salto de cuatrocientos años hasta otra clase de batalla.

A la Super Bowl XLVIII, jugada el 2 de febrero de 2014 en el estadio MetLife de Rutherford, en el estado de Nueva Jersey, se la esperaba con entusiasmo como una competición entre la mejor línea ofensiva de la Liga Nacional de Fútbol (norteamericano) y la mejor línea defensiva: los Broncos de Denver contra los Seahawks de Seattle. La mayoría de los comentaristas deportivos estaban de acuerdo en que los Broncos tenían ventaja. Su capitán, Peyton Manning, era un veterano con una experiencia de más de dieciséis años y había dirigido su equipo en dos sesiones seguidas de 13-3 mientras establecía récords de tantos y ganaba por quinta vez el premio al jugador más valioso de la liga. Pero el partido empezó de mala manera para Denver, con una pelota muerta que voló sobre la cabeza de Manning, lo que concedió a Seattle una ventaja inmediata de dos puntos, y siguió igual de mal, porque Denver fue incapaz de apuntarse un tanto hasta el final del tercer tiempo. Los Broncos estuvieron anulados de principio a fin del partido, y al final los Seahawks ganaron por 43 a 8, la victoria con el margen más amplio de la Super Bowl en veintiún años.

Claramente, Manning era el capitán mejor y de más experiencia (en comparación con Russell Wilson, capitán del Seattle, que era bueno pero que estaba solamente en su segunda temporada), de modo que los Broncos eran una apuesta segura para la victoria. Sin embargo, este es el problema que tiene ese razonamiento: aunque Manning era el mejor capitán, los Seahawks eran el mejor equipo.

Poseer uno mismo las mejores cualidades no es suficiente. Incluso tener los mejores tenientes no es suficiente. Los seis grandes capitanes de Dodge, como todos los buenos líderes, se concentraban en desarrollar habilidad, inteligencia y disciplina en cada nivel de sus organizaciones. Pongamos de nuevo a Gustavo Adolfo como ejemplo: como he dicho, fue el primer gobernante que creó un ejército nacional permanente. Además de eso, obligaba a sus soldados a hacer ejercicios de entrenamiento durante todo el año, trazaba simulacros que encajaban con las maniobras de batalla previstas e insistía en ascensos basados estrictamente en el mérito (sin nepotismos). Inventó también un mosquete más ligero y enseñó a sus hombres a cargarlo y dispararlo en noventa y cinco movimientos, que parece algo absurdamente lento hasta que uno sabe que en aquella época el número habitual de movimientos era de ciento sesenta. Gracias a la excelencia sistemática que creó, Gustavo podía contar no solo con la obediencia, sino también con la inteligencia y la iniciativa de sus soldados en la batalla. Mientras tanto, los generales de las fuerzas imperiales de los Habsburgo, que dependían de un grupo de mercenarios relativamente desentrenados y completamente interesados en sí mismos, tenían que hacer mucho más esfuerzo para mantener la disciplina y no podían contar con nada si esa disciplina se desintegraba.

A todos los líderes les iría bien si pensaran más en la excelencia de sus soldados de a pie que en la suya propia. Si no lo hacen, encontrarán, como el conde Tilly —y Peyton Manning, casi cuatrocientos años después—, que sus impresionantes habilidades personales son de poca utilidad cuando se las enfrenta a un enemigo que cuenta con un equipo aún más impresionante.

CUARTO Y ÚLTIMO FACTOR: ASTUCIA

Hemos llegado por último al factor competitivo que les parece más interesante a muchos líderes: la astucia. La esperanza de ser más astuto que la competencia ha vendido millones de libros sobre el liderazgo, libros con títulos como *Los señores de la estrategia* (Walter Kiechel) y *Ventaja competitiva* (Michael Porter). Una de las razones que tenemos para sentirnos atraídos por este tipo de obras es que prometen mostrarnos cómo vencer a los competidores sin sudar siquiera, es decir, sin tener que emprender el largo y duro trabajo de crear un equipo unificado, ágil y excelente. Desgraciadamente, si no has logrado la unidad, la agilidad y la excelencia, la estrategia más astuta no será de mucha utilidad; pero si las tienes, la cuarta y última clave de la ventaja competitiva es la capacidad de pagarle al contrario con la misma moneda y transformar su fortaleza en debilidad, y tu debilidad en fortaleza (ver «A hombros de gigantes: W. Chan Kim y Renée Mauborgne sobre hacer que la competencia resulte irrelevante», a continuación).

A hombros de gigantes

W. CHAN KIM Y RENÉE MAUBORGNE SOBRE HACER QUE LA COMPETENCIA RESULTE IRRELEVANTE

En 2005, K. Chan Kim y Renée Mauborgne publicaron *La estrategia del océano azul*.[9] El libro describe una imagen seductora del inmaculado «océano azul» –nicho de mercado sin oposición– que aguarda a los líderes de negocios que sean lo bastante listos como para escapar del «océano rojo», infestado de tiburones, donde la mayoría de las organizaciones lucha por la supervivencia. Kim y Mauborgne ofrecen un excelente juego de herramientas analíticas para escaparse al azul.

Muchos lectores se harán con el libro esperando encontrar en él un arpón mágico para todos esos tiburones, o quizá un yunque mágico que dejar caer sobre sus enemigos, como hacen el Correcaminos y el Coyote. En lugar de eso, lo que se encontrarán es una forma de gastar menos energía preocupándose de los enemigos y más energía creando valor añadido para los clientes; tal vez un camino para ser más como mi tío Teddy, que en una partida de cróquet no perdió nunca el tiempo en golpear la pelota de otro cuando pudo lanzar la suya propia lejos en el verde césped inmaculado.

Aníbal, hijo de Amílcar, fue un maestro en el arte de dar a alguien de su propia medicina. Era el comandante de las fuerzas de Cartago, la gran civilización que desafió al Imperio romano por la supremacía en el Mediterráneo. Todavía hoy es famoso por llevar a todo su ejército a través de los Alpes para invadir el norte de Italia el año 218 a. de C. Hasta entonces solamente habían cruzado aquellas montañas tan tremendamente altas y nevadas algunos grupos pequeños de mercaderes; Aníbal lo hizo con cincuenta y nueve mil hombres y treinta y dos elefantes. Sin embargo, el ensayo de Dodge no se concentra tanto en aquella marcha alpina (la cual describe como «probablemente, la empresa a pie más atrevida que se haya hecho jamás»), sino más bien en la batalla que tuvo lugar dos años después: la batalla de Cannas, en la que Aníbal sacó adelante una hazaña de *judo* militar que aplastó a un enemigo que lo doblaba en tamaño.

El escenario era el río Aufidus, que se desliza hacia el sur en forma de U cerca del pueblo de Cannas, en Italia. El ejército romano, compuesto de unos ochenta mil soldados de infantería y siete mil jinetes y conducido por el cónsul Varro, estaba en el lado norte, mientras los treinta y dos mil soldados y diez mil jinetes de Aníbal se les enfrentaban desde el sur. La mayor debilidad de Aníbal era su infantería, mucho más pequeña: si acercaba todos sus soldados al enemigo, una parte de su línea —el flanco derecho, el izquierdo o el centro— tenía que ser mucho más delgada que la de ellos. Su fortaleza principal era su caballería, más nutrida que la de los romanos, con corceles y jinetes mejor blindados y mejor entrenada. Además, estaba dirigida por un capitán excepcionalmente dotado llamado Maharbal.

Aníbal empezó vadeando el Aufidus en dos columnas, cubriendo su avance con arqueros y honderos frente al cuerpo principal del ejército. Situó su caballería a la izquierda, enfrentada directamente a la caballería del enemigo. Sabía que sus caballos, más pesados, podían aplastar a los de ellos, cortando así todo intento de retirada a los campamentos romanos y permitiendo al final una carrera en campo abierto alrededor de su retaguardia para atacarlos desde atrás. En cuanto a la infantería, a falta de cantidad suficiente para formar una línea uniformemente fuerte, hizo que los flancos izquierdo y derecho fueran infranqueables, pero dejó que el centro resultara vulnerable.

Entonces apareció el golpe de genio. Aníbal dispuso su centro, más bien débil, en forma de V y lo empujó hacia el enemigo. Su plan era

> [...] retirar su centro ante la pesada línea romana —dejar que esta los empujase— y luego rodearla para encerrarla en sus alas y hacerla caer en sus flancos. Esta maniobra era altamente peligrosa, a menos que la retirada del centro pudiera organizarse en el momento adecuado, pero sus hombres tenían la mayor de las confianzas en él; el río a sus espaldas sería una ayuda, si podía mantener firmes a sus hombres [...]. Aníbal había preparado concienzudamente a su ejército para esta evolución táctica y había ensayado cada detalle con todos sus subordinados.[10]

Y todo se desarrolló exactamente como lo había planeado. Varro, al ver lo débil que era el centro de los cartagineses, puso cada vez más hombres en el suyo en un intento de abrumar al enemigo. El despliegue en V de Aníbal empezó entonces a retirarse, muy gradualmente, manteniendo la tenacidad justa para hacer que los romanos siguiesen avanzando. Dodge continúa relatándonos: «Varro ordenó entonces alocadamente que viniesen más fuerzas desde sus alas para reforzar el centro, que ya era una masa tan abarrotada que era incapaz de mantener su organización interna. No podía haber jugado mejor la baza de Aníbal».[11] Los romanos siguieron presionando, se embrollaron más a cada momento, y los cartagineses se retrasaron, transformándose de una formación en V en una línea recta, y luego en una cóncava. Aníbal hizo ahora que sus alas izquierda y derecha empezasen a avanzar muy despacio, acorralando a los romanos en un callejón sin salida del que ellos, que aún gritaban victoria, no se dieron cuenta. Todo ese tiempo Maharbal y la caballería habían estado haciendo su trabajo, y así, por último:

> Había llegado el momento decisivo [...] Deteniendo el movimiento hacia atrás de su centro, que tenía aún suficiente espacio junto a los

codos para luchar, y que los romanos no tenían, Aníbal dio a las alas las órdenes que estas estaban aguardando pacientemente. Aquellos soldados veteranos, en orden perfecto, se dieron la vuelta hacia dentro a la izquierda y a la derecha, sobre los flancos de la masa de legionarios en aprietos. La caballería romana estaba perdida [...] porque, en el mismo momento, Maharbal, que había acabado con la destrucción de la caballería romana, atacó cabalgando su retaguardia.[12]

Aníbal acabó perdiendo apenas seis mil hombres, mientras que el ejército romano al completo, ochenta y siete mil, fue aniquilado.

Dodge considera la batalla de Cannas «una consumada obra de arte, no superada por ninguna otra y a la que pocas se igualan en la historia de la guerra».[13] Es un ejemplo impresionante de cómo puede utilizarse el cerebro, y no los músculos, para llevar a cabo una argucia que vuelve los puntos fuertes del enemigo en su contra. Hoy, los mejores líderes saben hacer lo mismo (ver: «Herramienta de planificación: diez preguntas para devolver la jugada», más adelante).

Hay algo más de lo que darse cuenta en la batalla de Cannas: la ejecución con éxito del plan de Aníbal dependía por completo de sus éxitos anteriores a la hora de desarrollar la unidad, la agilidad y la excelencia disciplinada en todo su ejército. Un líder que intente competir solamente con astucia, sin los cimientos firmes de los otros tres factores, es un gigante con pies de barro.

Herramienta de planificación
DIEZ PREGUNTAS PARA DEVOLVER LA JUGADA

Piensa en un desafío competitivo con el que se enfrente tu organización ahora mismo. Podría ser algo que haya salido de la nada últimamente, como una empresa que empieza entrando en el mercado con una tecnología nueva o un producto original, o una situación de larga duración, como la necesidad permanente de competir contra una empresa más grande o mejor establecida.

Reflexionando sobre la batalla de Cannas de Aníbal y utilizando las preguntas que te presento a continuación, crea una estrategia para darle la vuelta a la situación.

1. ¿Cuáles son los tres puntos fuertes principales de tu competidor respecto a este asunto?
2. ¿Cómo podrían transformarse esos puntos fuertes en vulnerabilidades?
3. De esas tres transformaciones, ¿cuál parece más factible?
4. ¿Cuáles son las tres vulnerabilidades de tu propia organización respecto a este desafío?
5. ¿Cómo pueden transformarse esas vulnerabilidades en puntos fuertes?
6. De esas tres transformaciones, ¿cuál parece más factible?
7. Basándose en tu análisis, ¿cómo podrías darle la vuelta a la situación? Resume tu estrategia de conjunto en una frase o dos.
8. ¿Qué pasos concretos deben darse para llevar a cabo tu estrategia?
9. ¿Qué aspectos de tu estrategia dependen mucho de la unidad, agilidad y excelencia de tu equipo?
10. ¿Qué ha de mejorarse en esos tres factores para que tu estrategia funcione? ¿Qué harías para mejorarlos?

No te quedes atrapado en la trampa de tratar los dilemas como si fuesen problemas. Los últimos pueden resolverse; los primeros deben gestionarse, como descubriremos en el próximo capítulo.

Grandes escritores

EL FEDERALISTA, DE ALEXANDER HAMILTON Y JAMES MADISON

La colección de ochenta y cinco artículos periodísticos publicada bajo el título El federalista contiene casi cincuenta de Alexander Hamilton, más de treinta de James Madison y cinco de John Jay. Aunque el ostensible propósito de sus autores era convencer a la gente de Nueva York de que apoyase la nueva Constitución de los Estados Unidos (se necesitaba la aprobación de nueve estados para ratificarla), su otro propósito, aún más ambicioso, era brindar una defensa de los principios del federalismo, un sistema de gobierno que divide el poder entre una autoridad central y muchas autoridades locales. El dilema de centralización contra descentralización ha enfrentado a las sociedades desde los tiempos antiguos y sigue atormentando a las organizaciones aún hoy.

A través de todo el sofocante verano de la Filadelfia de 1787, los delegados del Congreso Constituyente habían luchado no solo con ese dilema, sino con una gran cantidad de dilemas relacionados: regla de la mayoría contra derechos de la minoría, seguridad contra libertad, estabilidad contra adaptabilidad y muchos más. Aunque el documento que elaboraron estaba mal concebido en varios asuntos (el ejemplo más flagrante era el de la perpetuación de la esclavitud), no obstante se convirtió en una fuerte plataforma para las mejoras posteriores, fundamentalmente porque daba voz a cada extremo del dilema. Considera el llamado Compromiso de Connecticut, que equilibraba los intereses de estados grandes y pequeños especificando representantes distribuidos proporcionalmente a la población para la Cámara de Representantes y una representación igual para cada estado en el Senado. En aquella época, el arreglo igualitario del Senado hizo que los menos poblados estados del Sur quisieran unirse a una Unión que tenía un gobierno central fuerte. Sin embargo, unos cincuenta años después, la representación proporcional en la Cámara de Representantes dio a los estados del Norte, contrarios a la esclavitud, el poder que necesitaban para aprobar la Decimotercera Enmienda, la abolición de la esclavitud. La gestión habilidosa de los dilemas no asegura que una organización vaya a tener un completo equilibrio desde el inicio; lo que hace, más bien, es tender los cimientos para que surjan mejores respuestas con el tiempo.

En el ensayo número 10, quizá el más famoso de la colección, Madison aborda los peligros de las facciones, la tendencia a que una organización se desintegre en partidos rivales, ciegos al bien común. Una facción es un grupo de personas, tanto mayoritario como minoritario, que planta los pies en una de las opciones de un dilema concreto y se niega a moverse de ahí. En el mejor de los casos, las facciones conducen al mal funcionamiento de la organización; en el peor, a disturbios y escuadrones de la muerte. Madison compone con elegancia todos los métodos posibles para controlar las facciones sin sacrificar la libertad y defiende la república federal como el modelo de gobierno que funciona con respecto a eso. El ensayo número 10 es algo que debe leer todo líder que busque mantener a la organización unida en su propósito, aunque enérgica en el debate.

Lee esto en los ensayos números 10, 39, 45 y 62 de *El federalista*.

Capítulo 10

Dilemas

N o siempre la estrategia tiene que ver con competir contra un oponente; a veces tiene que ver con conciliar prioridades o versiones contrapuestas de lo bueno. En tales casos, los estrategas no son aquellos que toman partido, sino aquellos que saben entretejer opciones.

MILAGRO EN FILADELFIA

21 de febrero de 1787. Se resuelve que en opinión del Congreso es oportuno que en el segundo martes del próximo mes de mayo se mantenga en Filadelfia una conferencia de delegados, que deberán haber sido nombrados por los diferentes estados, con el único y explícito propósito de revisar los artículos de la Confederación [...] y que, cuando así se acuerde en el Congreso y se confirme por los estados, deberá interpretar la constitución federal adecuadamente según las exigencias del Gobierno y la protección de la Unión.[1]

Al inicio de 1787, los Estados Unidos de América no eran una nación, sino una confederación: trece estados se habían agrupado para dar fin al dominio británico, pero permanecieron desde entonces como un grupo de entidades autónomas. El Congreso Continental, al cual cada estado envió representantes, no tenía autoridad real. El país, en su conjunto, intentaba hacer negocios bajo los artículos de la Confederación, con malos resultados: la moneda nacional no tenía valor, el crédito público y privado no tenía garantía y el tratado de paz con Gran Bretaña, firmado cuatro años antes, no se podía aplicar. Los aristócratas europeos se burlaban de los «Estados Unidos» en sus cenas festivas. Y a pesar de las evidentes deficiencias de los artículos, quienes abogaban por su fortalecimiento se topaban con reacciones airadas: «¿Dice usted que nuestro estado debería entregar su libertad ganada con tanto esfuerzo a un gobierno central tiránico?», «¿Nos van a matar a impuestos, como antes?», «¿Tendremos que hincar la rodilla ante un rey otra vez?»...

Los delegados de la Conferencia Constituyente, que empezaron a reunirse en Filadelfia el 14 de mayo, sabían que su tarea iba a ser espinosa. Al menos estaban todos de acuerdo en que modificar los artículos no iba a funcionar: se necesitaba un documento totalmente nuevo. James Madison, de la delegación de Virginia, había elaborado previamente el borrador de un plan y se las arregló para convencer a algunos de los que acudieron antes para que lo respaldasen, al menos en principio. Por lo tanto, ese documento se convirtió en el punto de partida para las deliberaciones. Incluso así, las disputas empezaron de inmediato. Especialmente tenso fue el asunto de cuántos delegados tendría cada estado en el nuevo Congreso de los Estados Unidos: los más pequeños insistían en que deberían tener una representación igual a la de los grandes (al fin y al cabo, su categoría como estado era igual de válida, y no estaban dispuestos a dejarse pisotear por los gustos de Nueva York o de Pensilvania), mientras que los más grandes insistían en que el número de representantes debería ser proporcional a la población de cada estado. A cada uno de los bandos le parecía su punto de vista claramente justo, y claramente injusto el del otro. Se propuso una solución de compromiso por parte de Connecticut, pero se rechazó sin más trámite. Ese mismo compromiso se revisó en el segundo mes y, al final, se adoptó: en la Cámara Baja del Congreso, el número de representantes sería proporcional a la población, mientras que en la Cámara Alta, el Senado, el número sería el mismo para cada estado.

Discutieron y negociaron todo el verano. Finalmente, el 17 de septiembre, la nueva Constitución se presentó al público para su aprobación, y entonces fue cuando el debate se calentó *de verdad*. Aunque las generaciones posteriores llamarían al resultado de la Conferencia «el milagro en Filadelfia», en aquella época nadie lo consideraba así. La prensa se veía inundada con cartas de los ciudadanos que vertían alabanzas o condenas sobre el documento. Algunos dijeron que era excesivamente nacionalista; otros, que no lo era lo bastante.

En la refriega entró «Publius». Durante los siete meses siguientes, publicó ochenta y cinco artículos periodísticos en defensa de la Constitución y, más en general, del *federalismo*, ese tipo de gobierno en el que el poder se divide entre una autoridad central y varias unidades políticas constitutivas. Estos artículos fueron recogidos en un libro titulado *El federalista* en junio de 1788, y se reveló entonces que Publius no era una persona, sino tres: Alexander Hamilton, James Madison y John Jay. El trío había ofrecido un análisis exhaustivo de la Constitución y de los principios federalistas que la sustentaban. Argumentaban de manera convincente que esos principios eran ciertamente «adecuados para las exigencias del Gobierno y la protección de la Unión».

LOS DILEMAS NO SON PROBLEMAS

Tomados en conjunto, la Constitución de los Estados Unidos y los ensayos de *El federalista* que apoyaban su adopción ejemplifican el arte de la gestión de los dilemas.

Antes que nada, debemos distinguir entre dilemas y problemas. Un problema es un reto con una solución posible; uno la encuentra, la aplica, y el problema desaparece. Por ejemplo, mi antigua casa se calentaba con una caldera de vapor. Cada pocas semanas, el agua de la caldera bajaba por debajo del nivel necesario y el sistema se apagaba. La casa se enfriaba. Al darme cuenta del problema (por alguna razón, no era capaz de adelantarme a él), bajaba al cuarto de la caldera, giraba una manivela de una cañería y llenaba el tanque hasta el nivel apropiado. La caldera se ponía en marcha otra vez y la casa empezaba a calentarse. Yo cantaba un himno de celebración por el «calor del vapor» y volvía a mis asuntos. Tenía un problema, y ya estaba resuelto.

La mayoría de los problemas son más complicados que ese, por supuesto, pero cualquier reto que tenga solución, por difícil que esta sea de encontrar, es un problema. Por otra parte, los *dilemas* no tienen solución. Un dilema es un desafío en desarrollo con dos opciones interdependientes, ninguna de las cuales puede mantenerse por sí misma como la respuesta correcta y permanente. En lugar de eso, existen aspectos positivos y negativos en cada una, y si uno busca adoptar una de ellas como la «solución» al «problema», tendrá los aspectos positivos de esa, pero tarde o temprano tendrá también los negativos. Por lo tanto, de cara a manejar un dilema, un líder debe trabajar constantemente para aprovechar al máximo los beneficios y disminuir en lo posible los inconvenientes de ambas opciones. Dicho de otra manera, la respuesta a un dilema es siempre «las dos posibilidades y además...», nunca «una de las dos» (ver «A hombros de gigantes: Barry Johnson sobre la organización que respira», a continuación).

Entre los dilemas con los que se encuentran habitualmente los líderes están «los individuos y el grupo», «costes y calidad» y «planificación y acción». Ver «Herramienta de equipo: gestionar un dilema», en a pagina 179, para encontrar una lista de los dieciséis dilemas que se les plantean con mayor frecuencia a los líderes de empresa.

Sobre hombros de gigantes
BARRY JOHNSON SOBRE LA ORGANIZACIÓN QUE RESPIRA

Dice Barry Johnson: «Tengo una noticia mala y una buena. La mala noticia es que existe un gran número de problemas irresolubles en la vida [...] La buena es que puedes dejar de intentar solucionarlos».[2] Podemos llamar a esos problemas irresolubles dilemas, paradojas u opuestos interdependientes; Johnson los llama polaridades. Los conceptos de este capítulo se han extraído en gran medida de su libro definitivo sobre el asunto, *Gestión de la polaridad*.

Piensa en la respiración, dice Johnson. Tú nunca intentarías resolver un «problema de oxígeno bajo» solamente inspirando, o un «problema de exceso de anhídrido carbónico» solamente espirando. Para mantener los niveles adecuados de oxígeno y de anhídrido carbónico tienes que inspirar y espirar continuamente, sin fin. La respiración «no es una situación estática, es un proceso: un flujo continuo de cambiar el hincapié de uno a otro y vuelta a empezar».[3]

Y añade que para los líderes el principio es el mismo: deja de intentar extirpar los dilemas y, en lugar de eso, esfuérzate por crear una organización que *respire*.

Para captar la estructura de los dilemas, vamos a echar un vistazo a uno muy grande con el que se enfrentaron los delegados de la Conferencia Constituyente y muy conocido por los líderes de empresa hoy en día: *centralizado y descentralizado*. La figura 10.1 muestra las dos opciones de este dilema, con sus pros y sus contras.[4] Las ventajas que tiene la centralización (cuadrante superior izquierdo) son los estándares comunes, la alta eficacia y el acceso a un amplio conjunto de recursos; las desventajas (cuadrante inferior izquierdo), la falta de respuesta a las necesidades locales, decisiones más lentas y una tendencia a escurrir el bulto. Cuando las personas viven bajo un régimen centralizado y sufren sus inconvenientes, algunas de ellas anhelarán los pros de la descentralización, tales como la sensibilidad, la velocidad y la libertad (cuadrante superior derecho). Lo que por lo general no ven con claridad son los contras de la otra opción, tales como la incoherencia, la ineficacia y la escasez de recursos (cuadrante inferior derecho).

Para los ciudadanos de los Estados Unidos en 1787, uno de los grandes inconvenientes de vivir bajo los artículos de la Confederación era la falta de credibilidad del país ante regímenes extranjeros (cuadrante inferior derecho). Algunos políticos, deseosos de «resolver el problema de la credibilidad», dieron argumentos para que se estableciera un gobierno nacional mucho más fuerte, incluso una monarquía, que pudiese reforzar la declaración de que los Estados Unidos eran un poder mundial auténtico. Hablando en sentido figurado, estaban en el cuadrante inferior derecho del dilema y miraban por encima de la valla al cuadrante superior izquierdo, deseando uno de los beneficios del régimen centralizado: credibilidad ante los de fuera. Otros insistían en que un gobierno así pondría al país en un camino de vuelta a la tiranía. Sostenían que era mejor quedarse con la descentralización, aunque eso supusiera la pérdida de credibilidad. A muchos les parecía difícil ver más allá de los aspectos positivos de su propio lado y los negativos del otro; y a la mayoría le parecía difícil imaginarse una estructura que no era ni una monarquía ni una imprecisa confederación de estados independientes.

Aspectos positivos

+ **+**

- Estándares comunes
- Alta eficacia
- Acceso a los recursos
- Credibilidad ante socios externos
- Espíritu corporativo

- Sensibilidad ante las necesidades locales
- Toma rápida de decisiones
- Alta responsabilidad
- Sentido de iniciativa

Centralizado vs **Descentralizado**

- Falta de respuesta a las necesidades locales
- Decisiones lentas
- Baja responsabilidad
- Falta de iniciativa

- Carencia de estándares comunes
- Ineficacia
- Recursos escasos
- Baja credibilidad ante los socios
- Desconexión

– **–**

Aspectos negativos

Figura 10.1 Estructura de un dilema

Afortunadamente, los delegados que se reunieron en Filadelfia aquel verano fueron capaces de ver más allá del «una de las dos» y llegaron al «las dos posibilidades y además...». A sabiendas o no, trataron el desafío fundamental que tenían ante sí como un dilema que gestionar, no como un problema que resolver, y el resultado fue el federalismo: un sistema que no plantaba una bandera en un lado ni en el otro, sino que en lugar de eso dio en el blanco de encontrar un equilibrio entre las dos opciones y preparó el camino para timonear el dilema en curso.

LA CLAVE PARA GESTIONAR DILEMAS

En su *Gestión de la polaridad*, Johnson habla del «círculo infinito» inherente a los dilemas.[5] Navegar mal por este círculo da como resultado una mala gestión del dilema, como veremos en el siguiente momento de tensión empresarial.

Denise era vicepresidenta de una división de Westmont, una empresa manufacturera conocida por producir accesorios de gran calidad para la automoción. Durante la mayor parte del año anterior la empresa había luchado para controlar los costes. Bajo las instrucciones de la gerencia superior, Denise y su equipo habían trabajado desde el mes de enero para rebajar los gastos de mano de obra, materiales, mantenimiento y formación. Al principio los beneficios de su esfuerzo eran evidentes: el pronóstico era excelente para la división, la gerencia estaba contenta y el equipo recibió una bonificación mayor de la acostumbrada en el primer y el segundo trimestres. Sin embargo, conforme avanzaba el año se presentaron varios problemas de calidad. El recorte de mantenimiento en algunos equipos dio como resultado que hubiera lotes defectuosos, la reducción en el presupuesto para formación llevó a errores graves de diseño cometidos por los nuevos empleados de ingeniería y la reducción de plantilla en atención al cliente estaba provocando tiempos largos de respuesta y una declinante calificación en satisfacción del consumidor. Al empezar el cuarto trimestre, el mayor cliente de la división, una gran cadena de suministros para el automóvil, informó a Denise que iban a llevarse sus pedidos a uno de los competidores de Westmont. «Ya no ofrecéis calidad», le dijeron. De repente, la previsión para el cuarto trimestre parecía terrible.

Minutos después de saberse la noticia del cliente perdido, el director general de Westmont llamó a Denise, para pedirle que «pusiera esos problemas de calidad». Tras prometer que lo haría, Denise lanzó un correo a su equipo experto en el que los instaba a cancelar todas sus citas del día siguiente. Y convocaba una reunión urgente y de duración indefinida que comenzaría a las siete de la mañana.

En este ejemplo, digamos que los *costes* estaban en el lado izquierdo del círculo del dilema, y la *calidad* en el lado derecho. La división de Denise empieza en el cuadrante superior izquierdo, disfrutando de los beneficios que tiene concentrarse en el control de costes: ganancias más altas y gratificaciones asociadas. Pero enseguida los aspectos negativos de ese lado empiezan a imponerse y la situación se hunde al cuadrante inferior izquierdo. Al final, los aspectos negativos sobrepasan a los positivos y al presunto problema se llama «¡mala calidad!». Lo siguiente es que, conforme los miembros del equipo de Denise se esfuerzan por «arreglar la calidad», se irán desplazando diagonalmente hacia el cuadrante superior derecho, donde disfrutarán —por un tiempo— de los beneficios de concentrarse en el control de calidad. Sin embargo, si dejan de prestar atención a los costes, se encontrarán muy pronto hundiéndose al cuadrante inferior derecho, donde los aspectos negativos de ese lado, tales como beneficios más bajos y gratificaciones inferiores, se van a hacer sentir. La gerencia se quejará de que los costes se han disparado, y el equipo sentirá la presión de hacer un movimiento en diagonal hacia el cuadrante superior izquierdo, donde comenzaron. Y así seguirán, dando vueltas y vueltas alrededor de ese círculo.

Ahora bien, con esto no quiero decir que los bucles infinitos sean algo negativo; son inevitables cuando se trata con los dilemas. Lo malo es cuando los líderes fracasan a la hora de comprender y de trabajar con los bucles como un patrón natural y necesario; cuando «resuelven su problema» saltando al otro lado e intentando quedarse allí permanentemente, como si estuvieran aguantando la respiración en un intento de solventar el problema de la falta de oxígeno.

Podemos evitar este error. En primer lugar, tenemos que *reconocer* los dilemas cuando los veamos; en segundo lugar, tenemos que *gestionarlos* mejor moviéndonos por el bucle infinito con más fluidez. Cuando nos pongamos anteojeras y vayamos tambaleándonos de un lado al otro, nos pasaremos más tiempo experimentando los aspectos negativos de ese dilema concreto. Cuando nos esforcemos por ver los aspectos positivos y negativos de cada lado y animemos a nuestra gente a que se mueva con facilidad y confianza alrededor del bucle, seremos más capaces de aumentar las posibilidades de ambos lados (ver «Herramienta de equipo: gestionar un dilema», más adelante).

En el núcleo de todos los proyectos con éxito encontrarás al menos un dilema bien gestionado. El proyecto conocido como los Estados Unidos de América es un caso destacable. La Conferencia Constituyente de 1787 queda en la historia como el ejemplo más refinado de un grupo de líderes que navegaron por el bucle infinito de un dilema, a veces amistosamente, a menudo con polémicas, pero siempre con constancia. Y el resultado fue ciertamente algo parecido a un milagro (en Filadelfia): un nuevo sistema de gobierno que conservaría y defendería una unión para los siglos venideros.

Herramienta de equipo
GESTIONAR UN DILEMA

Considera un problema intratable con el que tu equipo se haya enfrentado, un desafío o frustración constante que pareciera resistirse a todas las soluciones. Considera que este «problema» podría no ser tal, sino más bien un dilema.

Estudia los dieciséis dilemas más comunes que te presento a continuación. ¿Cuál se parece más al tuyo? (si se pueden aplicar varios, escoge el que parezca encajar mejor; o inventa una nueva etiqueta para el tuyo).

- Centralizado – descentralizado
- Estructurado – sin estructura
- A largo plazo – a corto plazo
- Impulsado por el mercado – impulsado por el producto
- Individual – en equipo
- Eficacia – compromiso
- Adaptabilidad – estabilidad
- Global – local
- Costes – calidad
- Planificación – acción
- Seguridad – libertad
- Teoría – práctica
- Tradición – innovación
- Velocidad – deliberación
- Centrado en el empleado – centrado en el cliente
- Beneficio – crecimiento

Analiza el dilema con tu equipo utilizando el formato mostrado en la figura 10.1 y el procedimiento siguiente:

1. Pídele a cada miembro del equipo que se prepare leyendo este capítulo y reflexionando sobre sus experiencias con el dilema nombrado.

2. Con el equipo reunido, dibuja el círculo del dilema en una pizarra blanca, colocando el lado A a la izquierda y el lado B a la derecha. Insiste en que esto tiene que ver con analizar y gestionar un dilema, no con resolver un problema.

3. Pide que el equipo ponga frases en cada cuadrante del círculo. Comenzad con los aspectos positivos del lado A, luego los negativos; después los positivos del lado B y a continuación los negativos. Tras esa vuelta, empieza de nuevo y pide que el equipo añada más frases en el cuadrante que quiera.

4. Conduce un debate sobre las perspectivas conseguidas y sus repercusiones sobre la acción utilizando las preguntas siguientes:

- ¿Qué debemos hacer para conseguir más beneficios de los cuadrantes superiores?

- ¿Cómo sabemos cuándo es hora de cambiar al otro lado el enfoque de una opción del dilema? Dicho con otras palabras, ¿cómo sabemos cuándo estamos empleando demasiado tiempo en uno de los cuadrantes inferiores y que, por lo tanto, tenemos que hacer ajustes?

- ¿Qué comportamientos del equipo nos ayudan a desplazarnos con suavidad y rapidez alrededor del bucle infinito? ¿Qué comportamientos crean obstáculos?
- ¿Qué procesos o estructuras nuevas podrían ayudarnos a mejorar el equilibrio entre los dos polos de este dilema? ¿Qué estructuras o procesos actuales son contraproducentes?
- ¿Cómo podemos abrir nuestros ojos y los de los demás a la imagen completa de este dilema, a los aspectos negativos y positivos de cada polo?

A continuación, dos de los mejores discursos de todos los tiempos nos enseñan a ser comunicadores más eficaces.

Grandes escritores

DISCURSOS DE PERICLES Y DE ABRAHAM LINCOLN

En la antigua ciudad-estado de Atenas era una tradición anual realizar un funeral público por los héroes caídos. En el año 431 a. de C., el primero de la guerra de diecisiete años entre Atenas y Esparta, los organizadores del funeral le pidieron a Pericles, el general y estadista más destacado de la ciudad, que se encargara del discurso final de la ceremonia. El discurso de Pericles fue registrado por Tucídides en su *Historia de la guerra del Peloponeso*, aunque *registrado* no sería la palabra correcta, puesto que Tucídides no escribía los discursos palabra por palabra, sino que más bien recopilaba las ideas principales. Sin que importe lo exacta o lo imprecisa que sea una copia, la versión de Tucídides de la oración fúnebre de Pericles se reconoce como uno de los mejores discursos de la historia.

Una oración fúnebre ateniense típica era un panegírico por los caídos en guerra. El discurso de Pericles parte de esta fórmula. Empieza preguntándose en voz alta por qué es siquiera necesario un discurso, puesto que «debería haber pensado que el mérito que él mismo haya exhibido en los hechos sería suficiente recompensa por los honores, mostrados también con hechos» (dicho de otra manera: con este carísimo funeral de tres días).[1] Hace notar asimismo que las alabanzas efusivas a las personas, vivas o muertas, tienden a generar resentimiento, no admiración, porque lo primero que piensa el que las escucha es: «Yo no podría ser así de bueno», y luego empieza a pensar: «Nadie podría ser tan bueno». Pero dice Pericles que sigue siendo su deber hacer un discurso, de modo que lo hará lo mejor que pueda. Tras una inclinación de cabeza ante los antepasados del público y a la gratitud que se les debe, continúa hacia su idea principal: la grandeza de Atenas.

Indica que esa grandeza está arraigada en tres valores atenienses por antonomasia: la igualdad, la verdad y el amor por el conocimiento. Enumera ejemplos para mostrar cómo intervienen esos valores en la vida de la comunidad, y coloca a Atenas por encima de las demás ciudades-estado. Y lo que es más, esos valores sitúan a los atenienses encima de todos los pueblos: «En pocas palabras, digo que como ciudad somos la escuela de la Hélade, mientras que dudo que el mundo pueda producir un hombre [que sea] igual ante tantas emergencias y que se vea agraciado por una versatilidad tan feliz como el ateniense». Con la alabanza a Atenas de telón de fondo, la alabanza a sus ciudadanos se entiende como una llamada a la excelencia, no como una adulación engañosa. En lugar de dorarle la píldora a su público, Pericles le pide que esté a la altura de las altas normas de su nación y de los altos ideales que representa.

Veintitrés siglos después, en Gettysburg, Abraham Lincoln hizo lo mismo (con seguridad había estudiado la oración de Pericles y es posible que la utilizara como inspiración). El discurso de Gettysburg, corto como todo el mundo sabe, fue rotundamente desdeñado por algunos comentaristas de la época: el *Chicago Times*, por ejemplo, censuraba las «afirmaciones absurdas y ralas como agua de lavar los platos», mientras que el periódico de Harrisburg *Daily Patriot and Union* dijo que el discurso merecía «el velo del olvido».[2] Sin embargo, hubo otros que lo vieron como la joya que es: el *Springfield Republican*, por ejemplo, predijo que «en un futuro formaría parte de los programas de estudios modelo de discursos». En los años siguientes, el discurso sería recordado por el importante papel que jugó a la hora de restaurar la fe de una nación en la justicia, en la libertad y en la unidad en medio de una guerra civil atroz.

Capítulo 11

Comunicación

Existen pocos objetos de estudio más útiles para los líderes de la actualidad que los grandes discursos del pasado, no solo porque estos demuestran cómo es y cómo suena la comunicación eficaz, sino también porque ponen de relieve nuestros propios errores.

La tarde del 19 de noviembre de 1863, unos setenta y cinco años después de que Publius presentase su defensa de la Constitución de los Estados Unidos en *El federalista*, Edward Everett, antiguo rector de la Universidad de Harvard y famoso orador, se subió al podio que contemplaba el nuevo cementerio para los caídos en guerra del país en Gettysburg, en el estado de Pensilvania. Abrió su discurso citando «el ejemplo ateniense», probablemente una referencia al discurso del antiguo estadista griego Pericles. Parece que no se tomó muy a pecho el ejemplo, dado que el de Pericles duró unos veinte minutos y el suyo más de dos horas. El día era frío y ventoso, y los miembros del público se iban acurrucando en sus abrigos mucho antes de que Everett terminase. Pero aplaudieron educadamente y cuando volvió a su silla, se sintió satisfecho con su descripción, elocuentemente detallada, de la gran batalla que se había luchado en aquel mismo campo cuatro meses antes.

El siguiente orador era un político alto y desgarbado al que se le había pedido que hiciera «unos cuantos comentarios al caso».[3] Su discurso duró menos de tres minutos. Y esto fue lo que dijo:

Hace ochenta y siete años que nuestros Padres Fundadores sacaron adelante en este continente a una nación nueva, concebida en libertad y comprometida con la convicción de que todos los hombres son creados iguales.

Ahora estamos inmersos en una gran guerra civil, poniendo a prueba si esa nación, o cualquier otra así concebida e igualmente entregada, puede sobrevivir mucho tiempo. Nos hemos reunido en uno de los grandes campos de batalla de aquella guerra. Hemos venido a dedicar una parte de este campo a lugar de descanso final de aquellos que dieron sus vidas para que esa nación pudiera vivir. Es completamente correcto y adecuado que hagamos esto hoy.

Pero, en un sentido más amplio, no podemos dedicar —no podemos consagrar, no podemos santificar— este suelo. Los hombres valientes, vivos o muertos, que lucharon aquí lo han consagrado muy por encima de nuestro pobre poder para poner o para quitar. El mundo no tomará nota, ni recordará lo que decimos ahora, pero no podrá olvidar nunca lo que ellos hicieron aquí. A nosotros, los vivos, nos toca dedicarnos ahora al trabajo de acabar el trabajo que aquellos que lucharon aquí avanzaron para nosotros tan noblemente. Nos toca dedicarnos a la gran tarea que se extiende ante nosotros: que de estos muertos que honramos saquemos una acrecentada devoción a esa causa a la que ellos fueron devotos hasta la última medida; que los que estamos aquí decidamos que esos caídos no hayan muerto en vano —que en esta nación, al amparo de Dios, renazca la libertad— y que el gobierno del pueblo, por el pueblo y para el pueblo no desaparezca de la faz de la Tierra.

¿Qué hace que uno de esos discursos sea apasionante y el otro poco memorable? Claramente, la brevedad es importante: es probable que una charla de tres minutos sea más memorable que una de dos horas. Pero, aún más que eso, una gran comunicación es la que hace que quienes la escuchan se sientan parte de una empresa duradera, meritoria y especial, y que luego los desafía a que estén a la altura de los ideales de esa empresa. La increíble hazaña de Lincoln fue hacer todo esto en tan solo doscientas ochenta y cuatro palabras.

Vamos a empezar revisando los cuatro errores que los grandes comunicadores evitan, pero que suele cometer el comunicador medio. Luego volveremos a Pericles, el «ejemplo ateniense», para que nos muestre cómo se hace.

CUATRO ERRORES DE COMUNICACIÓN

Error número 1: no canalizar el deseo que tiene la gente de formar parte de algo especial

Es posible que te acuerdes de Pinecone, la empresa de relaciones públicas con base en California que he presentado en el segundo capítulo. Entre las razones que sustentaban la fuerte lealtad de los clientes de Pinecone, desde su creación, estaban la reputación por su calidad, su espíritu innovador y, sobre todo, su gente excepcional: grandes compañeros de trabajo, colaboradores, diestros en los negocios. La cultura de la empresa era lo que podríamos decir festiva, con empleados muy orgullosos de su trabajo y gerentes que no dudaban nunca en repartir alabanzas.

Rona, la nueva jefa ejecutiva de la empresa, había llevado otras divisiones dentro de la empresa madre Hanover y conocía la industria de las relaciones públicas. Hacía tiempo que no le impresionaban los mediocres resultados económicos de Pinecone ni lo que ella veía como una prepotencia injustificada de sus empleados, habida cuenta de aquellos resultados. Antes vimos que, en un esfuerzo para echar un poco de agua fría a la cara colectiva de la empresa, Rona empezó su discurso ante todo el personal con una diapositiva donde se leía: «La misión de Pinecone es conseguir beneficios para Hanover». Después, en su primera reunión con el equipo de gerencia esa misma semana, continuó en la misma línea: «Veo que una de mis misiones más importantes es conseguir que todos vosotros dejéis de daros palmaditas en la espalda —empezó mientras miraba alrededor de la mesa de conferencias con expresión severa—. Es posible que Pinecone tenga una buena reputación con los clientes, pero la verdad es que dentro del grupo estáis muy abajo en el *ranking* de rentabilidad. Ahora bien, yo no creo que seáis menos capaces que los gerentes de las demás empresas de Hanover, de modo que no hay motivo para que no podáis hacerlo tan bien como ellos. De hecho, estoy segura de que podéis; pero tenemos que empezar por estar de acuerdo en una cosa: Pinecone no es tan especial».

Error número 2: otorgar categoría de élite a individuos o subgrupos

Seis meses después, los vencedores de un concurso de ventas en toda la empresa Hanover volaron hacia Maui en un viaje con todos los gastos pagados, una recompensa por superar sus objetivos anuales. La participación en ese concurso era nueva para Pinecone, y al oír hablar sobre el viaje algunos empleados se preguntaban qué ocurría. El proceso de ventas de Pinecone, como todo lo demás que hacía la empresa, era muy colaborativo: especialistas en medios de comunicación, escritores y diseñadores gráficos tenían acceso habitualmente a las llamadas de los clientes y ayudaban a escribir propuestas a los ejecutivos de cuentas. De modo que hubo numerosas quejas cuando se supo que varios miembros del equipo de ventas —pero ninguno de los que los apoyaban desde otros departamentos— estaban en ese momento disfrutando de una playa hawaiana.

Cuando los murmullos llegaron a sus oídos, el jefe de ventas de Pinecone pensó que era mejor que mandase un comunicado; al fin y al cabo, el concurso era algo nuevo, de manera que no era de extrañar que algunos empleados estuvieran confusos. Intentando arrojar una luz positiva sobre el viaje y utilizarlo como una oportunidad para la motivación, envió el siguiente correo electrónico:

Estimados colegas:

Quiero dar la enhorabuena a Matt Cohen, Keesha Martin y Dana O'Donnell, que están en este momento disfrutando de un día soleado en el hotel Grand Hyatt de la playa de Wailea, en Hawái. Ellos y los demás ganadores del concurso anual de ventas de Hanover han tenido una semana de diversión, bebiendo margaritas, acudiendo al karaoke y buceando. Este viaje era una recompensa para la élite entre nuestros ejecutivos de cuentas; cada uno de los vencedores sobrepasó ciertos objetivos muy difíciles e hizo una contribución espectacular a nuestra empresa el pasado año. Así que si veis en la oficina a algunos compañeros tostados por el sol la semana que viene, ¡no dejéis de darles la enhorabuena y las gracias por ayudar al éxito de Pinecone!

No hace falta decir que esta nota no ayudó en absoluto. Entre el personal que no era de ventas, las quejas se hicieron más audibles, y así siguieron varios meses más. Un graciosillo había hecho imprimir camisetas que decían: «Varios vendedores fueron a Maui y todo lo que yo conseguí fue esta estúpida camiseta».

Error número 3: centrarse en hechos y datos en lugar de en la emoción y el relato

Uno de los clientes de Pinecone era TriMark, una empresa farmacéutica de tamaño medio especializada en medicamentos para enfermedades autoinmunes. Su producto estrella era un fármaco para la artritis reumatoide, una enfermedad inflamatoria progresiva que ataca mayoritariamente a mujeres jóvenes y de mediana edad. Un día de septiembre por la mañana, el equipo de cuentas de Pinecone acudió a un discurso que daba el director general de TriMark con ocasión del veinticinco aniversario de la empresa. El propósito de la charla era destacar la orgullosa trayectoria de TriMark como proveedor de tratamientos para enfermedades asoladoras que afectan a las familias jóvenes. Todos sus empleados, así como varios medios de difusión, estaban entre el público.

El director general abrió el discurso hablando de su hermana Marcia, que sufría de artritis reumatoide. Describió sus luchas con tareas diarias tales como vestir a sus niños y utilizar el teléfono. El público se inclinaba hacia delante, ansioso por oír más; pero después de un rato dejó el relato y lanzó una serie de diapositivas llenas de estadísticas: dos millones de pacientes de artritis reumatoide solo en los Estados Unidos, el veinticinco por ciento de los cuales tomaban actualmente modificadores de la respuesta biológica y el doce por ciento optaban por los productos biológicos de TriMark; el ochenta y dos por ciento de los cinco mil cuatrocientos reumatólogos de los Estados Unidos «conocían mucho» o «conocían» los medicamentos de TriMark...

Conforme iban desfilando las diapositivas, el público empezó a moverse nerviosamente. A los treinta minutos, Tom, ejecutivo de cuentas del equipo de Pinecone, se inclinó hacia Stacy, redactora creativa jefe, y susurró: «¿Qué ha pasado con Marcia?».

Error número 4: no saber contagiar a tu público el entusiasmo por un ideal

Con los resultados financieros anuales de Pinecone ahora ya en la mano, Rona planeaba una teleconferencia de toda la empresa para informar de los números y arrancar el nuevo año. En conjunto, no podía haber estado más complacida: el margen de beneficios de la empresa casi se había duplicado en comparación con el año anterior. Por supuesto, eso era resultado parcialmente de los despidos que había puesto en marcha en marzo, que habían reducido el personal en un diez por ciento y contribuido a mitigar los costes de base de la empresa. Sin embargo, sentía que las ganancias se debían también al nuevo sentido de enfoque y de eficacia que tanto trabajo se había tomado para infundir en la empresa. Creyó que «la mayoría de estas personas tienen mucho más claro ahora por qué se les paga, y saben que no es por ponerse medallas».

Pensó que en la teleconferencia no iba a escatimar elogios por la buena actuación económica; pero, como no quería que nadie se durmiese en los laureles, a los elogios les seguiría rápidamente un reto, uno que creyó que sería estimulante. Estas son las notas que escribió en preparación a sus comentarios:

Felicidades de nuevo por el cierre espectacular el pasado año, y gracias a todos por haber trabajado tan duro. Quiero hablar ahora de los objetivos para *este* año. Evidentemente, no tendría sentido que pusiéramos el listón más bajo de lo que hemos demostrado que podemos conseguir. Quiero retarnos a apuntar más alto, por eso nuestro objetivo de margen de beneficio para este año está en el quince por ciento, que, como podéis ver, es cinco puntos porcentuales más alto de lo que hicimos el pasado año. Es exagerado, lo sé, pero tengo confianza en que podemos hacerlo. ¡Al fin y al cabo, ya hemos demostrado que podemos! A título personal, me entusiasma la idea de triplicar nuestros beneficios en solamente dos años. Podéis imaginaros lo contenta que estará nuestra empresa madre Hanover con resultados como estos.

PERDURABLE, QUE MEREZCA LA PENA Y QUE SEA ESPECIAL

Aquí están otra vez los cuatro errores de comunicación:

1. No canalizar el deseo que tiene la gente de formar parte de algo especial.
2. Otorgar categoría de élite a individuos o subgrupos.
3. Centrarse en hechos y datos en lugar de en la emoción y el relato.
4. No saber contagiar a tu público el entusiasmo por un ideal.

¿Cómo de importante es evitar estos errores? Está claro que nuestro éxito como líderes depende en gran medida de lo bien que nos comuniquemos; pero si no tienes la suerte de ser presidente de los Estados Unidos, podrías creer que no necesitas aspirar, y ni mucho menos alcanzar, a las idealistas alturas de un discurso de Gettysburg. Podrías sentir, como Rona, que tu trabajo es mantener informados a los miembros de tu equipo y explicarles qué tienen que hacer para ganarse las bonificaciones, así que olvídate de decirles lo especiales que son. O podrías querer ser motivador y creer que la manera de hacerlo es publicitar los logros de la «élite», como hizo el jefe de ventas de Pinecone; o presentando un montón de estadísticas, como hizo el director general de TriMark; o enfatizando los objetivos económicos, como hizo Rona en sus comentarios de final de año. Pero, como los clásicos que te presento en este libro siguen diciéndonos (y también los gurús contemporáneos; ver «A hombros de gigantes: Stephen Denning sobre los relatos de trampolín», a continuación), los seres humanos ansían algo más de sus líderes y será mejor que proveamos ese «algo más», aunque solo sea de manera modesta u ocasional. Si lo intentamos, veremos que se agradecen hasta nuestros esfuerzos hechos a trompicones; si no lo hacemos, los miembros de nuestro equipo buscarán sencillamente a otro líder que seguir.

Para que una comunicación sea motivadora, debe cumplir tres criterios. El primero es que debe lograrse que quienes escuchan se sientan parte de una entidad mayor que ellos mismos, y esa entidad debe tener tres atributos: tener *proyección de futuro*, merecer *la pena* y ser *especial*. El segundo es que debe desafiar a quienes escuchan a estar a la altura de los ideales descritos. Y el tercero es que debe ser breve (ver «Herramienta de valoración: ¿sabes motivar?», en la página 195).

A hombros de gigantes
STEPHEN DENNING SOBRE RELATOS DE TRAMPOLÍN

La primera vez que leí *El trampolín*, de Stephen Denning,[4] jugué con la idea de descartar mis diapositivas de PowerPoint y mis propuestas, y en su lugar recibir con los brazos abiertos los «relatos de trampolín»: anécdotas breves y memorables que, según se van extendiendo por toda una organización, transforman el pensamiento y desatan la acción. Como asesora de gerencia, yo sabía que (parafraseando a Denning) las gráficas desconciertan, la prosa se queda sin leer y el diálogo es demasiado lento. Cuando necesitas a bordo a gente capaz de enfrentarse a un gran cambio o un gran desafío, la narración de historias reales es frecuentemente lo único que funciona.[5]

Pero las costumbres empresariales son muy resistentes, y los proyectores de diapositivas son la costumbre empresarial por excelencia. Vi que no podía descartarlas así como así. Hoy intento nadar ligeramente a contracorriente enmarcando las presentaciones con un relato al principio y otro al final. Aunque mi elocuencia no puede compararse a la de Lincoln o la de Pericles, sé que las anécdotas se recordarán mucho tiempo después de que se hayan olvidado las diapositivas.

Aunque no puede igualar el discurso de Gettysburg en su brevedad, la oración funeral de Pericles solo tiene seis páginas —unos dieciocho minutos— y merece una lectura atenta por parte de cualquier líder que quiera comprender qué hace que un discurso sea impactante. Pericles pronunció su discurso en el funeral público anual por los atenienses muertos en la guerra. Sin embargo, el enfoque de su discurso no recae sobre los héroes caídos (hace notar que eso es porque la gente puede aguantar oír hablar bien de otros solo cuando puede «convencerse a sí misma de su propia capacidad para igualar los actos que se relatan»[6]), sino más bien sobre la ciudad-estado de Atenas entera y sobre las cualidades que la hacen especial. Entre los muchos atributos que ve dignos de alabanza están las leyes de la ciudad, que ofrecen justicia igual para todos sus ciudadanos; los altos niveles de libertad y tolerancia, que reducen el entrometimiento y la envidia; sus juegos públicos y acontecimientos culturales todo el año, que brindan ánimo a la mente, y la especial combinación de «audacia y deliberación» que inculcan todas las empresas públicas. El discurso es esencialmente un panegírico al carácter ateniense. Si tuviéramos que buscar los rasgos de carácter del liderazgo que examinamos en el capítulo 7 —valor, integridad, resistencia, generosidad e interés—, podríamos encontrar a los cinco aquí, junto con comparaciones con otras ciudades cuyo carácter, según Pericles, fracasa a la hora de estar a la altura de los valores atenienses.

Muchos líderes de hoy no entienden el encomio, como el que hace Pericles, de lo grande que es su organización. A ellos, como a Rona, les preocupa que una alabanza así solo consiga que los empleados se sientan satisfechos y se vuelvan perezosos; o, aunque no les importa sustentar a ciertas personas como ejemplos de excelencia, creen que es una mala idea hablar de la excelencia del lugar en general. Es posible que sean también escépticos respecto al valor de las «visiones», y en eso tengo que estar de acuerdo con ellos. En el capítulo 3, como recordarás, Maquiavelo nos dijo que las promesas vagas de un futuro glorioso hacen muy poco a la hora de conseguir que la gente siga desplazándose a través de un largo camino hacia el cambio.

Sin embargo, el discurso de Pericles no es vago. La imagen que tiene de Atenas surge con todo detalle, podemos sentir el efecto que sus palabras posiblemente tuvieron sobre quienes las escucharon: debieron de sentirse henchidos de orgullo, no por sí mismos, sino más bien por su comunidad y por todo lo que representaba. Se habrían sentido motivados para hacer casi cualquier cosa y pagar cualquier precio para mantener su gran ciudad protegida y próspera. Lejos de sentirse prepotentes, se hubieran sentido humildes: quizá un poco inseguros sobre si como individuos podrían estar a la altura de tan altísimos niveles, pero deseando fervientemente estarlo. Y cerca del final de su discurso, Pericles los reta a hacer justamente eso:

> Y así murieron aquellos hombres cuando se hicieron atenienses. Vosotros, los supervivientes, debéis decidiros a tener una resolución tan firme como la que ellos tuvieron en el campo de batalla [...] debéis daros cuenta vosotros mismos del poder de Atenas, y sentiros prendados cada día [...] y después, cuando la ciudad se os manifieste en todo su esplendor, debéis reflexionar que eran el valor, el sentido del deber y un agudo sentido del honor en la acción lo que habilitó a los hombres para ganar todo esto, y que ningún fracaso personal en una empresa podría hacerles consentir que se privase a su país de su valentía, sino que la pusieron a sus pies como el tributo más glorioso que podían ofrendar.[7]

Herramienta de valoración
¿SABES MOTIVAR?

No toda comunicación de liderazgo tiene por qué ser motivadora, pero algunas deberían serlo. Utiliza la lista de verificación que te ofrezco a continuación para valorar el nivel de inspiración de tus comunicaciones y las de otros líderes. Puntúa cada artículo en una escala de 1 a 5 (1 = «de escaso alcance»; 5 = «de gran alcance»). Calcula el total y utiliza la clave para interpretarlo.

Esta comunicación, este discurso, o este mensaje:

A. Dice por qué la organización o la iniciativa tiene proyección de futuro, merece la pena y es especial: _____

B. Anima a quienes escuchan a estar a la altura de los altos niveles o ideales de la organización: _____

C. Se abstiene de otorgar a personas concretas o subgrupos la categoría de «élite»: _____

D. Utiliza anécdotas y ejemplos, más que estadísticas y datos, para destacar los puntos clave: _____

E. Es breve (menos de cinco minutos = 5; menos de veinte minutos = 4; unos treinta minutos = 3; unos cuarenta y cinco minutos = 2; más de una hora = 1): _____

Total: _____

Clave

20-25	Muy inspiradora
15-19	Bastante inspiradora
10-14	No muy inspiradora
5-9	Nada inspiradora

El mundo laboral es difícil. Aunque normalmente no se le pide al empleado que entregue su vida, sí le pedimos que avance trabajosamente por tareas tediosas, que soporte duras decepciones con una sonrisa y que se esfuerce para alcanzar objetivos cada vez más difíciles. Los mejores líderes saben que el salario por sí mismo no motiva a nadie para avanzar, soportar y esforzarse, no hasta el punto que se le pide. Lo que sí inspira es tener en la mente una imagen de algo perdurable, que merece la pena y es especial de lo que se forma parte. Según Lincoln, algo que merezca «una devoción total»; según Pericles, algo «por lo que te sientas prendado» día a día.

En las siguientes páginas, el historiador griego Plutarco nos muestra cómo desarrollar el carácter con la ayuda de la filosofía.

Grandes escritores
MORALIA, DE PLUTARCO

A Plutarco (aprox. 46 y 120 d. d. C.), el antiguo historiador, biógrafo y ensayista griego, se le conoce hoy fundamentalmente por dos de sus obras: *Vidas paralelas* y *Moralia*. La primera, llamada a veces «Vidas de los nobles griegos y romanos», o simplemente «Las vidas de Plutarco», es un estudio de unos cincuenta líderes antiguos: príncipes, estadistas, generales, filósofos y sabios. Plutarco los ordenó en parejas, una figura romana y la otra griega –Rómulo y Teseo, por ejemplo–, y comparó el carácter, la educación y los logros de cada una de ellas. Añadió también biografías individuales, como las vidas de Alejandro Magno y de Julio César (esta última fue la fuente principal de Shakespeare para la obra del mismo nombre). Dado que esos títulos son en algunos casos la fuente principal, incluso única, de información que en la actualidad existe sobre un líder concreto de aquellos tiempos, los biógrafos modernos de las figuras clásicas extraen esa información fundamentalmente de Plutarco.

Vidas paralelas es sistemáticamente entretenido, aunque un tanto largo. Los lectores que deseen una síntesis de la sabiduría de Plutarco pueden dirigirse en su lugar a *Moralia* (que puede traducirse como «Hábitos y costumbres»), una colección de setenta y ocho ensayos. Incluyen consejos prácticos sobre asuntos como la amistad, el matrimonio, la ira y la curiosidad, tratados filosóficos y religiosos como «La virtud debe enseñarse» o «Sobre el declive de los oráculos» y piezas humorísticas como «Odiseo y Grilo», un diálogo imaginario entre el aventurero griego Odiseo (Ulises) y uno de sus marineros, Grilo, tristemente convertido en cerdo por la diabólica maga Circe.

Lee esto en *Moralia*: «Sobre la educación», «Cómo percibir los propios progresos en la virtud», «Cómo sacar provecho de los enemigos», «Sobre el dominio de la ira», «Sobre si virtud puede enseñarse», «Cómo distinguir a un adulador de un amigo» y «Sobre la timidez».

Capítulo 12

El carácter, desarrollado

Aquellos de nosotros cuya adolescencia sea anterior a la era de Internet sabemos cómo es volcar nuestra ira contra un padre o un novio en múltiples hojas de papel, solo para encontrar que tras todo ese garabateo nuestras emociones se han enfriado, y que mandar la carta —lo que por entonces significaba encontrar un sobre, un sello y un buzón de correos— parecía demasiada molestia. Estoy convencida de que era un sistema que reforzaba el autocontrol y evitaba muchos arrebatos innecesarios. Las tecnologías de hoy hacen que mantener oculta nuestra ira sea mucho más difícil, ya que resulta muy fácil apretar la tecla «enviar».

Así que admiramos a Lincoln por su elocuencia, pero quizá deberíamos admirarlo mucho más por las palabras que se guardó para sí mismo. Tenía el hábito de escribir cartas que nunca mandaba, a las que llamaba «cartas calientes» porque contenían toda la ira que no le parecía prudente manifestar abiertamente. Gracias a eso, el general de la guerra civil George G. Meade, por ejemplo, no supo nunca que en cierto momento su comandante en jefe (el presidente de los Estados Unidos es el comandante en jefe de todos los ejércitos del país) le echaba la culpa por dejar escapar a Robert E. Lee (general en jefe del ejército sudista) después de la batalla de Gettysburg.[1]

En el capítulo 7 examinamos los cinco rasgos de carácter del liderazgo (valor, integridad, resistencia, generosidad e interés) y vimos que cada uno de ellos representa la mediana de un continuo que se extiende entre dos extremos, de la deficiencia extrema por una parte al exceso extremo por la otra. Vimos también que la fuerza de carácter es la capacidad de quedarse firmemente en la mediana en nuestros hábitos y nuestros actos, más que deslizarse hacia un lado o que tambalearse de uno a otro; la capacidad, por ejemplo, de aferrarse al valor, evitando tanto la timidez como la temeridad. Descubrimos tres tipos de líderes, el impulsivo, el sociópata y el peso ligero, que no logran acertar con la mediana, y un cuarto tipo, el campeón, que acierta en ella la mayor parte del tiempo. Las siguientes cuestiones que examinar son: ¿cómo desarrollamos esa fortaleza del carácter? y ¿cómo sabemos que estamos progresando?

CÓMO DESARROLLA LA FILOSOFÍA EL CARÁCTER DEL LIDERAZGO

En el debate «natural contra adquirido», los antiguos griegos se situaron decididamente del lado de lo adquirido. Aunque consideraban importante la capacidad natural, creían que la educación era lo que formaba el carácter. En su ensayo «Sobre la educación», Plutarco narra lo que le sucedió al legislador espartano Licurgo, que tomó dos cachorros de una camada y los educó a cada uno de forma diferente: a uno lo mimó y lo consintió, mientras que al otro lo entrenó para ser un buen perro cobrador. Unos meses después hizo una demostración en la asamblea estatal diciendo: «Poderosa es la influencia que tienen sobre la excelencia moral el hábito, y la educación, y la formación [...] como os demostraré enseguida».[2] Les llevó a los dos cachorros y puso ante ellos un plato de comida y una liebre. El primer cachorro se encaminó directamente al plato, mientras que el otro se echó a correr tras la liebre. Volviéndose a un público desconcertado, Licurgo explicó la moraleja: «Estos cachorros son de los mismos padres, pero, en virtud de una crianza diferente, el uno es un consentido y el otro es un buen perro de caza».[3] Los seres humanos somos iguales, concluye Plutarco; la educación es y debería ser la forjadora de nuestro carácter.

Hoy este punto de vista está provocando algo parecido a un retorno. Muchas de las escuelas elementales de los Estados Unidos y de Europa han adoptado los denominados planes de estudio basados en el carácter, creados para infundir en los niños cualidades como el autodominio, la amabilidad y la perseverancia. Pero aunque los objetivos pueden ser parecidos a los de la educación antigua, el método es bastante diferente. Un lector contemporáneo de *Moralia* se sorprendería por la suposición del autor de que la educación de la juventud debería enfocarse en la filosofía, que de hecho son casi lo mismo. Eso suena raro a los oídos modernos. Ciertamente, creemos, el carácter no puede desarrollarse por medio de algo tan incruento como la filosofía, ya que el carácter es un asunto de emociones, valores y aspiraciones. Pero por *filosofía* Plutarco quiere decir algo mucho más vivaz y más amplio que la ardua asignatura que puede ser hoy. Él quiere decir *philosophia*: amor por la sabiduría.

Dice Plutarco que estudiar filosofía es aprender a pensar claramente y a actuar sabiamente, libres de la confusión creada por las pasiones destructivas. Es esforzarse por poner a la razón al mando, de manera que, con el tiempo, esas pasiones no nos controlen a nosotros. Para utilizar la terminología del capítulo 2, la filosofía nos habilita para percibir las trampas del liderazgo y evitarlas. Los planes de estudio actuales para construir el carácter se parecen en que se orientan a enseñar a los niños a pensar antes de actuar y a que se resistan a que las emociones los tengan dando tumbos. Sin embargo, para Plutarco y sus contemporáneos se necesitaba algo mucho más completo que una conversación semanal sobre los «valores» si la juventud iba a aprender a vivir por la razón en lugar de por el deseo. Sobre todo había que enseñarles a buscar, a reconocer y a actuar de acuerdo con la verdad, y eso se refería tanto a la verdad científico-matemática como a la político-moral: la «ética» no era un plan de estudios separado de la biología o de las ciencias políticas. Una educación filosófica buscaba respuestas a esas preguntas interrelacionadas: ¿qué es lo verdadero?, ¿qué es lo bueno?, ¿qué es lo correcto?

Pero no se trataba solamente de ponderar abstracciones. La idea de centrarse nos ayuda a captar el concepto: el estudio filosófico le permitía a uno percibir la mediana —el centro— y orientar los pensamientos y los actos propios hacia ella; no se trataba de evitar toda pasión, sino más bien de mantener a la pasión bajo el dominio de la razón y evitar salirse del equilibrio por necesidades acuciantes. Para los líderes la educación es como la estrella polar para los navegantes, un punto de referencia con el que orientarse. Como explica Plutarco:

> Con la filosofía como gobernante y guía podemos saber lo que es honroso, lo que es vergonzoso, lo que es justo, lo que es injusto; hablando en general, sabemos lo que debemos buscar y lo que debemos evitar, cómo tenemos que comportarnos con los dioses, con los padres, con los ancianos, con las leyes, con los forasteros, con los amigos [...] y, lo que tiene la mayor importancia, a no estar ni eufórico en la prosperidad ni excesivamente deprimidos en la adversidad, a no ser disolutos con los placeres ni brutos o feroces en la ira.[4]

Esa última idea sobre la ira es tan importante para Plutarco que le dedica un ensayo completo, «Sobre el dominio de la ira», ya que se presenta como un diálogo entre dos amigos, Fundano y Sila, en el que el primero le pregunta al segundo cómo se las ha arreglado para ser mucho más amable que antes. Tras un debate sobre la ira, sus peligros y cómo mitigarla, Sila explica que su método fue abstenerse de la ira unos cuantos días, luego un mes o dos, y así, hasta que por último fue capaz de abandonarla casi totalmente (ver «Herramienta de planificación: una interrupción de la ira», a continuación).

Herramienta de planificación
UNA INTERRUPCIÓN DE LA IRA

Sigue el ejemplo de Sila (en el ensayo «Sobre el dominio de la ira», de Plutarco) y descansa de la ira durante un día.

Cuando sientas que te estás enfadando, respira hondo y repite una frase como «no es para tanto» o «tengo cosas mejores en las que pensar», y luego pon tu atención en esas otras cosas. Esfuérzate en mantener tu voz, tu cara y tu lenguaje corporal calmados y agradables.

Al final del día, toma nota de cómo te sientes, mental y físicamente. Si te gusta el efecto, tómate otro descanso de la ira. Mira si lo puedes extender a una semana, a un mes o más.

● ●

A los líderes de hoy puede parecerles extraño hablar de «abandonar la ira»; pero para Plutarco la ira es la pasión más radical, la «semilla universal de todas las pasiones» y una tentación fatal para los líderes. Afirma que es «porque sale del dolor y del placer y de la arrogancia, y el más aborrecible deseo es innato en ella, concretamente el deseo de herir al otro».[5] Y, ciertamente, si consideramos los extremos de cada uno de los continuos de carácter (figura 7.1), podemos ver que la ira es un intensificador multiusos de esos extremos: calienta la temeridad y la vehemencia, lleva la vacilación hasta la histeria, alimenta la obsesión, consolida la obstinación, hace que la severidad sea todavía más implacable y lleva la indiferencia hasta la gelidez. Plutarco describe vívidamente las causas y los efectos de la ira y muestra que proviene de la debilidad y conduce a una debilidad todavía más profunda. Conforme leemos el ensayo podríamos recordar a Creonte, en *Antígona* (ver el capítulo 5), cuya ira, y las acciones que resultan de ella, lo reducen a un «hombre vano y tonto», carente totalmente de influencia.

Muchos de los psicólogos y especialistas de hoy (aunque no todos; ver «A hombros de gigantes: David Brooks sobre el camino al carácter», más adelante) dirían que los pensamientos y los sentimientos airados no son malos; solamente lo son si uno actúa desde ellos. Plutarco no hace esa diferencia. Insiste en que templemos nuestros pensamientos, así como nuestros actos, y avisa de que los pensamientos airados engendran palabras airadas, que son la chispa que enciende los hechos airados. Vuelve a recomendar la filosofía, con sus efectos calmantes y equilibradores, como antídoto. Si Plutarco hubiera vivido en el siglo XIX, sospecho que habría respaldado el truco de Lincoln de las cartas sin mandar. Podría haber secundado también el consejo de Charles Dodgson (más conocido como Lewis Carroll, autor de *Alicia en el País de las Maravillas*) en el panfleto «Ocho o nueve palabras sabias sobre escribir cartas»:

> Cuando hayas escrito una carta que pueda irritar a tu amigo, por muy necesaria que la hayas sentido para expresarte a ti mismo, ponla a un lado hasta el día siguiente. Entonces vuelve a leerla, e imagina que está dirigida a ti. Eso te conducirá frecuentemente a que la escribas otra vez, quitando mucho del vinagre y de la pimienta [...] ¡haciendo así de ella un plato mucho más sabroso![6]

A hombros de gigantes
DAVID BROOKS SOBRE EL CAMINO DEL CARÁCTER

El camino del carácter, de David Brooks, presta atención de nuevo a las ideas clásicas sobre la profundidad moral. Aunque él no habla nunca de la filosofía en sí misma como la Estrella Polar que nos guía, sigue a los antiguos al ver el desarrollo del carácter como una forja del yo, larga y difícil, más que como un asunto, rápido y fácil, de elegir un conjunto de valores personales y de abstenerse de herir a los demás. Esto es lo que dice Brooks en un pasaje marcadamente plutarquiano:

> El carácter es un conjunto de disposiciones, deseos y hábitos que se van grabando lentamente durante la lucha contra tus propias debilidades... Si eliges con disciplina y cuidado, estarás grabando lentamente ciertas

tendencias en tu mente; harás que sea más probable que desees lo correcto y lleves a cabo los actos adecuados. Si eliges de manera egoísta, cruel o desorganizada, estarás transformando lentamente ese núcleo dentro de ti mismo en algo degradado, inconstante o fragmentario. Puedes dañar este núcleo simplemente con pensamientos innobles, incluso si no estás dañando a nadie más.[7]

LA ESCUELA DE LOS MALOS TRAGOS Y LOS ENEMIGOS

Y tú dirás: «De acuerdo, la educación es evidentemente algo importante, y hasta te concedo que estudiar filosofía, en el sentido antiguo, ayuda a que uno se mantenga en equilibrio; pero si me preguntas cómo he desarrollado *yo* el carácter como líder, no hablaría de educación formal. Yo te diría que lo he aprendido en la Escuela de los Malos Tragos».

La mayoría de los líderes experimentados estaría de acuerdo: no es la formación académica, sino las luchas con los plazos de entrega, los proyectos fallidos y los equipos deficientes lo que realmente le enseña a uno a dirigir con fortaleza y serenidad. En realidad, Plutarco estaría de acuerdo también, con la importante salvedad de que la Escuela de los Malos Tragos es una escuela superior, no una elemental. Sus embates pulirán el carácter de los líderes que ya tengan una educación filosófica, pero destrozarán el de aquellos a quienes les falten esos cimientos. No todo el mundo es la *Pequeña locomotora que sí pudo,* de Watty Piper, que cavaba más profundo y tiraba con más fuerza cuando se enfrentaba con un reto difícil. Algunos se salen simplemente de los raíles. Sin embargo, suponiendo que tengas la perspectiva filosófica necesaria para transformar las adversidades en experiencias formadoras del carácter, las dificultades pueden enseñarte muchísimo.

Y asegura Plutarco que son las dificultades presentadas por nuestros enemigos las que más enseñan. Para quien quiera que sienta que ha sido maltratado, o que un jefe o un colega le ha hecho una jugarreta (¿hay alguien que no se haya sentido así?), es útil leer su ensayo

«Cómo sacar provecho de los enemigos». En él explica cómo convertir esos ataques en dones, cómo incorporarlos a nuestra educación de manera que, al final, nuestro atacante nos haya sido útil. Justo como ocurre con los animales que tienen estómagos tan fuertes y tan sanos que pueden «comer y digerir serpientes y escorpiones», así también ocurre con los líderes que tienen un carácter tan fuerte que pueden sacar beneficios hasta de los ataques de sus enemigos.[8] Por el contrario, los líderes débiles tienen digestiones delicadas: las ofensas más pequeñas los enferman.

Resulta que los enemigos tienen muchas lecciones que ofrecer. El ensayo de Plutarco menciona siete formas en las que los enemigos pueden mejorar nuestro carácter. La primera es que, al escudriñarnos a nosotros y meterse en nuestros asuntos, los enemigos nos animan a que nos comportemos lo mejor posible; la segunda, que los enemigos hacen que deseemos «vejarlos viviendo virtuosamente»; la tercera, que nos hacen examinar nuestro propio carácter: cuando estamos en su compañía, es muy probable que nos preguntemos: «¿Soy *yo* así?» y «¿Cómo puedo yo *no* ser así?»; la cuarta, que al permanecer en silencio cuando los enemigos nos agravian, practicamos el autocontrol; la quinta, que tratarlos con gentileza y reconocer sus méritos cuando sea menester nos hace parecer generosos; la sexta, que un enemigo común hace que se estrechen los lazos entre los amigos, y la séptima y última, que los enemigos son una espuela para el logro, porque hacen que queramos superarlos.

MEDIR LOS AVANCES

¿Está mejorando, o deteriorándose, tu carácter? ¿Cómo puedes saberlo con seguridad?

Si alguna vez has acudido a algún curso sobre gestión, o has entregado una solicitud para un puesto de supervisión, es probable que hayas hecho un examen de liderazgo. Quizá consistía en una serie de preguntas sobre tus preferencias y tus hábitos, o quizá te pidieron que eligieses un puñado de colegas para que te comentasen sobre tu actuación. Esas herramientas se llaman inventarios de habilidades, *feedback* en trescientos sesenta grados o indicadores de la personalidad. Aunque cada uno tiene un propósito diferente, todos funcionan fundamentalmente como una forma de medir el carácter, y con frecuencia son útiles para conocer mejor nuestras fortalezas y debilidades (u «oportunidades para la mejora», en la jerga).

El problema que tienen esas valoraciones es que solo proporcionan una instantánea del carácter en un momento determinado. A veces te dan la oportunidad de recibir comentarios «primera vez» y «segunda vez», de modo que puedas ver cómo has progresado, pero incluso entonces puede ser difícil interpretar los comentarios «segunda vez». Digamos que tu calificación subió 0,2 puntos en «conducir reuniones de equipo para que generen ideas nuevas», pero que bajó 0,3 en «fomentar las prácticas innovadoras». ¿Qué demonios significa eso, y qué deberías hacer con ello? A menos que una preparación personal acompañe al informe de los comentarios, será difícil adaptar tu comportamiento, por no decir mejorar tu carácter, basándote en esa clase de datos.

Los antiguos filósofos creyeron que era más útil ofrecer una imagen de cómo se ven el buen y el mal carácter y, lo que es más importante todavía, qué se siente al pasar de uno a otro. En nuestros días tendemos a creer que el carácter de una persona es algo relativamente fijo: «es un imbécil», solemos decir, o «es una persona extraordinaria». Es tímido, es extrovertida, es un gran trabajador, es perezosa... Les decimos a nuestros amigos que «así soy yo». Podemos creer que la gente puede cambiar, pero por lo general no pensamos en cada persona como en un viajero que recorre un camino hacia un carácter mejor o peor, alguien que se *vuelve* mejor o peor

Aun así, si queremos mejorar como líderes y ayudar a los miembros de nuestro equipo a que mejoren en sus cometidos, haríamos bien en considerar la idea. Lo mismo que es más fácil dirigir un automóvil cuando está en movimiento, es más fácil dirigir los pensamientos y los hábitos cuando ves a cada persona, incluido tú mismo, no como un fardo de características fijas, sino como un viajero que puede escoger acelerar o frenar, y girar por aquí o por allá.

En «Cómo percibir los propios progresos en la virtud», Plutarco explica las señales que nos indican que estamos en ese camino. En el núcleo del ensayo hay un comentario jocoso de Menedemo, un filósofo griego desconocido, a quien Plutarco cita. Menedemo dijo que aquellos que habían tenido una educación ateniense «primero se volvieron sabios, y luego filósofos, después de eso oradores, y conforme pasa el tiempo se convierten en gentes corrientes. Cuanto más se entregaban al aprendizaje, tanto mayor era su dejar de lado el orgullo y la alta estima de sí mismos».[9] Es un pensamiento sorprendente: cuanto más avanzado es un líder, tanto más corriente parece.

Uno podría replicar que los líderes que se apoyan en la autoridad intrínseca (en lugar de en la autoridad legal o en la tradicional; ver el capítulo 6) necesitan a veces recurrir a grandes gestos para motivar a sus seguidores. Eso es cierto. No obstante, si te pidieran que escogieses un término para describir al mejor líder que conozcas, apuesto que la palabra *humilde* aparecerá en tu mente antes que la palabra *ostentoso*. Piensa en Aung San Suu Kyi, la jefe de la oposición birmana de voz suave que se pasó quince años en arresto domiciliario en su país natal, o en el papa Francisco, que es admirado en parte por esquivar los sofisticados adornos del papado. Es el líder débil el que se pavonea pronunciando discursos estruendosos y emitiendo órdenes sonoras, asegurándose de que todo el mundo sepa que es el más inteligente de la casa. Por el contrario, los líderes con la virtud mucho más desarrollada son silenciosos, firmes, rápidos a la hora de reírse de sí mismos, y, en general, están menos en el primer plano. Como dijo un amigo mío una vez sobre una gran gerente que los dos conocíamos: «No es del tipo "mírame"».

En su libro *Good to Great* (publicado en español bajo el título *Empresas que sobresalen*), el gurú de los negocios Jim Collins cuenta lo que le ocurrió a un «hombre aparentemente común llamado Darwin E. Smith», que en 1971 llegó a ejecutivo jefe de Kimberly-Clark y en los siguientes veinte años transformó una empresa fabricante de papel que rendía poco en una de las empresas líderes mundiales en productos de consumo.[10] Cuando se anunció su ascenso al puesto más alto,

Smith confesó que no estaba muy seguro de si la junta directiva había elegido bien. Como informa Collins:

> Era un hombre que no se daba aires de importancia. Smith encontraba su compañía favorita entre fontaneros y electricistas, y se pasaba las vacaciones haciendo ruidos, por su granja de Wisconsin en la cabina de una retroexcavadora, cavando agujeros y moviendo piedras. No cultivó nunca el estatus de héroe [...] El *Wall Street Journal* no escribió ningún artículo pretencioso sobre Darwin Smith.[11]

Y aun así, el apacible Smith hizo uno de los movimientos más audaces en la historia de los negocios. Vendió las fábricas de papel de Kimberly-Clark, que en aquel momento se consideraban el núcleo de la empresa, y dirigió todos los recursos hacia los productos de consumo: toallitas de papel, pañales, etc. Se mantuvo firme ante los abucheos de los competidores, el desprecio de los medios de comunicación y las bajadas de categoría de los analistas del mercado de valores. Hacia el final de su etapa como director general, la empresa estaba en la cima de la industria, batiendo a Procter & Gamble en las tres cuartas partes de sus productos. Ya jubilado, Smith explicaba su espectacular actuación con estas palabras: «Nunca he dejado de intentar mantenerme cualificado para el trabajo».[12]

Darwin Smith parece uno de esos animales de fuertes estómagos que, según Plutarco, digieren serpientes y escorpiones sin pestañear. No sé si se volvió así gracias a una educación filosófica, o simplemente contemplando la vida conforme rodaba por ahí en su granja en su retroexcavadora, pero estoy segura de que seguía la guía de Lincoln y el consejo de Charles Dodgson cuando se trataba de gestionar la ira. Cualquier carta airada que escribiera como director general de Kimberly-Clark estaba sin duda archivada con esmero en algún cajón o caja, sin mandar.

Ahora iremos de la filosofía a la psicología, y miraremos la motivación a través de los ojos de un psiquiatra que sobrevivió a los campos de concentración.

Cuarta parte

MENTES

Psicología, de las palabras griegas *psykhè* y *logía*, significa «estudio del alma». Aunque este término se ha venido utilizando durante más de trescientos años,[1] fue a finales del siglo XIX cuando el médico alemán Wilhelm Wundt definió la psicología como un campo de estudio distinto de la filosofía y de la biología. William James, autor del libro *Principios de psicología*, fue el primero en argumentar que esa disciplina debería proporcionar beneficios prácticos. Y Sigmund Freud, que desarrolló el psicoanálisis a principios del siglo XX, es la razón de que asociemos la psicología con divanes y terapeutas silenciosos.

En los años sesenta, la psicología empezó a infiltrarse en el mundo de los negocios. Hoy día la mitad de los superventas sobre el liderazgo parecen realmente libros de psicología. Pero eso quizá no debería sorprendernos, porque nada podría ser más útil para los líderes que conocer los motivos por los que los seres humanos se comportan y piensan de determinada manera. Existe una gran cantidad de asuntos relacionados con la psicología que a los líderes les resultará provechoso examinar; nosotros nos concentraremos en cinco: motivación, tipos de personalidad, toma de decisiones, cultura y valor.

El primer gran libro que utilizaremos será *El hombre en busca de sentido*, el relato de un psiquiatra suizo sobre el tiempo que pasó en campos de concentración. Esta obra se cuenta entre los diez títulos más influyentes en los Estados Unidos, según un muestreo de la Biblioteca del Congreso, que pidió a los participantes que nombrasen un libro que hubiera cambiado de algún modo sus vidas. Seguidamente abordaremos los *Tipos psicológicos*, de C. G. Jung, que constituye el fundamento de la valoración de la personalidad más utilizado hoy: el indicador Myers-Briggs.

Los tres capítulos restantes presentan clásicos que no aparecerían en la sección «Psicología» de una librería, pero que no obstante derraman luz sobre el funcionamiento de la mente humana: los cuentos cortos de Roald Dahl, que giran sobre los sesgos cognitivos, también llamados «puntos ciegos»; *El crisantemo y la espada*, de Ruth Benedict, un influyente trabajo de antropología que nos ayuda a conocer perspectivas culturales, y *Frankenstein*, de Mary Shelley, un clásico cuento de terror que ofrece lecciones inesperadas sobre el valor y la cobardía.

Grandes escritores

EL HOMBRE EN BUSCA DE SENTIDO, DE VIKTOR FRANKL

El psiquiatra Viktor Frankl fue uno de los millones de judíos alemanes y del este de Europa deportados a los campos de concentración nazis durante la Segunda Guerra Mundial. Su libro, basado en sus propias experiencias, se publicó dividido en dos partes unos catorce años después de su liberación. En la primera parte nos habla del tiempo que pasó en los campos; en la segunda explica la logoterapia (palabra derivada del griego *logos*, «significado»), la doctrina que él mismo desarrolló basándose en las observaciones que hizo sobre lo que sostuvo a ciertos prisioneros durante su dura experiencia y lo que les permitió sobrevivir.

Él mismo reconoce que un factor importante es la suerte. Cuenta en detalle los muchos giros del destino que le permitieron sobrevivir, como uno que se dio en el ultimísimo día antes de la liberación por los aliados, en que a él y a un compañero se los dejó involuntariamente fuera de un convoy de camiones que los llevaría a la libertad —así se les dijo a los presos—, pero que en lugar de eso fue a otro campo de concentración en el que se les hizo entrar en manada en unas casetas donde los abrasaron. Aun así, a pesar del innegable factor suerte, había algo más que hacía que algunos siguieran adelante mientras otros perecían de hambre o de enfermedad: el deseo de vivir. Y dice Frankl que el deseo de vivir provenía de la sencilla creencia de que la vida propia tenía un significado.

El relato de Frankl muestra destellos de esperanza que se abren paso a través de la negra desesperación nacida del intenso sufrimiento físico y mental. Los prisioneros encontraban consuelo en los pequeños detalles: un lugar en un grupo de trabajo que tuviese un guarda menos despiadado, un trozo de pan hallado en un bolsillo, una broma continuada que se compartía con un compañero... Pero más aún, se aferraban a las ideas e imágenes que les parecían significativas: sus familias, sus hijos, su trabajo, su fe. *In extremis*, cuando todas las demás esperanzas habían desaparecido, se aferraban a la posibilidad de morir con dignidad, de caminar hacia las cámaras de gas erguidos y con una oración en los labios. Sostiene Frankl que la experiencia del superviviente se resume con las palabras de Nietzsche: «Aquel que tiene un porqué para vivir puede soportar casi cualquier cómo».

Lee esto en *El hombre en busca de sentido*, primera parte de las memorias de Frankl de su época en los campos de exterminio.

Capítulo 13
Motivación

Sigmund Freud, el padre del psicoanálisis, dijo que nos motivan dos cosas: buscar el placer —sobre todo el sexual— y evitar el dolor. Para B. F. Skinner, padre del conductismo, actuamos en función de expectativas de recompensas o no recompensas externas. Las ideas de estos dos sabios, decididos a poner cabeza abajo los puntos de vista mantenidos desde hacía mucho tiempo, han configurado las prácticas de liderazgo durante los últimos cien años mucho más de lo que creemos la mayoría de nosotros. Ciertamente, por lo general los líderes de hoy no intentan motivar a los empleados con masajes integrales, ni con *electroshocks*; no obstante, cuando todos los miembros de un equipo ejecutivo hablan de «establecer un plan de compensaciones para impulsar los comportamientos deseados», no hacen más que seguir los pasos de Freud y de Skinner. Antes de seguir adelante, deberían leer el trabajo de un psiquiatra austríaco que se pasó cuatro años en los campos de concentración de Hitler y que, como resultado de ello, desarrolló una teoría de la motivación muy diferente.

CUANDO LAS MULTAS NO IMPIDEN NADA

Si tienes hijos, sabrás sin duda cómo es acelerar ante un semáforo en ámbar intentando desesperadamente llegar a tiempo para recoger a tus hijos de la guardería o del colegio. Las recogidas tardías son un problema tan grave para los centros infantiles que muchos de ellos imponen multas a quienes llegan tarde. En el año 2000, los economistas Uri Gneezy y Aldo Rustichini diseñaron un estudio para averiguar si esas multas funcionaban o no.[1] Eligieron diez guarderías israelíes; todas ellas cerraban a las cuatro de la tarde y ninguna cobraba nada por las recogidas tardías. Hicieron que seis de los centros empezasen a imponer multas de diez séquel por llegar tarde, y a los otros los dejaron como grupo de control para el estudio.

El número de padres tardones en los centros que cobraban multas fue en aumento casi de inmediato. Y, después de ir aumentando constantemente durante unos meses, la tasa de recogidas tardías se estabilizó en un nivel que alcanzaba casi el doble que al principio.

El resultado de este experimento prometía poner de cabeza muchos años de teoría motivacional. Al cabo, las consecuencias dolorosas tienen que impedir el comportamiento, y no al revés. Es evidente que la gente preferiría no tener que pagar la multa; entonces, ¿por qué demonios llegarían tarde más padres aún como reacción? Los investigadores indican una respuesta en el mismo título de su artículo: «Una multa es un precio». Cuando no estaban las multas, los padres comprendían que los cuidadores y profesores que se quedaban hasta tarde para cuidar de sus hijos lo hacían por amabilidad, y no querían forzarla; después de todo, una buena persona no se aprovecharía de un profesor saturado; pero cuando se impuso la multa, parecía que el centro ofrecía un tiempo extra por un cierto precio. Lo que se hizo como castigo empezó pronto a parecerse más a un trato. Los padres pensaban: «Diez séquels no está mal a cambio de poder quedarme media hora más en el trabajo cuando lo necesite, y sin preocupaciones». La multa convirtió a los miembros de buen corazón de la comunidad en astutos calculadores de beneficios.

Hasta la década de los ochenta, el «hombre económico», que busca aumentar al máximo la ganancia monetaria y disminuir al mínimo los costes, fue una idea ampliamente aceptada por los científicos sociales. Pero recientemente, en parte como resultado de estudios como el citado, han surgido puntos de vista más sofisticados sobre la motivación humana. En el libro *Impulso: la sorprendente verdad de lo que nos motiva*,[2] Daniel Pink divide los motivadores humanos en dos tipos: intrínsecos y extrínsecos. Dice que si el dinero (el gran motivador extrínseco) no es el enfoque de una tarea o de una empresa, nos vemos motivados fundamentalmente por motivadores intrínsecos, como el deseo de dominar una habilidad o de contribuir al éxito de un grupo. Y si se permite que florezcan esos dos impulsos interiores, la motivación será alta. Pero si el dinero es el enfoque, los impulsos intrínsecos se marchitan y la motivación general decae.[3] Pink nombra tres motivadores intrínsecos primarios: la autonomía, la maestría y el propósito. Otros investigadores han propuesto listas diferentes.[4] Lo que tienen en común todos estos teóricos es la creencia de que Freud y Skinner se equivocaban: que los palos y las zanahorias no son lo único que nos motiva, que ni siquiera son lo principal.[5]

El psicólogo Abraham Maslow fue uno de los primeros en proponer una teoría no skinneriana de los motivadores. Su «jerarquía de la necesidad», presentada en un artículo en 1943, es una pirámide de cinco niveles que tiene las necesidades humanas básicas en el escalón más bajo y las más complejas arriba del todo.[6] El nivel 1 comprende las necesidades fisiológicas, como respirar, alimentarse y dormir. El nivel 2 incluye necesidades de estabilidad, como la seguridad física y de bienes. Seguidamente llega la necesidad de amor y de pertenencia (nivel 3) y de conseguir logros y respeto (nivel 4). En la cima, el nivel 5, están las necesidades de «auto-realización», como la moral, la creatividad y la resolución de problemas. Desde los años cincuenta en adelante, otros psicólogos han aplicado la jerarquía de Maslow al lugar de trabajo, tomando cumplida nota de que la motivación del empleado es un fenómeno de muchas capas (ver «A hombros de gigantes: Frederik Herzberg sobre la higiene en el lugar de trabajo», en la página 219).

Las teorías de Maslow y sus seguidores mejoran la vieja idea de motivación del palo y la zanahoria, pero no son capaces de captar una verdad aún más profunda: *incluso cuando se nos arroja al fondo absoluto de la pirámide de necesidades, buscamos cubrir algo más que las necesidades fisiológicas.* Vamos a observar un escueto ejemplo.

EL IMPULSO DEL SIGNIFICADO

Viktor Frankl, psiquiatra vienés nacido en 1905, fue enviado a Auschwitz y a otros tres campos de concentración nazis durante la Segunda Guerra Mundial. Él sobrevivió; sus padres, su hermano y su esposa, embarazada, no. Sus experiencias en los campos le sirvieron después de fundamento para su teoría de la logoterapia, que mantiene que nuestro impulso fundamental, sean cuales sean las circunstancias, es dedicarnos a lo que tiene significado para nosotros.

La descripción que hace Frankl de la vida en los campos de exterminio es espeluznante, como cabría esperar. Los prisioneros «afortunados» —aquellos a los que no enviaron inmediatamente a las cámaras de gas, sino que se los mantuvo con vida para trabajar— recibían raciones diarias de trescientos gramos de pan y tres cuartos de litro de sopa aguada, a menudo menos. Hacían trabajos forzados en la nieve sin abrigos y a veces sin zapatos. Los guardias los golpeaban salvajemente, por no hablar del constante maltrato verbal. El hambre, las llagas, los edemas, el tifus, las congelaciones, la gangrena y los piojos eran sus ocupaciones diarias. Al principio del relato, parece que Frankl estuviera de acuerdo con el punto de vista de Maslow de que las necesidades de alto orden son irrelevantes cuando una persona se enfrenta con esas condiciones. Asegura que «la realidad se atenuaba, y todos los esfuerzos y todas las emociones se concentraban en una sola tarea: preservar la vida propia y la del compañero». La predominante necesidad de simplemente seguir vivo «rebajaba la vida interior del prisionero a un nivel primitivo».[7]

A hombros de gigantes
FREDERICK HERZBERG SOBRE LA HIGIENE EN EL LUGAR DE TRABAJO

Según Maslow, solo cuando cumplimos las necesidades de un nivel nos interesamos por el nivel siguiente. Una persona hambrienta no se enfoca en aumentar el número de seguidores en Twittter; pero a una persona bien alimentada, que tenga una casa buena y un trabajo estable, bien pudiera interesarle su cuenta de seguidores. Si esto es cierto, ¿qué implicaciones tendría para el lugar de trabajo?

El artículo de Frederick Herzberg «Veamos otra vez: ¿cómo motivas a los empleados?»[8] ha permanecido entre los artículos más buscados de la *Harvard Business Review* desde que apareció en 1968. En el artículo, Herzberg clasifica los elementos del trabajo en «factores de higiene» –elementos como el salario, las condiciones laborales y la seguridad– y «motivadores» –elementos como el logro, el reconocimiento y el trabajo satisfactorio–. Los factores de higiene cumplen las necesidades de los niveles inferiores de la pirámide de Maslow; los motivadores se asientan en los niveles superiores.

Dice Herzberg que los factores de higiene no motivan, pero su carencia puede llegar a desmotivar: si recortas el sueldo de Sally en un cincuenta por ciento, es probable que Sally pierda su deseo de hacer un buen trabajo, incluso de quedarse en la empresa. Así pues, si tus empleados parecen faltos de motivación, es conveniente que compruebes tu higiene laboral.

Conforme van avanzando las memorias de Frankl, surge una imagen diferente. Por su seguridad, los prisioneros del campo estaban ocupados la mayor parte del tiempo con problemas básicos del primitivismo, tales como cómo conseguir un lugar en el centro de un grupo de cavadores para escapar del viento helado. Y los sentimientos, inútiles, estaban ausentes: cuando un prisionero moría por la noche, hombres que estaban demasiado débiles hasta para levantar un gato no tenían otra alternativa que arrastrar el cadáver por los pies por las escaleras de los barracones. Aun así, a pesar de la triste prioridad de la supervivencia, los prisioneros también se dedicaban a actividades inexplicables desde el enfoque de una teoría de la motivación basada en la «jerarquía de la necesidad». Frankl habla de seis prácticas que no tenían nada que ver con la autoconservación física:

Religión. Quizá no sea una sorpresa que los prisioneros rezasen. Lo que sorprende es el esfuerzo que pusieron en los servicios religiosos improvisados, que preparaban en los rincones de los barracones o en los oscuros camiones de ganado que los transportaban al campo desde los lugares de trabajo. Según Frankl, los que continuaban sus vidas espirituales de esa manera sobrevivían más tiempo que los que no lo hacían.

Ayudar a alguien. Mientras que muchos de los prisioneros no querían o no podían ayudar a nadie más que a sí mismos, relata Frankl que había algunos que llevaban a cabo extraordinarios actos de altruismo, tanto si era darle la propia ración de comida a alguien enfermo como quedarse con los amigos en lugar de intentar la posibilidad de escapar. Asimismo, la gente seguía valorando el trabajo con significado. Frankl habla de una época en la que le pidieron que fuera a otro campo a cuidar de enfermos de tifus. Él sabía que hacer eso aumentaría su riesgo de morir, ya que el tifus es muy contagioso; pero decidió ir de todos modos, comprendiendo que «sin duda sería más productivo intentar ayudar a mis camaradas como médico, que vegetar [...] como el trabajador improductivo que yo era por entonces».[9]

Contemplación de la belleza. Un amanecer helado, durante una marcha forzada, el comentario de un camarada hizo que Frankl empezase a pensar en su esposa, Tilly, que, por lo que él sabía, estaba prisionera en otro campo de concentración. Conforme se imaginaba su rostro, se le cruzó un pensamiento: «Entonces supe que un hombre al que ya no le quede nada en este mundo puede seguir experimentando la dicha [...] en la contemplación de sus seres amados».[10] Asegura que en aquel mismo momento no le hubiera importado si estaba vivo o muerto, porque entonces comprendió el significado de las palabras bíblicas «los ángeles están perdidos en la contemplación perpetua de la gloria infinita».[11] A los prisioneros les absorbía también la belleza de una clase más trivial: era frecuente que, al atardecer, alguien les hiciera fijarse en la «hermosa vista del sol poniente que brillaba entre los altos árboles de los bosques bávaros».[12]

Cultura y diversión. Quizá lo que menos concordaba con el punto de vista de Maslow sobre la motivación eran los espectáculos preparados por los presos. Por supuesto, eran muy precarios, pero era una forma de entretenimiento. Preparaban una especie de cabaret, con canciones, poemas y sátiras sobre la vida en el campo. Acudían los que no tenían que ir a lugares de trabajo lejanos, y dice Frankl que «las reuniones eran tan eficaces que unos cuantos prisioneros comunes iban a ver el cabaret a pesar de su cansancio y aunque al acudir se perdiesen su ración diaria de comida».[13]

Soledad. Frankl describe otro deseo insólito en semejantes circunstancias, un «deseo irresistible de alejarse de todo» durante un corto espacio de tiempo. Los prisioneros anhelaban intimidad para estar a solas con sus pensamientos. Los seres humanos pueden ser los únicos animales sociales que, incluso cuando están hambrientos y tiritando, eligen estar solos a veces.

La nobleza del sufrimiento. Última y más sorprendente es la motivación que los presos encontraban en el sufrimiento mismo, o, más bien, en su capacidad de soportar el sufrimiento con dignidad. Muchos llegaron a creer que el significado no residía en lo que ellos esperaban de la vida, sino en lo que la vida esperaba de ellos. Frankl les decía a sus compañeros de barracón después de un día especialmente malo: «Alguien nos mira desde lo alto a cada uno de nosotros en las horas difíciles: un amigo, una esposa [...] o un dios, y espera que no lo decepcionemos».[14] Sus palabras inundaban de lágrimas los ojos de sus compañeros.

Si la gente sigue buscando el significado incluso cuando está muerta de hambre, si es capaz de renunciar al alimento para escuchar una canción o si se ofrece voluntaria a cuidar a enfermos de tifus para ejercitar sus conocimientos médicos, parece que las motivaciones intrínsecas pudieran superar a las extrínsecas hasta en los niveles más bajos de la pirámide de Maslow. Y si eso es cierto, significa que la voluntad intrínseca triunfa sobre la extrínseca en gente que se sitúa más arriba en esa pirámide: gente a gusto que trabaja en lugares agradables por salarios holgados (o sea, prácticamente todo el mundo que uno conoce). A quienes están en esta posición no les mueve mucho lo del palo y la zanahoria; para los líderes sería mucho más fácil que lo hiciera, pero eso no cambiaría los hechos. Si hoy yo fuera directora general de una empresa grande, me las arreglaría para enviar a cada nuevo supervisor ascendido un cartel que dijera: «Por mucho que quieras, el dinero y los gritos no funcionan».

Visto esto, suponte que nosotros, como líderes, decidamos enfocarnos en los motivadores intrínsecos, que eliminamos los palos y las zanahorias: ¿qué tenemos para sustituirlos?

Herramienta de planificación
UN AMBIENTE MOTIVADOR

Piensa en alguna vez que estuviste trabajando con un grupo de personas altamente motivadas. Podría estar relacionado con el trabajo o con algún equipo deportivo, o una iniciativa artística o un proyecto voluntario.

¿Cómo describirías el ambiente de ese grupo? Escribe cómo se sintieron esas personas con respecto a cada dimensión, qué hizo el líder del grupo para estimularlo y lo que tú podrías hacer para fomentar un ambiente positivo parecido en tu equipo.

Dimensión	Cómo se sintió la gente	Qué hizo el líder	Qué podría hacer yo
Claridad			
Normas			
Compromiso			
Responsabilidad			
Apoyo			
Reconocimiento			

EL AMBIENTE ES LA MEJOR HERRAMIENTA DE MOTIVACIÓN

La mejor herramienta de motivación que podemos elegir es una de las que se han investigado más a fondo, pero a la vez es uno de los conceptos menos comprendidos en el mundo empresarial: *el ambiente del lugar de trabajo*. A continuación expongo una visión general breve de esta herramienta. En las notas al final del libro encontrarás una lista de libros y de artículos que abordan el asunto en profundidad.[15]

Un ambiente de trabajo bien gestionado crea las condiciones que alimentan la búsqueda de significado de los empleados, haciendo que de esta manera se sientan conectados con la empresa y con sus objetivos. Eso no quiere decir que tu organización tenga que salvar el mundo; se puede crear un ambiente positivo en una agencia de corredores de bolsa lo mismo que en una organización benéfica. Como Viktor Frankl nos recuerda, a la vida hay que dotarla de significado. Para conseguir la motivación, lo único que necesitan los líderes es canalizar la tendencia natural de la gente a encontrar satisfacción intrínseca en su trabajo.

El ambiente de trabajo es la percepción que tienen los empleados del lugar de trabajo, o de cómo se sienten al trabajar en un equipo o en una organización. Aunque calificar ese «cómo se sienten» pueda parecer complejo, los investigadores lo han hecho y han demostrado que el ambiente tiene un gran efecto sobre la motivación, la actuación y los resultados económicos. Por ejemplo, en un estudio se averiguó que la diferencia en ambiente de trabajo era la causa del treinta y tres por ciento de la diferencia de beneficios entre las unidades de negocio de una empresa.[16] El ambiente no es lo mismo que la cultura: el primero es maleable y puede cambiar rápidamente, mientras que la segunda (los valores subyacentes y las reglas no escritas de una organización; ver el capítulo 16) es duradera y cambia lentamente. Además, el ambiente se moldea principalmente por las acciones diarias de los gerentes del personal y no por fuerzas anónimas tales como sistemas, estrategia e historia. Así, tú, como líder, tienes un poder enorme para influir en el ambiente del equipo y, por tanto, en su nivel de motivación. Aunque diferentes investigadores describen el ambiente de trabajo utilizando palabras y términos diferentes, existe un acuerdo general sobre sus seis dimensiones:

1. **Claridad**. Cómo de bien entiende la gente los objetivos, las políticas y los requisitos del trabajo.
2. **Normas**. La percepción del nivel de exigencia en cuanto a la aplicación de normas.
3. **Compromiso**. El nivel de implicación en pos de los objetivos.

4. **Responsabilidad.** El grado en el que los miembros del equipo se sienten responsables de resolver problemas y de tomar decisiones.

5. **Apoyo.** El nivel de cohesión, de trabajo en equipo, de orgullo mutuo y de confianza.

6. **Reconocimiento.** El grado en que los empleados sienten que se le recompensa y se le reconoce por el trabajo bien hecho.

Figura 13.1 Ambiente del lugar de trabajo

Siendo conscientes de estas dimensiones, los líderes pueden moldear deliberadamente un ambiente positivo de trabajo que estimule la motivación del equipo (ver «Herramienta de planificación: un ambiente motivador», en la página 222).

Las investigaciones sobre el ambiente del lugar de trabajo muestran que factores que se descartan a menudo como algo «blando» pueden producir resultados económicos estables. De forma semejante, en los relatos de Frankl sobre los campos de concentración vemos que los factores intangibles —arte, dignidad, amistad, risa, amor— preservaban la voluntad de vivir en seres humanos convertidos en esqueletos hambrientos. Los líderes hacen mal en ignorar estos elementos considerados «blandos». Las cosas blandas son tan duras como el dinero... tan duras como los huesos.

A continuación, examinaremos los tipos de personalidad por medio de la herramienta de evaluación psicológica más conocida y de la mano de su creador, C. G. Jung.

Grandes escritores

TIPOS PSICOLÓGICOS, DE C. G. JUNG

Al igual que Frankl, Carl Gustav Jung –el psiquiatra suizo al que debemos conceptos como el inconsciente colectivo, el complejo de inferioridad y
los arquetipos– creía que Freud se enfocaba demasiado sobre la libido y que
el objetivo de la psicología debería ser el de ayudarnos a vivir una vida productiva y llena de significado. En sus *Tipos psicológicos*, el más conocido de sus
muchos trabajos, Jung revelaba que la clave para una vida así era la integración psicológica, más conocida como individuación: «El proceso por el que
los seres humanos se forman y se diferencian [...] el desarrollo del individuo
como algo distinto de la psicología general y colectiva» (párrafo 757).[1] Aunque la individuación es algo fundamentalmente sano, tiene un lado negativo,
concretamente que «la gente es prácticamente incapaz de comprender y de
aceptar cualquier punto de vista que no sea el suyo» (párrafo 847). Jung escribió el libro, como él mismo dijo, en parte para construir un puente sobre el
abismo psicológico que nos separa.

Según su teoría, los individuos no son completamente únicos; si lo fueran, no habría esperanza para la comprensión mutua. Afortunadamente existe un número determinado de tipos humanos, o de perspectivas del mundo.
Aunque cada uno de nosotros somos únicos en ciertos aspectos, como los
recuerdos y las experiencias, también se nos puede clasificar –y, por lo tanto,
comprender– por nuestro tipo.

Jung reconoce muchas tipologías posibles. Refuerza su versión con nueve capítulos dedicados al «problema del tipo» en campos diferentes, como la
teología, la estética, los mitos, la poesía y la filosofía. Presenta su marco en el
capítulo X, una combinación de dos actitudes psicológicas (extraversión e introversión) y cuatro funciones psicológicas (pensamiento y sentimiento, sensación e intuición). Para él, las funciones son como los cuatro puntos cardinales;
cada individuo tendrá una preferencia por (o un «punto hacia») una función
solamente. Cada individuo tendrá también una preferencia por una actitud, ya
sea introvertida o ya sea extravertida. Cuatro funciones posibles, multiplicadas

por dos actitudes posibles, nos dan ocho tipos posibles, por ejemplo, «sentimiento introvertido» o «sensación extravertida».

Lee esto en *Tipos psicológicos*. Introducción, capítulos III, IV y IX, Epilogo y Apéndice 4, «Tipología psicológica» —un artículo de 1936 en el que Jung resume su teoría de los tipos.

Capítulo 14

Personalidad

M e hicieron mi primer test de personalidad en 1990, sentada en un restaurante Wendy's a la salida del trabajo. La empresa para la que trabajaba, una consultoría, hacía que sus empleados pasasen por la evaluación en un plazo de seis meses después de haberlos contratado; después uno tenía que reunirse con un guía profesional que ayudaría a interpretar los resultados. Mi jefe me pasó el examen y me costó un cierto tiempo completar sus casi treinta páginas. No recuerdo haberme reunido nunca con el guía, pero sí recuerdo que encontré mi «tipo»: INTJ (por sus siglas en inglés)*, que quería decir introvertida-intuitiva-pensadora-juzgadora.

JUNG POPULARIZADO: EL INDICADOR MYERS-BRIGGS

El indicador de tipos Myers-Briggs (o MBTI, por sus siglas en inglés) fue desarrollado por Katharine Cook Briggs y su hija, Isabel Briggs Myers, durante la Segunda Guerra Mundial. Buscaban una forma de ayudar a las mujeres que eran nuevas en el mercado laboral

---

* Mantendremos la denominación de los tipos según sus siglas en inglés porque así es como suelen manejarse en el ámbito de la psicología y en toda la literatura sobre el tema.

a localizar trabajos adecuados y agradables, de manera que decidieron seguir la obra maestra de C. G. Jung sobre la personalidad, *Tipos psicológicos*, y transformar sus teorías un tanto esotéricas en una herramienta que la gente común pudiera utilizar (dice la leyenda que crearon el instrumento sentadas a la mesa de su cocina, así que a lo mejor no les habría importado que yo lo rellenase en el restaurante Wendy's aquel). El MBTI se ha convertido desde entonces en la forma de evaluación de la personalidad más utilizada del mundo, por la que pasan más de dos millones de personas al año.[2] Aunque de los psicólogos de carrera recibe más desprecio que otra cosa —dentro de un momento estudiaremos algunas de sus críticas—, es una manera excelente de captar lo fundamental de la teoría junguiana de tipos.

Empecemos, por lo tanto, con una visión de conjunto de la herramienta, y de ahí pasaremos a perspectivas todavía más profundas para los líderes.

El MBTI se basa en cuatro pares de rasgos de la personalidad, los cuales ya aparecen manifiestos o implícitos en la teoría de Jung:[3]

- **Extraversión (E) o introversión (I)**. Obtener energía y disfrute del mundo exterior *o* de tu propio mundo interior (¿cuál es la fuente de tu energía?).[4]
- **Sensación (S) o intuición (N)**. Se apoya en los cinco sentidos *o* en la interpretación y la imaginación (¿cómo procesas la información?).
- **Pensamiento (T) o sentimiento (F)**. Se prefiere hacer juicios basándose en la lógica, la razón y las normas *o* basándose en los sentimientos propios y los de los demás (¿cómo decides las cosas?).
- **Juicio (J) o percepción (P)**. Preferir tener las cosas decididas *o* preferir permanecer abierto a nuevos acontecimientos y posibilidades (¿cómo funcionas en el mundo?).[5]

Las dieciséis combinaciones posibles de estas cuatro dicotomías constituyen los dieciséis tipos Myers-Briggs. Por ejemplo, un

ESFP sería alguien extravertido, sensitivo, sentimental y perceptivo. Existen libros y páginas web que estudian cada tipo en detalle y nos proporcionan todo, desde los «retratos tipo» hasta consejos sobre la profesión o sugerencias para el crecimiento personal. Si escribes «Myers-Briggs» en un navegador de Internet, encontrarás un buen montón de ellos.[6] Ha habido otra gente que ha salido con sus propias permutaciones del marco junguiano y ha puesto nombres llamativos a los tipos (ver «A hombros de gigantes: David Keirsey sobre los cuatro temperamentos», más adelante).

La mejor manera de captar los dieciséis tipos de Myers-Briggs es considerar un grupo de personajes ficticios e imaginarse dónde caería cada uno en el esquema. Y ningún personaje podría ser mejor para ese propósito que aquellos ciudadanos bien conocidos en la Escuela de Brujería Hogwarts: Harry Potter y sus socios. Puedes ver mi análisis en la tabla 14.1.

Explicar un par de personajes de estos podría verter más luz sobre los tipos. La primera, Hermione: he visto que la etiquetan como INTP (introvertida-intuitiva-pensadora-perceptiva), pero el mero hecho de que alguien sea muy inteligente no quiere decir que sea automáticamente un T (pensamiento). La clave para Hermione es que aplica su inteligencia a personas y causas por las que se preocupa profundamente (Ron, Harry y los elfos domésticos, por ejemplo), lo que muestra que es una F (sentimiento). Y está claro que no es una P (percepción); si hay alguien a quien le guste decidir las cosas —J (Juicio)—, esa es Hermione. Ella es INFJ: el consejero y el activista.

A hombros de gigantes
DAVID KEIRSEY SOBRE LOS CUATRO TEMPERAMENTOS

David Keirsey tomó los tipos psicológicos de Jung, los mezcló con la antigua idea sobre los temperamentos y desarrolló el clasificador de temperamentos Keirsey. Su libro de 1978, *Por favor, compréndeme*,[7] presenta la que es su versión del evaluador junguiano de personalidad, el cual, igual que el MBTI, clasifica a la gente en extravertidos o introvertidos (E/I), sensitivos o intuitivos (S/N), pensadores o sentimentales (T/F) y perceptores o juzgadores (P/J).

Pero Keirsey añade otra capa. Siguiendo a los antiguos griegos, identifica cuatro tipos básicos, o temperamentos: dionisíaco, epimeteico, apolónico y prometeico. En sus libros posteriores les cambió el nombre a artesanos, guardianes, idealistas y racionales. Más adelante, dividió cada temperamento en dos papeles (por ejemplo, artesano operador y artesano artista) y subdividió cada papel en dos variantes (por ejemplo, artesanos y promotores).

Como Myers-Briggs y sus discípulos corporativos, Keirsey utiliza sus tipos para promocionar un punto de vista del mundo basado en la máxima «yo estoy bien, tú estás bien». Es importante recordar que Jung era psicólogo practicante, que desarrolló su teoría de los tipos fundamentalmente de cara a ayudar a la gente que sin duda no estaba bien.

El segundo: Dumbledore. Algunos dirían que es un F, pero no estoy de acuerdo. No carece de sentimientos, pero tampoco lo arrastran. Admira a Harry precisamente porque Harry tiene una capacidad para amar que él no puede igualar. Además, Dumbledore es muy capaz, quizá *demasiado* capaz, de apagar la empatía y apoyarse en sus extraordinarios poderes mentales. Su habilidad para ocultar sus maquinaciones, hasta cuando ese encubrimiento suyo provoca daños a sus amigos, revela una vena despiadada. El joven Dumbledore era un ENTJ: el enérgico mariscal de campo, ansioso de planear grandes cosas y de imponérselas al mundo «para el bien mayor». Al envejecer, se ha vuelto más introvertido: un poco más triste, un poco más callado, un poco menos ansioso de enfrentarse al mundo. Él es INTJ: la mente maestra.

Tabla 14.1 Los tipos Myers-Briggs de los personajes de Harry Potter[8]			
PERSONAJE	TIPO	APODO	LEMA
Severus Snape	ISTJ	Examinador, cumpletareas	«Hacer lo que haya que hacer»
Neville Longbottom	ISFJ	Defensor, leal	«Verdadero hasta el final»
Hermione Granger	INFJ	Consejera, defensora	«Visión para el bien común»
El Dumbledore maduro	INTJ	Mente maestra, estratega	«Dirigir tras el telón»
Arthur Weasley	ISTP	Artesano, mecánico	«Listo para intentarlo todo una vez»
Hagrid	ISFP	Artesano, independiente	«Mi forma de ver la vida»
Luna Lovegood	INFP	Idealista, soñador	«Imagina el mundo tal como debe ser»
Xenophilius Lovegood	INTP	Pensador, arquitecto	«El conocimiento por el conocimiento»
Ginny Weasley	ESTP	Realizador, promotor	«Pongamos los pies en la tierra»
Ron Weasley	ESFP	Intérprete, adaptador	«Sentido común y buena diversión»
Sirius Black	ENFP	Campeón, inspirador	«Sacarle jugo a la vida»
Fred y George Weasley	ENTP	Inventor, visionario	«Un buen desafío tras otro»
Minerva McConagall	ESTJ	Supervisora, guardiana	«Tener las cosas bajo control»
Molly Weasley	ESFJ	Proveedora, cuidadora	«Anfitriona del mundo»
Harry Potter	ENFJ	Héroe, altruista, maestro	«Receptivo y responsable»
El Dumbledore joven	ENTJ	Mariscal de campo, ejecutivo	«Establecer objetivos y hacerse cargo»

El marco Myers-Briggs tiene sus detractores, entre ellos muchos psicólogos profesionales que señalan sus fallos como instrumento de psicometría. Para empezar, fuerza a quienes responden a dicotomías falsas, etiqueta a la gente como extravertida o introvertida, sensitiva o intuitiva, etc., en lugar de situarla en algún punto de un continuo. Asimismo, sus resultados pueden variar: digamos que a alguien podría etiquetársele como ESTP en una sesión y como ESFJ en la siguiente, lo que indica que el examen no mide rasgos reales de personalidad, ya que estos son estables en el tiempo. Por último, igual que las teorías de Jung, el marco carece de una base de evidencia científica.

No obstante, el MBTI sigue siendo popular, y por una buena razón: disminuye nuestra perplejidad sobre los demás al proporcionar una forma matizada, aunque sencilla, de comprender nuestras diferencias. En lugar de pensar: «Es un cabezota imbécil», es probable que alguien experto en los tipos Myers-Briggs piense: «Es un ESTJ; por eso expresa sus opiniones con tanta firmeza». Asimismo, a diferencia del modelo más aceptado por los psicólogos —el llamado Gran Cinco, que mide niveles de apertura, meticulosidad, extraversión, simpatía y neurosis—, en el MBTI es todo positivo. No te etiquetará nunca como «cerrado» o «neurótico»; no existen tipos malos entre los dieciséis. Orientar a los empleados hacia un trabajo determinado, o mantenerlos alejados de él, basándose en su presunto tipo es una mala idea, dada la carencia de base científica de la herramienta; pero cuando se la utiliza simplemente como una manera de iniciar una conversación sobre las diversas personalidades y puntos fuertes, el MBTI puede ser una diversión inocua, en el peor de los casos, o una herramienta clarificadora, en el mejor (ver «Herramienta de equipo: dime cómo trabajar contigo», más adelante).

DOS PERCEPCIONES DE JUNG MÁS PROFUNDAS

Sin embargo, como es habitual, aprendemos mucho más cuando vamos a la fuente. Aunque los tipos psicológicos de Jung no sean más científicos que el MBTI, ofrecen muchas percepciones sobre la personalidad que profundizan más y que pueden ser incluso un poco inquietantes. Me referiré aquí a dos de ellas.

La primera es que no reconocer tu «otro lado» conduce a problemas. A Myers y a Briggs no les preocupa si alguien se inclina demasiado hacia un rasgo concreto (es fuertemente perceptor, por ejemplo), pero sí a Jung. Para él, la neurosis es el resultado de apoyarse demasiado en nuestras tendencias dominantes y de no integrar las que sean menos dominantes, lo que lleva a las últimas al inconsciente, donde «adquieren un carácter regresivo según el grado de represión; cuanto menos se reconozcan, tanto más infantiles y arcaicas se vuelven» (párrafo 571). Un papel clave para un terapeuta es ayudar a que las personas incorporen sus rasgos dominantes y menos dominantes y permitan que los menos dominantes se expresen en forma productiva, en lugar de reprimida.

Herramienta de equipo

DIME CÓMO TRABAJAR CONTIGO

Utiliza este procedimiento para ayudar a tu equipo a valorar las diferencias de personalidad. Deja claro de antemano que el propósito del ejercicio no es el de analizar psicológicamente a nadie, ni estereotiparlo, sino más bien el de aumentar la colaboración y el entendimiento mutuos.

1. Si los miembros de tu equipo no conocen todavía sus tipos Myers-Briggs, haz que entren en alguna web, como humanmetrics.com o personalitypathways.com, y que hagan la valoración (en estos sitios verás descargos de responsabilidad que manifiestan que esas pruebas no son sustitutos del MBTI «oficial», pero, dado que el MBTI «oficial» también carece de base científica, no creo que haya problema en consultar las versiones «no oficiales»).
2. Pídeles que encuentren una descripción *online* de su tipo (ver, por ejemplo, personalitypage.com)
3. Solicita que cada miembro del equipo prepare lo siguiente: tres palabras o frases de la descripción que parezcan encajarles muy bien y tres consejos sobre cómo trabajar mejor con ellas dado su tipo de personalidad.

4. En una reunión de equipo, pide a cada uno de los miembros que expongan su tipo, las tres palabras o frases y los tres consejos para trabajar mejor con ellas.

5. Debate sobre cómo pueden mejorar el trabajo en equipo esas revelaciones.

Jung da el ejemplo de un hombre que trabajaba para ascender y llegar a ser el propietario de una imprenta que tenía mucho éxito y en la que había invertido mucha energía. Conforme el negocio iba creciendo, la empresa se fue apoderando de la vida del hombre y se tragó todos sus demás intereses. Dice Jung que al final:

> Esto resultó ser su ruina. Como compensación inconsciente de su interés exclusivo en los negocios, ciertos recuerdos de su infancia emergieron. De niño le había gustado muchísimo pintar y dibujar; pero en lugar de renovar esa habilidad como una afición compensadora, la canalizó a su negocio y empezó a pensar en cómo podía embellecer sus productos de una manera «artística». Desgraciadamente, sus fantasías se materializaron: produjo artículos que encajaban con su gusto primitivo e infantil, con el resultado de que tras unos poquísimos años su negocio se hizo pedazos (párrafo 572).

Por supuesto, la mayoría de nosotros no somos terapeutas, pero podemos extraer unas cuantas lecciones de este relato. ¿Qué tendencias naturales —tuyas, de algún miembro de tu equipo o de la organización entera— se han sepultado o se han dejado de lado? ¿Cómo se hacen notar esas tendencias en formas destructivas (Jung diría «infantiles»)? En lugar de reprimirlas, ¿cómo se les podría dar un papel o una voz productivos?

La segunda es que los sentimientos de compenetración se basan a menudo en suposiciones falsas. Tendemos a interpretar las acciones de los demás a la luz de nuestro propio tipo, lo que puede llevarnos a la conclusión de que ellos son «justo como nosotros». Consideremos el ejemplo de Gary, que es J (juzgador). Acude a un mitin político un sábado por la tarde en un parque de la zona y entabla conversación con Rachel, la mujer que está justo a su lado. Basándose en la amistosidad de Rachel y en su manera de disfrutar la charla, Gary supone que comparte sus opiniones políticas. Él es un J, de modo que para él las opiniones son fundamentales. Cree que Rachel apoya al candidato lo mismo que él, porque, de no ser así, ¿por qué ha acudido al mitin? Sin embargo, Rachel es P (perceptora) y para ella las opiniones son algo fluido, sujeto siempre a revisión, y ciertamente no algo sobre lo que basar una amistad. *Ella* supone que su compenetración con Gary proviene del hecho de que los dos están en el público, que comen los mismos alimentos, que absorben la luz del mismo sol y que escuchan debates interesantes, importantes para la vida de su ciudad. Rachel cree que es evidente que Gary disfruta con esas cosas lo mismo que ella.

Dice Jung (un tanto deprimentemente) que esta falsa clase de compenetración, que surge de lo que él llama «proyección mutua», es, con mucho, el tipo de compenetración más común, y también la causa principal de los malentendidos. No nos damos cuenta de que los demás son diferentes de nosotros porque vemos su comportamiento a través de las lentes de nuestro propio tipo. Yo conozco a alguien nuevo, nos llevamos bien y llego a la conclusión de que esa persona es «agradable» (traducción: «exactamente como yo»). Después, cuando esta alma gemela actúa de manera inesperada, me siento traicionado: «Resulta que al final no era tan agradable; supongo que todo fue fingido».

¿Qué crees que pensaría Gary de Rachel en su segunda cita, cuando ella sugiera que acudan a otro mitin político, en el mismo parque, pero con un candidato contrario?

EXTRAVERSIÓN, INTROVERSIÓN Y EL CARÁCTER DEL LIDERAZGO

Aunque el MBTI considera que los cuatro pares de tipos son igualmente importantes, Jung cree que el par extraversión-introversión es el más primario, el más básico (llama *actitudes* psicológicas a este par, y *funciones* psicológicas a los otros). Además, aunque los partidarios del MBTI tienden a hablar sobre el par extraversión-introversión como «la forma de recargar las pilas», Jung presenta una explicación menos casual: dice que todo es asunto de la actitud que uno tiene hacia «el objeto». Los introvertidos se retiran de los demás, de las situaciones; de hecho, se retiran del mundo exterior en su conjunto como si quisieran impedir que ese mundo tuviese poder sobre ellos. Por otra parte, los extravertidos se orientan y se definen a sí mismos enteramente por lo que hay fuera de ellos. Lo peor que le puede pasar a un extravertido no es caer en manos de los demás, sino estar separado de ellos. Uno podría decir que los introvertidos tienen problemas de control y que los extravertidos los tienen de abandono.

Señala Jung que las dos actitudes se basan en dos estrategias adaptativas fundamentales que se dan en la naturaleza: la estrategia número 1, que tiene una alta tasa de fertilidad, bajos poderes defensivos y una vida corta para cada individuo (la de los extravertidos), y la estrategia número 2, que tiene una baja tasa de fertilidad además de múltiples medios de autoprotección (la de los introvertidos). Los extravertidos quieren «ampliarse y propagarse a sí mismos de toda forma posible, mientras que la tendencia de los introvertidos es la de defenderse a sí mismos contra todas las exigencias del exterior» (párrafo 559). Jung describe una imagen de introversión extrema como lo inquieto, rígido, quisquilloso y remilgado; y la extraversión extrema como lo impulsivo, superficial, codicioso y libertino.

A pesar de eso, no quiere decir que todos los introvertidos sean unos esnobs sin corazón y que los extravertidos sean todos unos frívolos impulsivos; lo que quiere decir es que cada uno de nosotros tenemos una pendiente resbaladiza por la que tendemos a resbalarnos. Si nos inclinamos demasiado hacia nuestro lado preferido, acabamos por devaluar los aspectos positivos del otro lado, perdemos el equilibrio y nos precipitamos por la pendiente: exactamente como el amigo impresor de Jung, que se definía a sí mismo completamente por un objeto exterior (su negocio) y reprimía los impulsos artísticos que brotaban en él, para arruinarse al final. De hecho, a mi lista de trampas del liderazgo, Jung le habría añadido probablemente «reprimir la actitud no dominante» (ver el capítulo 2), y la pondría como la primera y más peligrosa de todas las trampas.

Revisar los continuos de carácter del liderazgo (ver la figura 14.1) nos ayuda a conocer más profundamente esta trampa fundamental. Como hemos visto, cada rasgo de carácter del liderazgo es la mediana, o punto de equilibrio, entre dos extremos: a la izquierda, hay demasiado poco de ese rasgo, y a la derecha, demasiado. Pero otra manera de considerar el diagrama es ver la parte izquierda como la tierra de los introvertidos, y la de la derecha como la tierra de los extravertidos: los líderes introvertidos son propensos a la timidez, el engaño, la obstinación, la severidad y la indiferencia, mientras que los líderes extravertidos corren el riesgo de ser impulsivos, agresivos, irresolutos, negligentes y maniáticos.

En su alegoría *El regreso del peregrino*, C. S. Lewis, que valoraba mucho a Jung, concibe los dos lados como si fueran dos países que se extendiesen de norte a sur a lo largo de una carretera larga y estrecha.[9] El héroe del relato, John, es un tipo amistoso que tiene tendencia a adoptar inmediatamente los puntos de vista de los desconocidos nada más conocerlos. Viaja por esa carretera con su amiga Virtud, una persona respetable, pero rígida, a la que no le gusta socializar. Su viaje los lleva a adentrarse por las Tierras del Norte y las del Sur, donde se encuentran con personajes como el señor Sensible, a quien la introvertida Virtud considera un sujeto muy decente, y el señor Campechano, quien le parece muy simpático al extravertido John. Pero, al final, averiguan que la única manera de tener éxito es que cada uno de ellos adquiera las cualidades del país que no sea su favorito. Virtud tiene que atreverse a luchar contra el Dragón del Sur y absorber algo de su intensa energía, mientras que John tiene que enfrentarse con el Dragón del Norte y conseguir parte de su gélida dureza. Una vez que han completado sus respectivas búsquedas de dragón, los dos se ponen de camino «cantando y riendo como escolares». Virtud se ha despojado de su pomposidad y John nunca está cansado. Cada uno de ellos está completo.

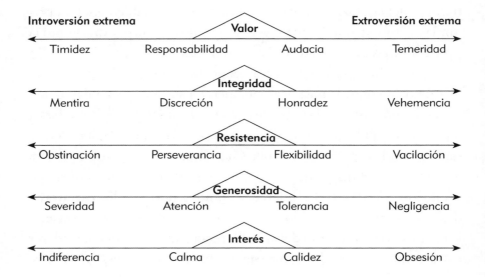

Figura 14.1 Carácter del liderazgo y el dúo intraversión/extraversión

¡Pobre del líder que huya de su dragón y se encamine al extremo norte o sur! Advierte Jung que si eres introvertido, acabarás en una isla solitaria y fría donde no se mueve nada más que lo que permitas que se mueva. Si eres extravertido, terminarás en un pantano caliente y ruidoso, donde las opiniones y deseos de los demás ahogan todos los intentos de aclararse por medio de la acción decidida. Y hay pocas oportunidades de que te siga alguien a cualquiera de esos lugares.

● ●

¿Qué hay detrás de las malas decisiones? En el próximo capítulo, el escritor de ficción Roald Dahl y el filósofo Martin Heidegger nos ilustran sobre los puntos ciegos.

Grandes escritores

LOS CUENTOS DE ROALD DAHL

Roald Dahl es muy conocido por sus libros para niños (sobre todo *Charlie y la fábrica de chocolate*), pero también escribió cuentos cortos para adultos. Esos cuentos, a veces macabros y solapadamente humorísticos, presentan personajes que se creen de vista aguda, pero que en realidad son miopes. Como retratista del fenómeno del sesgo cognitivo y de los efectos que este tiene sobre la toma de decisiones, Dahl no tiene parangón.

En «Cordero asado», el cuento que presento aquí, una mujer aprovecha los puntos ciegos para salirse con la suya tras un asesinato. Sin embargo, en la mayoría de los cuentos de Dahl el héroe solamente sueña que se ha salido con la suya —si no de un asesinato, al menos de una estafa— y al final se le despierta bruscamente. En «La señora Bixby y el abrigo del coronel», una esposa se emociona con el plan que ha concebido para encubrir un asunto amoroso y poder conservar el deslumbrante abrigo de visón que le regaló su amante, pero se le escapa el detalle de que su marido no es tan pusilánime como parece. En «La patrona», el joven Billy Weaver rechaza como inofensiva a una señora amable, pero un tanto especial, hasta que de repente ve que no es nada de eso. «Placer de clérigo» trata de un estafador que se pasa años engañando a paletos de pueblo, para que al final tres de esos paletos destruyan sus esperanzas una tarde de verano al tomar absolutamente al pie de la letra lo que les dice. Y tanto en «El visitante» como en «El gran cambiazo», un hombre ve a las mujeres como juguetes sexuales y recibe una desagradable sorpresa cuando una de sus suposiciones básicas resulta ser un error.

En cada uno de estos cuentos de Dahl, y en muchos más, el personaje principal hace lo que todos solemos hacer: observar a la gente a través de la lente de nuestras intenciones y desmayarnos de sorpresa cuando resulta que la gente tiene las suyas propias. Es fácil acomodarse en el asiento y reírse de que un sinvergüenza reciba su merecido, pero para aprender de un cuento de Dahl tenemos que ir un paso más allá. Tenemos que imaginar que nosotros mismos somos el sinvergüenza y pensar en cómo podríamos haber abierto los ojos ante el desastre.

Lee esto en los cuentos de Dahl: «Cordero asado», «El sibarita», «La señora Bixby y el abrigo del coronel», «Placer de clérigo», «La patrona», «El visitante», «El librero» y «El gran cambiazo», este último una mirada divertidísima, aunque calificada solo para mayores, a los puntos ciegos).

Capítulo 15

Decisiones

Una ciclista experimentada avanza sobre las vías ferroviarias directamente hacia un tren que viene en dirección contraria. Un grupo de montañeros se dirige a la cima del Everest a pesar de los inconfundibles avisos de la tormenta que se acerca. Cuatro policías se sientan a la mesa de un asesino y destruyen el arma homicida con el apoyo de su jefe.

Estos personajes —algunos reales, otros ficticios— tomaron decisiones terribles. En cada caso, tenían ante sus ojos la decisión acertada. ¿Por qué no pudieron verla?

LOS PUNTOS CIEGOS ESTÁN POR TODAS PARTES

Detrás de muchas malas decisiones de liderazgo reside un problema conocido como *sesgo cognitivo*. Los sesgos cognitivos son puntos ciegos, y los psicólogos han descubierto muchos de ellos. Un ejemplo de ello es el «anclaje», que consiste en la tendencia a tener demasiado en cuenta una referencia o información anterior. Por nombrar solo unas cuantas más: la disponibilidad heurística, el efecto de la moda, el sesgo de la confirmación, la falacia del jugador, la rebaja hiperbólica, la aversión a la pérdida y la ilusión del dinero. La página «sesgos cognitivos» de Wikipedia tiene una lista de más de setenta y cinco errores como estos.[1]

En la primera década del año 2000 proliferó una subcategoría de libros de negocios dedicados a explicar los sesgos cognitivos y a proporcionar consejos sobre cómo evitarlos.[2] Pero hay un problema: no son evitables. Las evidencias científicas indican que los sesgos cognitivos están programados en el cerebro, y que no ayuda nada ser conscientes de ellos. Algunos investigadores afirman que los puntos ciegos evolucionaron como ayudas para la toma eficaz de decisiones, así que cuando un tigre de dientes de sable se dirigía hacia ti (por ejemplo), no era necesario que te detuvieras y pensaras qué hacer, ya que un atajo mental nos ayudaba a tomar las decisiones correctas enseguida. Desgraciadamente, los mismos atajos mentales que nos ayudaron a sobrevivir a encuentros con los tigres tienden ahora a hacernos tropezar cuando tenemos que adoptar decisiones más típicamente modernas que involucran la gestión de la cadena de suministros, o una reestructuración organizativa. Entonces, ¿qué podemos hacer? Es imposible ser siempre conscientes de los setenta y cinco puntos ciegos para evitar que nos influyan en nuestras decisiones. Nuestra única esperanza es conseguir percatarse del origen de todos ellos —del punto ciego fundamental, si lo prefieres— e intentar atenuarlo.

Este punto ciego fundamental consiste en nuestra tendencia a considerar que todo lo que hay en el mundo es equipamiento, o sea, una herramienta para nuestros propósitos más que objetos en sí mismos, sin condicionarlo por el uso que podamos darle. Los psicólogos llaman a esta tendencia *fijeza funcional*, y la consideran solamente un sesgo cognitivo entre muchos, pero el filósofo del siglo XX Martin Heidegger lo llamaba *al alcance de la mano*, y argumentaba que es la forma primordial en que ven (o captan) los seres humanos el mundo. Creo que el punto de vista de Heidegger es el más útil para los líderes, porque no solo proporciona una explicación del punto superciego que crea todos los demás, sino que también da a entender cómo podemos eliminar las anteojeras, o, al menos, cómo podemos echar un vistazo de cuando en cuando. Hablaré más de Heidegger dentro de un momento, pero veamos primero un cuento corto de Roald Dahl, escritor cuyas obras giran sobre los puntos ciegos. Se llama «Cordero asado» y es una buena ilustración de la fijeza funcional.[3]

Mary Maloney es una mujer felizmente casada (o eso cree ella). Una tarde, su marido, Patrick, llega a casa del trabajo y le informa con cruda brusquedad que va a dejarla. La señora Maloney se da por enterada y dice que va a preparar la cena. Baja al sótano, saca una pierna de cordero del congelador, sube las escaleras, camina hacia su marido, que está sentado de espaldas a ella en su sillón, y lo golpea fuertemente en el cráneo con la pierna de cordero. Él se derrumba, muerto.

La señora Maloney, que se da cuenta de que debe hacer que todo parezca obra de un intruso, mete la pierna de cordero en el horno y se prepara para su actuación: que salió a la tienda a comprar guisantes, que volvió a casa y se encontró a su marido en el suelo, que llamó a la policía horrorizada y en estado de *shock*. Los policías llegan enseguida y proceden con la investigación. Todos ellos son muy amables con la señora Maloney, puesto que su marido estuvo también en el cuerpo y el inspector jefe, Noonan, es un viejo amigo suyo. Los hombres se pasan horas rebuscando por la casa para encontrar el arma del crimen, que saben que es un objeto romo y pesado, algo así como una gran llave inglesa o un florero de metal, pero no aparece nada.

A última hora de la tarde, el inspector Noonan avisa a la señora Maloney de que el horno sigue encendido y que dentro está la carne para la cena. Ella lo mira con los ojos llenos de lágrimas y le suplica que le haga un favor: ya que el inspector y sus hombres deben de estar muy cansados y hambrientos y que todos ellos eran buenos amigos de su querido Patrick, ¿les apetecería comerse la pierna de cordero?

Poco rato después, los policías están sentados en torno a la mesa con la boca llena, hablando del caso. Todos están de acuerdo en que debía de haber sido «un garrote enorme» lo que el intruso utilizó como arma, y que es poco probable que todavía lo lleve encima. No, posiblemente sigue ahí mismo en la casa, ante sus propias narices.

AL ALCANCE DE LA MANO Y «PRESENTE EN LA MANO»

La fijeza funcional significa que tenemos tendencia a ver las cosas únicamente por su uso convencional, más que por sus cualidades intrínsecas, cualidades que casi siempre conducen por sí mismas a usos alternativos. En el cuento que acabo de destacar, hay una pierna de cordero que los policías ven solamente como algo que comer (que lo es) y no como un objeto grande en forma de garrote (que también lo es). De la misma manera, en el mundo real existen productos, procedimientos, tecnologías y personas a los que vemos solo con respecto al papel que interpreten en ese momento y no por lo *demás* que podrían ser o hacer.

Para Heidegger, que nuestro enfoque sobre la función sea corto de vista proviene de nuestra experiencia fundamental del mundo como algo «al alcance de la mano». El concepto de «al alcance de la mano», que describió en primer lugar en su libro *Ser y tiempo*, de 1927, sacudió la filosofía occidental, que hasta aquel momento había supuesto que experimentamos el mundo como sujetos que miran objetos y ven sus cualidades: grandes, pequeños, rojos, amarillos, suaves, rugosos, etc.[4] No, eso no es así, dijo Heidegger: los seres humanos no somos observadores separados, sino comprometidos resueltos. Utilizamos las cosas; las producimos, adquirimos, abandonamos, emprendemos, cuidamos, intentamos y logramos. Estamos interactuando constantemente con el equipamiento del mundo; y como estamos involucrados constantemente con él, en cierto sentido somos ciegos a él.

Piensa en el pedal del acelerador de tu automóvil. Cuando lo estás conduciendo, eres consciente de él, pero no lo percibes como un objeto rectangular de siete centímetros por quince, que tiene una superficie rugosa de caucho gris, que se levanta aproximadamente a diez centímetros del suelo y que ofrece cierta resistencia al pie cuando lo aprietas. En realidad, no lo percibes en absoluto; tú simplemente *conduces el automóvil*, y el acelerador —junto con el volante, los frenos, los asientos y todo lo demás— desaparece al conducir. Todo es equipamiento que utilizas para su propósito habitual. Suponiendo que todo funcione perfectamente, permanecerá invisible.

Nuestra experiencia habitual del mundo como algo que está al alcance de la mano es la razón principal de que surgan inevitablemente los puntos ciegos, que dan lugar a malas decisiones. Una tristemente célebre expedición a la cumbre del Everest en 1996, en la que perdieron la vida cinco personas, es un ejemplo claro de esto (ver «A hombros de gigantes: Michael Roberto y Gina Carioggia sobre la locura de la montaña», en la página 249). En pocas palabras, un equipo secundario de alpinistas y su líder se decidieron a subir a la cumbre a una hora tardía, a pesar de un acuerdo anterior de volverse si no estaban en la cumbre a eso de las dos de la tarde y a pesar de las indicaciones de que una tormenta se acercaba. Algunos de los alpinistas no alcanzaron la cumbre hasta las cuatro de la tarde, en el camino de bajada se perdieron o se quedaron atrapados por la oscuridad y el mal tiempo y murieron. Aunque las causas del desastre eran complejas, muchos analistas están de acuerdo en que el factor principal fue la «fiebre de la cumbre», un síndrome por el que a los alpinistas les ataca la decisión de ascender a la cumbre y desaparecen todas las demás consideraciones.

Cuando la fiebre de la cumbre se apoderó del equipo, la montaña se volvió por completo algo al alcance de la mano: solo otra pieza del equipamiento, otra parte más de su plan. Los alpinistas dejaron de ver el hielo y la nieve, las señales de la tormenta que se acercaba y la oscuridad creciente. Estaban ciegos al Everest como una entidad objetiva, cuyas cualidades no correspondían con su propósito y que tenía el poder de matar.

Los seres humanos somos capaces también de una visión del mundo sujeto-objeto más desapegada. Heidegger llamó a esta modalidad *presente en la mano*. Decía que lo presente en la mano tiende a saltar a nuestro enfoque cuando las cosas se rompen o funcionan mal de alguna manera.[5] De repente aparece una «cosa en sí misma», distinta de la función que tenga para nosotros. Por ejemplo, imagínate que el acelerador de tu automóvil se quedase trabado en la posición más alta; en un instante tú estarías inclinado hacia delante y mirando a los siete por quince centímetros de rectángulo rugoso de goma gris que se encuentra sobre una palanca que ya no cede a la presión. La emergencia de un *objeto* indisciplinado desde un mundo de equipamiento que funciona con suavidad es increíblemente discordante; es como si una muñeca vieja y muy querida se metamorfosease de repente en Chucky, el muñeco diabólico. Por eso lo «presente en la mano» atrae nuestra atención como ninguna otra cosa y crea puntos ciegos, igual que lo hace lo que está «al alcance de la mano».

La descompostura puede suceder en cuestión de segundos y puede tener efectos trágicos, como ocurrió en el incidente real que sigue.

Suzanne LeBeau, de Santa Fe, en el estado de Nuevo México, tenía sesenta años de edad y era una ciclista entusiasta.[6] A las once de la mañana de un sábado de abril pedaleaba hacia el oeste cruzando St. Francis Drive, una autovía con mucho tráfico que atraviesa la ciudad de norte a sur. En su lado oeste, y paralelas a la autovía St. Francis, están las vías del tren del Rail Runner Express. En ese mismo momento, un tren se dirigía al sur y se encontraba a unos cincuenta metros del cruce hacia donde pedaleaba LeBeau. Las barreras del cruce estaban bajadas, interrumpiendo el paso por la calle que en dirección este-oeste pasaba por encima de St. Francis y de las vías, las luces rojas parpadeaban intermitentes y las campanas de aviso estaban funcionando. El maquinista del tren vio a LeBeau y tocó con fuerza varias veces la bocina. Ella no llevaba puestos auriculares y oía perfectamente. Pedaleó por encima de la autovía hacia el carril bici, y se metió directamente frente al tren. Murió en el acto.

Quienes leyeron la noticia en los periódicos estaban desconcertados. ¿Cómo podía haber sucedido algo así? Algunos escribieron cartas a los periódicos sugiriendo que LeBeau debía de haber sufrido un pequeño derrame cerebral, o que estaba deshidratada. Yo no lo creo, y por esta razón: los vídeos de vigilancia que recogieron el accidente muestran que los semáforos del tráfico norte-sur en St. Francis se pusieron en verde en el momento justo en que LeBeau alcanzó la mediana, lo que provocó que se apresurase a cruzar los carriles dirección sur. Dicho de otra manera, estaba en el medio de una autovía de seis carriles cuando, de repente, algo se «rompió»: el semáforo se puso en verde para los vehículos. En ese momento, ciertos fenómenos debieron de haber saltado a su enfoque. Los automóviles que venían, la mediana, los tres carriles de tráfico hacia el sur, el carril bici que había delante: posiblemente vio todo esto en clarísimo detalle como objetos potencialmente peligrosos que requerían su atención por completo. El tren que venía no estaba en esa imagen en absoluto. LeBeau tenía toda su atención puesta en el amenazador «presente en la mano» y estaba ciega para todo lo demás.

A hombros de gigantes
MICHAEL ROBERTO Y GINA CARIOGGIA
SOBRE LA LOCURA DE LA MONTAÑA

«Una hazaña increíble y una gran tragedia tuvieron lugar en las faldas traicioneras del monte Everest en la primavera de 1996», escribieron Michael Roberto y Gina Carioggia en uno de los casos-estudio más populares de la colección de la Escuela de Negocios de Harvard, un caso que han utilizado muchos formadores de liderazgo para ilustrar los principios y los peligros de la toma de decisiones.[7]

El 10 de mayo, Rob Hall y Scott Fischer, dos de los guías de altura más experimentados del mundo, condujeron a una cordada de veintitrés alpinistas hasta la cumbre. A pesar de su experiencia, tanto Hall como Fischer y otros tres alpinistas más perdieron la vida cuando estalló una tormenta en el descenso. Algunos observadores hicieron hincapié después en los riesgos inherentes al Everest y a la inevitabilidad de la tragedia. Otros no estaban de acuerdo y opinaban que el desastre no fue un accidente, sino más bien el resultado final de líderes que tomaron decisiones incorrectas.

¿Desastre natural, o error humano? Quizá no haya mucha diferencia. Uno de los supervivientes dijo que por encima de los ocho mil metros de altura «la línea entre la precaución adecuada y la temeridad por la fiebre de la cumbre se vuelve sensiblemente fina».[8] Parece ser que la fiebre de la cumbre puede ser tan cegadora como cualquier tormenta de nieve.

CÓMO MITIGAR LOS PUNTOS CIEGOS

De manera que existen dos formas principales en las que los puntos ciegos, y las malas decisiones subsiguientes, se presentan de manera natural. La mayor parte del tiempo vamos por ahí alegremente, inmersos en el *al alcance de la mano*, nuestro «equipamiento» de confianza, captándolo, pero sin verlo, y sin considerar nunca los papeles alternativos que podría tener ni los peligros que pudiera presentar. Entonces, cuando las cosas se rompen, fijamos nuestra atención en lo *presente en la mano* momentáneo y trabajamos frenéticamente para arreglar lo que se haya roto. Eso no es nada malo en las situaciones de emergencia, pero sigue sin ser lo ideal, puesto que puede cegarnos a los trenes que vengan. ¿Qué podemos hacer con estos dos tipos de miopía?

Como hemos visto, los sesgos cognitivos son inevitables. No obstante, es posible mitigarlos y tomar decisiones con la vista clara; de hecho, hay algunos líderes que son conocidos por esta capacidad. Piensa, por ejemplo, en Nelson Mandela y en su defensa del equipo de rugby Springboks poco después de convertirse en presidente de Sudáfrica (el tema de la película *Invictus*).[9] Un líder de menos envergadura no podría haber visto a los Springboks como algo diferente del odiado símbolo de la tiranía racial, ya que ese fue el papel que interpretaron en las vidas de los negros sudafricanos durante muchos años. Esa era su «función»; para la mayor parte de la gente no eran más que eso. Pero Mandela los vio como un equipo deportivo, sencillamente, un equipo que tenía cualidades objetivas que podrían adaptarse a un papel muy diferente. Podrían convertirse, digamos, en una fuente unificadora de orgullo nacional para un país que lo necesitaba desesperadamente.

De cuando en cuando hay líderes que, como Mandela, son capaces de levantar las anteojeras de la fijeza funcional y ver qué *otra cosa* podría ser algo (o alguien). Como resultado de ello, toman mejores decisiones. ¿Qué los capacita para levantar las anteojeras?

Heidegger dijo que la claridad de lo «presente en la mano» solamente surge cuando se rompe el piloto automático de lo «al alcance de la mano», pero hemos visto que esa superclaridad súbita puede crear una especie de nerviosa y asustada visión en túnel que no es mejor que el piloto automático. Los mejores líderes no se quedan en piloto automático, ni esperan pasivamente a que *ocurran* las rupturas, sino que más bien dan los pasos proactivos en curso para *romper con* su manera corriente de considerar las cosas. Se las arreglan sistemáticamente para ver entidades, personas y situaciones con una luz renovada. Algunos líderes, para adoptar esas perspectivas nuevas, podrían acudir a talleres de innovación o contratar a asesores creativos, pero la mejor manera de hacerlo es realmente mucho más directa: los líderes tienen que hablar —y, aún más importante, tienen que escuchar— a un grupo heterogéneo.

Un estudio llevado a cabo en 2011 por el profesor Alex Pentland, del Instituto Tecnológico de Massachussetts, respalda este consejo clara y cuantitativamente.[10] Analizó las decisiones tomadas por miles de agentes de bolsa y cambio en eToro, que es una plataforma *online* que permite que los agentes se observen y se copien unos a otros. Averiguó que los agentes caían en tres grupos: aquellos que tomaban sus decisiones en una especie de cámara de aislamiento, sin interés alguno en lo que los demás estuviesen haciendo; aquellos que seguían servilmente las tendencias, copiando solo lo que hacía la mayoría de aquellos que sacaban gran cantidad de ideas de otros agentes, pero que no seguían al rebaño. El tercer grupo conseguía ganancias un treinta por ciento más altas que los demás.

La gráfica de las estrellas establece la misma idea visualmente. Como líderes, estamos rodeados por una vasta galaxia de ideas y perspectivas (figura 15.1). Cuando llega la hora de tomar una decisión importante, la cuestión es hacia dónde apuntar el telescopio (figura 15.2). Nuestro primer impulso será el de enfocarnos en nuestro *círculo privado*: nuestros consejeros «al alcance de la mano». Si quisiéramos abarcar una zona más amplia, es probable que nuestro paso siguiente fuesen los *datos de tendencias*: ¿qué hace y qué piensa toda la gente de ahí fuera? Sin embargo, una tendencia es simplemente una abstracción matemática que representa el promedio de muchas opiniones,

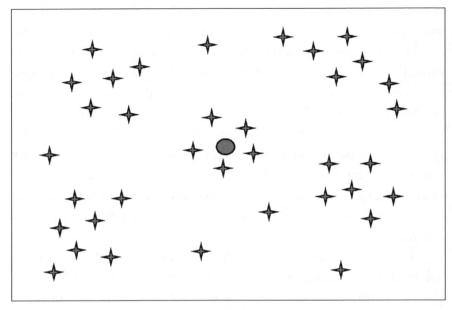

Figura 15.1 La gráfica de las estrellas: una galaxia de ideas

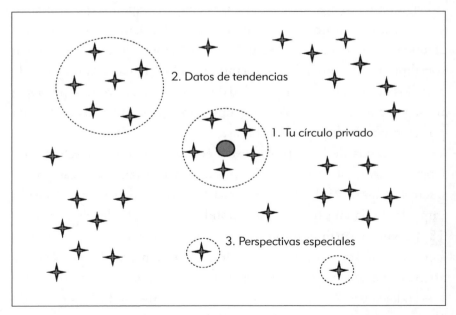

Figura 15.2 La gráfica de las estrellas al apuntar el telescopio

y al perseguir tendencias solo se cambia un tipo de miopía por otro. Para eliminar las anteojeras, tenemos que examinar las *perspectivas especiales* de personas diferentes; no podemos preguntarles solo a los amigos y luego estudiar los datos, sino que debemos salir fuera y hablar con los raros, con los inconformistas, con las estrellas solitarias.

Parece que todo esto fuese evidente, pero muchos líderes se comportan como si las buenas decisiones surgieran principalmente en las reuniones que mantienen con su equipo ejecutivo, mientras que muchos otros sienten confianza solamente cuando vuelan a lo largo de una línea clara de tendencias. Mantener en mente la gráfica de las estrellas puede ayudarte a evitar ambas trampas (ver «Herramienta de comunicación: consultar con las estrellas», a continuación).

Herramienta de comunicación
CONSULTAR CON LAS ESTRELLAS

Piensa en alguna decisión importante y compleja que tengas que tomar y que afecte a varias personas además de a ti. Utiliza las siguientes preguntas para que te ayuden a salir de tu perspectiva actual y atenúen los puntos ciegos conforme tomas esa decisión.

1. ¿Qué es lo que «hace todo el mundo» en situaciones así? Nombra algunas tendencias que estarías tentado de seguir a la hora de tomar tu decisión.

2. ¿Qué personas es más probable que tengan opiniones o perspectivas diferentes en esa situación? Asegúrate de considerar a personas que estén fuera de tu círculo inmediato, que no posean experiencia en el problema o que tengan un punto de vista poco común (el jefe de otro departamento, un competidor, tu compañero de piso en la universidad, tu abuela, tu jardinero...). Haz una lista con cinco o seis de esas «estrellas».

3. Ve a hablar con cada estrella; pide que te diga lo que opina sobre tu decisión. Deja claro que no les pides que te digan qué hacer, pero observa sencillamente los pensamientos que tengan sobre la situación.

4. Una vez que hayas terminado todas las conversaciones, responde a las preguntas siguientes:

- ¿Qué has aprendido?
- ¿Qué puntos ciegos posibles se han desvelado como resultado de escuchar las diversas perspectivas?
- ¿Qué posibilidades nuevas, o qué papeles alternativos, ves ahora respecto a las personas, grupos, productos o sistemas involucrados en esa decisión?
- ¿Qué peligros e inconvenientes ves en las tendencias que has identificado?
- En conjunto, ¿piensas de forma diferente respecto a esta decisión?

A veces los diferentes puntos de vista no impiden que un líder tome una mala decisión, sino que más bien lo salvan de las consecuencias de hacerlo. Consideremos otro cuento de Roald Dahl. Este trata de Mike, un corredor de bolsa de Londres que quiere conseguir la reputación de «sibarita».[11]

Mike está excesivamente orgulloso de su bodega de vinos, y una tarde apuesta con un invitado, un famoso gourmet, a que este no logra adivinar la variedad y la añada del clarete que le está sirviendo. Mike está tan ciegamente seguro de ganar la apuesta que decide añadir a ella la concesión de la mano de su hija de dieciocho años. Conforme el invitado gastrónomo (un hombre repulsivo) paladea y repaladea el vino y adivina despacio y regodeándose la zona, el pueblo y la viña, compartimos el creciente horror que siente Mike ante lo catastrófico de su decisión.

No te estropearé el final. Baste con decir que es la perspectiva especial de una persona a la que frecuentemente se pasa por alto lo que salva a Mike, a su hija y la situación.

A continuación, el clásico estudio de la Segunda Guerra Mundial en Japón de la antropóloga Ruth Benedict nos revela las dimensiones de la cultura.

Grandes escritores
EL CRISANTEMO Y LA ESPADA, DE RUTH BENEDICT

Cuando se hace referencia a una «antropóloga famosa» todavía hay mucha gente que piensa en Margaret Mead. El libro de Mead, *La mayoría de edad en Samoa*, le valió a su autora un nivel de fama que su maestra, Ruth Benedict, no disfrutó nunca, pero es indiscutible que esta fue una pensadora más influyente. Benedict no solo moldeó la naciente disciplina de la antropología, sino que también escribió un libro que muestra la profundidad del conocimiento que podemos conseguir, incluso en medio de un conflicto violento, al valorar las diferencias culturales.

La idea semiolvidada de la existencia de un supuesto «carácter nacional» volvió a la palestra cuando, hacia la mitad de la Segunda Guerra Mundial, el Gobierno de los Estados Unidos le encargó a Benedict que escribiese un análisis cultural de Japón. Los antropólogos contemporáneos consideraban las etiquetas nacionales como «China es una sociedad jerárquica» como una tontería; pero, como señala Benedict, es igualmente tonto creer que todos los países son iguales. Sobre todo cuando se trata de cuestiones morales (¿dónde reside el deber personal?, ¿qué acciones merecen respeto?, ¿qué hace que la vida sea buena o mala?), la gente de diferentes países muestra patrones de pensamiento diferentes, y esas diferencias merecen ser estudiadas.

Las descripciones que hace Benedict de los patrones culturales japoneses son vívidas a la par que sutiles. Sus ejemplos varían desde las anécdotas de la vida diaria, como el hijo que da de lado a su amada esposa en deferencia con los deseos de su madre, hasta las leyendas populares, como el cuento de los cuarenta y siete *ronin* (samuráis sin señor), que muestran lo que significa el honor al conspirar, mentir y morir por su señor feudal. Desde 1944 han cambiado mucho las cosas en Japón y ciertos de los aspectos del «carácter nacional» que describiera Benedict podrían no ser pertinentes hoy; no obstante, el libro sigue sin tener parangón por su capacidad para mostrar cómo aproximarse a una cultura nacional diferente de la propia.

Lee esto en *El crisantemo y la espada*, capítulos 1-3, 5-8 y 10.

Capítulo 16

Cultura

Si el sesgo cognitivo es un asunto candente en la bibliografía del liderazgo, el sesgo *cultural* lo es todavía más. Gracias al ascenso de las organizaciones multinacionales y al florecimiento de las tecnologías que facilitan (al menos, logísticamente) comunicarse con gente del otro lado del mundo, los líderes se encuentran frecuentemente trabajando con equipos multiculturales y respondiendo a ofertas de ayuda de asesores de muchas culturas diferentes. Quizá no sea una sorpresa que esos asesores hagan hincapié en la dificultad de la comunicación intercultural. Hay algunos incluso que aseguran que es imposible conocer las perspectivas de otra cultura por lo atados que estamos por la nuestra, y que lo mejor que podemos hacer es aprender a no ser agresivos.

De hecho, podemos hacerlo mucho mejor. Afortunadamente para los líderes mundiales, el sesgo cultural es sensible a la educación, esto es, a una educación liberal que nos sumerja en una gran cantidad de ideas y nos enseñe a preguntarnos lo que parece evidente. Aunque los grandes viajes y tener facilidad para los idiomas son factores útiles para ello, no son fundamentales; lo importante es desarrollar el hábito de estar *atentos a lo que piensan, sienten y creen los demás*, y luego ampliar nuestra atención de manera que incorpore los pensamientos, sentimientos y creencias de varias culturas. Si lo hacemos, averiguaremos que sí, que las culturas pueden ser asombrosamente diferentes, y que sí, que es posible comprenderse unos a otros.

COMPRENDER AL ENEMIGO: LOS ESTADOS UNIDOS Y JAPÓN, 1945

El Gobierno de los Estados Unidos encargó en junio de 1944 a la antropóloga Ruth Benedict que dirigiese un análisis sobre la cultura japonesa. El propósito del estudio era ayudar a los líderes de los aliados a predecir cómo se comportarían cuando la Segunda Guerra Mundial fuese acercándose a su fin: ¿se rendirían sin que fuese necesaria una invasión a gran escala?; cuando se declarase la paz, ¿habría tradicionalistas escondidos por el campo esperando para atacar?; ¿cuánto tiempo habría que imponer la ley marcial?; ¿sería necesaria una revolución japonesa del tipo de la francesa o de la rusa como base para una paz duradera?...

Mucho dependía de las respuestas a estas preguntas, y alcanzar las respuestas no sería fácil, porque, como cuenta Benedict en la primera página del libro, «los japoneses eran el enemigo más extraño contra el que hubiesen luchado los Estados Unidos jamás en una guerra total. En ninguna otra guerra [...] fue necesario tener en cuenta unos hábitos de actuar y de pensar tan extremadamente diferentes».[1] Ella se dispuso a comprender a ese enemigo dotada de una mente abierta. Su pregunta era cómo podrían pensar y comportarse *ellos*, no cómo pensaríamos y nos comportaríamos *nosotros* si estuviésemos en su lugar. Esa es la pregunta que debería formular todo líder intercultural.

El crisantemo y la espada pinta un complejo retrato de las ideas y las formas japonesas de mediados del siglo XX. Uno de los conceptos que tuvieron una repercusión especialmente profunda sobre los acontecimientos de la época fue el *gimu*. El *gimu*, que se traduce frecuentemente como el «deber», es en realidad una idea mucho mayor: es una deuda ilimitada que uno adquiere al nacer y que nunca podrá cancelarse ni pagarse. El *gimu* hacia los padres y los antepasados se llama *ko*; el *gimu* al emperador, a la ley y a Japón es *chu*. Dice Benedict que fue el *chu* lo que condujo al extraordinario comportamiento (para los ojos occidentales) de los japoneses en la rendición a los aliados en 1945.

El *chu* es semejante a lo que los occidentales llaman patriotismo, pero no es lo mismo que la lealtad a la bandera y al país. Se concentra sobre el emperador mismo y es profundamente personal. A los occidentales, y sobre todo a los estadounidenses, puede parecerles repulsiva la idea de la lealtad patriótica dirigida a una sola persona, pero para los japoneses era algo necesario y maravilloso que su símbolo supremo fuese supremamente humano. Según Benedict: «Ellos podían amar y él podía responder; llegaban al éxtasis si él "desviaba sus pensamientos hacia ellos"; dedicaban sus vidas a "aliviarle el corazón"».[2] Los japoneses que se formaban para ser profesores suspendían si citaban el amor al país como el deber supremo, ya que la respuesta correcta era el pago de la deuda con el emperador. Obedecer al emperador, o a aquellos que hablaban en su nombre, era satisfacer un pago minúsculo de la abrumadora deuda. Hacer las cosas de otro modo sería inimaginable.

El 14 de agosto de 1945, el mundo vio una demostración del poder del *chu*. Muchos occidentales expertos en Asia creían que era ingenuo imaginar que los ejércitos japoneses se rendirían jamás, y mucho menos que entregarían pacíficamente las armas si todavía se sentían capaces de luchar. Otros estaban convencidos de que la rendición era posible solo si se producía una revolución al estilo occidental y caía el Gobierno japonés; pero en opinión de Benedict, esos observadores no tenían en cuenta el *chu*. Cuando el emperador habló, la guerra terminó. Los soldados estadounidenses aterrizaron en los aeródromos y se los recibió con cortesía. Los corresponsales extranjeros llegaron por la mañana y por la tarde ya estaban comprando recuerdos para regalo. Los japoneses aliviaban el corazón del emperador cumpliendo todo lo que él deseaba, que una semana antes podía haber sido la guerra, pero que hoy era la paz. Aunque la revolución o la resistencia encubierta pueden significar la fortaleza de una nación, la de Japón era:

la capacidad de exigirse a sí mismos como *chu* el enorme precio de la rendición incondicional, antes de que su capacidad de lucha se rompiera. No obstante, ante sus propios ojos este pago enorme aportó algo que ellos valoraban sobremanera: el derecho de decir que había sido el emperador quien había dado la orden, incluso si la orden era la capitulación. Hasta en la derrota, la ley más alta seguía siendo el *chu*.[3]

LAS TRES DIMENSIONES DE LA CULTURA NACIONAL

Existen muchos esquemas para conocer y comprender la cultura. La mayoría provienen del modelo de las «dimensiones» desarrollado en los años setenta por el psicólogo social Geert Hofstede (ver «A hombros de gigantes: Geert Hofstede sobre la cultura nacional», más adelante). El asesor de empresas Fons Trompenaars, por ejemplo, propone estas cinco dimensiones: universalista contra particularista, comunitario contra individual, neutral contra emotivo, difuso contra concreto y logro contra adjudicación.[4] Otros escritores tienen modelos diferentes, la mayoría con una estructura «esto contra aquello» parecida.[5] Si sopesamos todos estos modelos juntos con un profundo análisis cultural como *El crisantemo y la espada*, hay tres dimensiones de la cultura que destacan como fundamentales:

- Universalista contra particularista.
- Igualitario contra jerárquico.
- Individualista contra comunitario.

A hombros de gigantes

GEERT HOFSTEDE SOBRE CULTURA NACIONAL

Entre 1965 y 1971, Geert Hofstede, fundador del Departamento de Investigación de Personal de la división europea de IBM, dirigió un estudio de actitudes y valores de los ciento diecisiete mil empleados de la empresa en todo el mundo.

De esa montaña de datos surgieron las cuatro dimensiones de la cultura nacional de Hofstede: *distancia grande o pequeña al poder* –la medida en que se acepta una distribución desigual del poder–, *individualismo o colectivismo* –la medida en que se integra la gente en grupos–, *evitación fuerte o débil de la incertidumbre* –la medida en que se tolera la ambigüedad– y *masculinidad o feminidad* –la medida en que se contrastan los logros, el heroísmo y la firmeza contra la cooperación, la modestia y el interés.

Posteriormente, Hofstede añadió una quinta dimensión: *orientación a largo o corto plazo* –la medida en que la gente sacrifica los placeres de hoy por el bien de su futuro.

¿De qué sirve preocuparse de todos esos matices? Sin duda, Ruth Benedict habría secundado la respuesta de Hofstede: «Si nosotros, los habitantes del planeta, no adquirimos una consciencia de nuestras diferencias mutuas, un conocimiento de las variables culturales básicas, una habilidad para comunicarnos eficazmente más allá de las fronteras y la voluntad de hacerlo, nuestro mundo será un lugar de lo peor».[6]

La segunda y tercera dimensiones se captan fácilmente; la primera necesita un poco de explicación. Lo de universalista contra particularista puede traducirse como «normas contra relaciones». ¿Qué cree una cultura que es más importante, normas que se aplican a todo el mundo o relaciones concretas con sus circunstancias concretas? En sus escritos, Trompenaars utiliza este ejemplo: vas en un automóvil que conduce un amigo íntimo. Este atropella a un peatón. Tú sabes que tu amigo iba 35 km/h por encima del límite de velocidad; pero no hay testigos. Si testificas bajo juramento que no sobrepasaba el límite, eso le salvaría de padecer graves consecuencias. Trompenaars plantea una pregunta: ¿cuánto derecho tiene tu amigo a esperar que testifiques a su favor?[7]

Resulta que la gente de culturas diferentes tiene puntos de vista muy distintos sobre esto. La mayoría de los estadounidenses y muchos norteuropeos tienden a tomarlo desde un enfoque marcadamente universalista: afirman que en esto se trata de cumplir la ley. Nadie tiene derecho a esperar que alguien se salte las leyes, ni siquiera un amigo íntimo, de manera que uno tiene que decir la verdad; pero muchos latinoamericanos, europeos del sur y asiáticos son particularistas: mentirían ante un tribunal para salvar a un amigo.

Según Trompenaars, que todavía son más interesantes las reacciones que tiene la gente cuando se les dice que el peatón murió. El universalista siente aún menos obligación de ayudar a su amigo, porque la muerte del peatón recalca la gravedad del asunto y hace que sea incluso más importante cumplir la ley. Por el contrario, los particularistas creen que su amigo necesita ayuda más que nunca, ya que está metido en un problema grave. La gente de cada tipo de cultura tiende a asombrarse ante las reacciones de los otros. «¿Cómo podría ser uno tan inmoral como para mentir bajo juramento en una situación tan seria como esta?», se preguntan los universalistas. «¿Cómo se puede ser tan inmoral como para negarse a ayudar a un querido amigo que está en una necesidad seria?», contrarrestan los particularistas.

La cultura japonesa, en su conjunto, se inclina hacia lo particularista, lo jerárquico y lo comunitario.[8] En la idea del *gimu* (recuerda que se compone de *ko* y de *chu*), las tres cualidades se cristalizan. El *gimu* es *particularista*, una deuda debida a los benefactores a quienes estás ligado por relaciones personales: tus padres, tus antepasados, el emperador. El *gimu* es *jerárquico*: ellos son tus superiores, consagrados por encima de ti para siempre. Y el *gimu* es *comunitario*: la virtud no reside en haberse hecho a sí mismo, ni en pagar las deudas que quieras contraer, sino en el eterno compromiso de pagar a tus benefactores, a quienes no elegiste. Por supuesto, las cosas se ven de manera muy diferente en los Estados Unidos, que son fuertemente universalistas, igualitarios e individualistas. No tiene nada de extraño que en la Segunda Guerra Mundial a cada cultura le resultase difícil comprender a la otra.

Es importante darse cuenta de que la cultura no es asunto de «una de dos». Como ocurre con las cuatro dimensiones de los tipos psicológicos (ver el capítulo 14), las tres dimensiones de la cultura nacional son escalas deslizantes. Digamos que una cultura podría ser fuertemente universalista, bastante jerárquica y a medio camino entre lo comunitario y lo individualista. La posición de tu cultura establece tu punto de vista sobre las demás culturas. Por ejemplo, México cae en algún lugar intermedio entre igualitario y jerárquico: es más jerárquico que Holanda, pero más igualitario que China.[9] Un líder mexicano trasladado a una empresa holandesa podría sorprenderse de lo fácilmente que cuestionan sus órdenes los empleados, pero ese mismo líder, trasladado a una empresa china, podría ver desagradablemente respetuosos a los empleados. Todo es asunto de perspectiva (ver «Herramienta de comunicación: entrevista intercultural», más adelante).

«¡BUENOS DÍAS, COMPAÑEROS!»

Este relato te mostrará lo que puede suceder cuando chocan las culturas dentro de una misma organización.[10] Un grupo de empresas, con base en Londres, envió a uno de sus ejecutivos británicos, el señor Greene, a Tokio para el puesto de director-gerente de sus operaciones en Japón. El señor Greene estaba ansioso por inspirar confianza y credibilidad a sus empleados japoneses. Sabía que era habitual que las empresas niponas realizasen reuniones los lunes por la mañana, con calistenia (ejercicios físicos para desarrollar la fuerza y la gracia) en grupo y debates acerca de la semana que empezaba, de manera que le preguntó al segundo jefe, el señor Akita, si establecer esas reuniones sería una buena idea. El señor Akita dijo que sí, claro, que era una idea excelente y que los empleados la agradecerían. De modo que el señor Greene lo preparó todo y cada lunes a las nueve de la mañana se apresuraba a llegar al auditorio y saludar a sus empleados con un jovial «¡buenos días, compañeros!».

Pasaron seis meses y el señor Greene no podía comprender por qué no conseguía progreso alguno. Los empleados permanecían distantes con él. En las reuniones, sobre todo las de los lunes por la mañana, se mantenían fríamente callados. Parecía que no podía construir relaciones con nadie, a nivel alguno. Por último, llamó al señor Akita a su despacho y le preguntó directamente: «¿Cuál es el problema?». El señor Akita parecía apenado y dijo que no lo sabía; pero el señor

Greene siguió presionándolo hasta que el señor Akita, apartando los ojos de bochorno, le pidió al señor Greene que le perdonase si le parecía demasiado franco, pero que sospechaba que a los empleados no les gustaba cuando el señor Greene empezaba cada reunión de los lunes diciendo: «¡Buenos días, japos!».*

Sin duda, el primer pensamiento del señor Greene fue: «Tierra, trágame». A fin de cuentas, había estado ofendiendo gravemente a todo su personal cada semana durante medio año. Y, probablemente, su segundo pensamiento fue: «¿Por qué no me lo ha dicho nadie?, ¿y por qué no se les ha ocurrido que yo podría estar confundiendo algún término».

Herramienta de comunicación
ENTREVISTA TRANSCULTURAL

Haz un esfuerzo coordinado por saber de una o más culturas nacionales diferentes de la tuya. Empieza por localizar a alguien (un colega, o un amigo) que haya vivido y trabajado en tu país y en otro durante períodos prolongados. Lleva a cabo una entrevista de cuarenta y cinco minutos con esa persona para aprender sobre la otra cultura y en qué se diferencia de la tuya.

Haz preguntas como estas:

- ¿Qué le parece sorprendente a la gente de este país cuando se marcha a vivir y trabajar en aquel?
- ¿Qué les sorprende a ellos de nosotros?
- ¿Cómo es hacer negocios en esa cultura?, ¿qué conviene tener presente?
- ¿Puedes contarme un par de anécdotas que ilustren las diferencias culturales?
- ¿Qué consejo le darías a un líder al que hayan destinado a ese país?

---

* N. del T.: el equívoco se produce por la similitud fonética entre «chaps» (compañeros, colegas) y «japs» (japos, gentilicio despectivo).

Considera escribir la entrevista para el boletín de noticias o el blog de tu organización.

Sin embargo, si pensamos en las dimensiones culturales, tiene sentido que nadie le dijera nada al señor Greene. Para los empleados japoneses, en una cultura particularista, jerárquica y comunitaria, el jefe siempre tiene razón. Es como un padre, es tu benefactor personal y se le deben respeto y obediencia incondicionales. Criticar las palabras que utilizaba sería algo profundamente vergonzoso, más o menos como darle una bofetada en la cara a tu padre. Además, una crítica así acarrearía la vergüenza no solamente sobre ti, sino también sobre todos tus compañeros. Está claro que al señor Akita le costó mucho ser sincero sobre el problema, incluso tras haber trabajado de cerca algún tiempo con el señor Greene.

La misma dinámica podría haberse dado con la situación a la inversa: con un gerente experto japonés enviado a Nueva York a, digamos, hacerse cargo de la división estadounidense de una empresa japonesa, que diera un terrible paso en falso. En ese caso, la cultura igualitaria e individualista de los empleados norteamericanos podría haberles hecho pensar lo siguiente: «Está claro que este tipo es un idiota; pero no es asunto mío, yo solamente estoy aquí para hacer mi trabajo. Al final, los de recursos humanos lo averiguarán y lo freirán. Mientras tanto, yo seguiré manteniendo la cabeza baja». Al ejecutivo japonés le ocurrió lo mismo que al señor Greene.

En cualquiera de los dos casos, la lección que se puede extraer es que, como líderes, a menudo tendremos que «tomar la iniciativa» (ver el capítulo 1), y no solo en lo obvio —establecer estrategias, lanzar productos nuevos, etc.—, sino también en lo no tan obvio: debemos ser los primeros en comprobar nuestras suposiciones, los primeros en confesar ignorancia, los primeros en pedir perdón, incluso cuando no sabemos por qué necesitamos disculparnos.

LA CULTURA CORPORATIVA ES IGUAL DE IMPORTANTE

La cultura nacional es algo claramente importante. Sin embargo, desde mi experiencia, se ha derribado a más líderes por falta de adaptación a las maneras de una organización que por falta de adaptación a las costumbres de una nación. A veces, una cultura corporativa es lo bastante fuerte como para superar las diferentes costumbres de una fuerza laboral global e impone una uniformidad que atraviesa las fronteras nacionales y rechaza a la gente que no encaje en el molde, venga esa gente de donde venga. Además, a diferencia del ambiente de trabajo (ver el capítulo 13), la cultura del lugar de trabajo no es maleable. La cultura es como una losa de hormigón, vertida y fraguada durante los primeros años de la vida de una organización; las huellas de las manos[**] que la decoran son los objetivos, creencias y valores de sus fundadores. Normalmente, repele todo esfuerzo para remodelarla o para eliminar esas huellas de manos. El líder que lo intente no tendrá más suerte haciéndolo que si intentase remodelar la cultura de una nación.

Las culturas corporativas pueden desplegarse según las mismas tres dimensiones de las culturas nacionales: universalista-particularista, igualitario-jerárquico e individualista-comunitario. De nuevo vemos que la primera de las dimensiones se traduce aproximadamente como «¿normas o relaciones?». Una organización universalista hace hincapié en las normas, en los papeles asignados y en los resultados; la gente está en ella para seguir las normas, cumplir con los papeles y conseguir resultados. No hay mucho que se deje al azar y existe poco margen para las idiosincrasias personales. Por otra parte, una organización particularista considera como fines en sí mismos la edificación de relaciones personales y el servicio a los clientes. Si le preguntas a alguien cómo funciona su lugar de trabajo, es probable que te hable sobre quién es cada uno, quién es amigo de quién y quién piensa qué, y apenas nada sobre las normas.

Un gerente que se desplaza de una región geográfica a otra puede tener dificultades a la hora de comprender las costumbres y las

---

[**] N. del T.: en los Estados Unidos es costumbre apoyar las manos sobre el hormigón fresco que se vierte en una propiedad familiar, como forma de marca y recuerdo.

mentalidades de la gente de allí, pero un gerente que se desplaza de una organización a otra experimenta con frecuencia una sacudida aún mayor si la organización nueva tiene una cultura muy diferente de la anterior.

Consideremos a Rona, la líder que vimos en los capítulos 2 y 11. Era la nueva jefa ejecutiva de la empresa de relaciones públicas Pinecone, que fue absorbida por el grupo de medios de comunicación Hanover. Rona se había pasado los últimos veinte años trabajando y ascendiendo en otras empresas del grupo. La sede central de Hanover radicaba en Sidney, y Pinecone estaba situada en California; no obstante, los orígenes geográficos de ambas empresas, que uno podría esperar que las hiciese compatibles (Australia y los Estados Unidos tienen culturas nacionales bastante parecidas), no importaban tanto como sus culturas corporativas, que eran radicalmente diferentes. Pinecone era fuertemente particularista, moderadamente igualitaria y extremadamente comunitaria, mientras que Hanover era fuertemente universalista, extremadamente jerárquica y moderadamente individualista (ver la figura 16.1).

Cuando Rona llegó a Pinecone, sintió como si la hubiesen lanzado en paracaídas sobre una tierra extraña. El hincapié en las relaciones personales, el deseo de crear un equipo para cada tarea —incluso pequeña—, el fácil cuestionamiento de la autoridad... todo ello pasó volando frente a los valores que Rona había absorbido durante los años que pasó en otras empresas de Hanover. Para ella, la cultura de Pinecone era poco profesional y nada productiva, bordeando la insubordinación. Desde la perspectiva de Hanover, Pinecone era probablemente todo eso; pero eso no quiere decir que pudiese cambiarse a base de los edictos de un líder.

Piensa en lo que sucedió cuando Rona intentó suprimir una pequeña tradición de Pinecone. Desde los primeros días de la empresa, cualquier empleado que la dejaba enviaba a toda la lista de empleados un correo electrónico de despedida en el que daba las gracias, deseaba lo mejor a todo el mundo y quizá compartía un recuerdo querido. En la orientada por las normas y jerárquica Hanover estas costumbres se

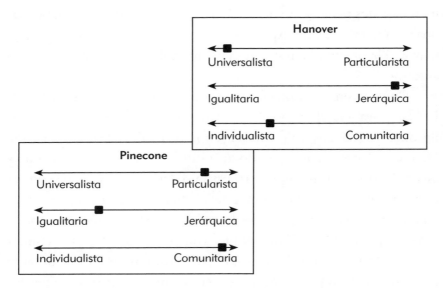

Figura 16.1 Dos culturas de empresa

consideraban muy inadecuadas. A la empresa se la veía como la propietaria de toda comunicación sobre asuntos personales y esos correos electrónicos estaban plagados de riesgos legales. Rona tomó el punto de vista de Hanover y les pidió a los de su equipo experto que pusieran fin a esa práctica. Lo hicieron obedientemente: dieron instrucciones de que cualquier empleado que se marchase no enviara su mensaje de despedida a la lista de empleados, sino a las direcciones individuales de correo electrónico, y de que se asegurase bien de que la dirección de Rona no estaba entre ellas.

El sabio de la gerencia Peter Drucker dijo: «La cultura se come a la estrategia para desayunar». Yo voy a ir más allá y afirmaré que la cultura se come a la estrategia, a la política, a las gráficas de flujo, a los organigramas y a las directrices de la gerencia para desayunar, y rumia presentaciones en PowerPoint el resto del día.

Sin embargo, si se acerca uno a ella con humildad, la cultura puede ser fascinante y amable. Un buen ejemplo de esto: una vez que afinó su «hola» de por las mañanas, al señor Greene lo perdonaron.

En el siguiente capítulo, la novela de terror más conocida del mundo nos revela uno de los rasgos de carácter que no le pueden faltar a ningún líder.

Grandes escritores
FRANKENSTEIN, DE MARY SHELLEY

Mary Godwin escribió *Frankenstein* cuando apenas tenía diecinueve años de edad. Ella y el poeta Percy Shelley, con quien se casaría en diciembre de aquel año, estaban de vacaciones en 1816 en el lago de Como, cerca de la propiedad del aristócrata británico Lord Byron (también poeta) y su médico, John William Polidori. El tiempo estaba lluvioso, así que el grupo, junto con la hermanastra de Mary, Claire Clairmont, buscó formas de divertirse dentro de la casa. «Cada uno de nosotros escribirá un cuento de fantasmas», anunció Byron una tarde en su Villa Diodati. Mary fue la única que acabó su cuento.[1] La primera edición de *Frankenstein* se publicó anónimamente, y cuando se reveló la identidad de la autora algunos lectores y críticos se quedaron estupefactos de que una novela tan macabra la hubiera escrito una mujer tan joven.

Hoy, *Frankenstein* viene cargado con dos conceptos erróneos comunes. El primero es que mucha gente supone que el título del libro se refiere al monstruo, cuando en realidad se refiere al creador de la criatura, Victor Frankenstein, que, como Mary Shelley, era un joven de unos diecinueve años. El segundo es que Hollywood ha introducido en nuestros archivos de imagen la del monstruo como una bestia que gruñe y que tiene tuercas en el cuello, mientras que el monstruo de Mary Shelley es sensible y benévolo. Al segundo año de su existencia, y gracias a sus propios esfuerzos, también es educado y elocuente. A pesar de su fealdad exterior, posee belleza de alma. Sin embargo, esa belleza no puede florecer sin los cuidados de su creador, que lo rechaza de plano.

Victor Frankenstein es otro ejemplo de un líder atrapado en la trampa número 8: *dominar y renunciar*. Mientras su criatura era un ser inanimado, algo que alimentaba sus ambiciones y que moldeaba con sus manos, Frankenstein no podía estar más entregado a su éxito. Sin embargo, tan pronto como la criatura cobra vida, él huye aterrorizado. El desgarrador resultado de su renuncia se revela después, en lo que le ocurre a la criatura. Así describe el «monstruo» su primera noche en la tierra después de salir tambaleándose a ciegas del laboratorio de Frankenstein:

Estaba oscuro cuando desperté; también sentía frío, y medio me asusté instintivamente, por así decir, al verme tan solo [...] Yo era un desdichado pobre, miserable y desamparado; no sabía nada, nada podía distinguir; pero sentía que el dolor me invadía por todos lados. Me senté, y lloré.[2]

Lee esto en *Frankenstein*: las dos primeras partes del libro nos cuentan lo sucedido con el monstruo (capítulos 11-16), una parte convincente para los líderes. El capítulo final, que contiene las últimas palabras del creador y la criatura, también es extraordinario.

Capítulo 17

El carácter, afianzado

E n este capítulo observaremos el primero y fundamental de los rasgos de carácter: el *valor*. Dijo C. S. Lewis que «el valor no es simplemente otra de las virtudes, sino la forma que tiene cada virtud en la adversidad»; para la poeta Maya Angelou: «Sin valor no podemos practicar ninguna otra virtud con constancia», y el filósofo de la Ilustración John Locke alababa a la fortaleza como «la guardia y apoyo de las demás virtudes».

VALOR Y COBARDÍA

Como hemos visto, los cinco rasgos de carácter del liderazgo son el valor, la integridad, la resistencia, la generosidad y el interés, y cada uno de ellos representa el punto medio, o mediana, de un continuo. Los ensayos de Churchill (capítulo 7) nos mostraron que los líderes eficaces se quedan en la mediana, mientras que los menos eficaces se deslizan hacia uno de los extremos o bien de uno a otro. Plutarco (capítulo 12) argumentaba que la fortaleza de carácter se desarrolla por medio de una educación en filosofía, que le mantiene a uno centrado en la mediana. Y el tratado de Jung sobre la personalidad (capítulo 14) nos ayudó a analizar el carácter refiriéndose a dos tipos psicológicos: la introversión y la extraversión. Pero el valor es la columna vertebral del carácter del líder, que refuerza cada una de las virtudes y hace que sean rectas y verdaderas (ver la figura 17.1). La cobardía es lo opuesto: la debilitadora del carácter, el vicio que hace que cada virtud sea débil y poco de fiar. Puesto que el valor y la cobardía se asientan en el corazón (o la columna vertebral) del carácter, los líderes necesitan poseer un conocimiento particularmente bueno de los dos.

Date cuenta de que la timidez, el rasgo situado en el extremo izquierdo del continuo del valor, no es lo mismo que la cobardía: la timidez es la reticencia a involucrarse. Como vimos en el capítulo 14, es un rasgo al que son propensos los introvertidos, con su tendencia a verterse hacia dentro y apartarse del mundo. La timidez no es lo más recomendable en un líder, pero no es lo mismo que la cobardía, un vicio de mucho mayor alcance con resultados mucho peores. La cobardía es la decisión total de proteger al yo del miedo, del dolor, del ridículo, del rechazo, del fracaso, de la incertidumbre y de cualquier otra herida física o emocional. La cobardía, dependiendo del líder y de la situación, puede manifestarse como cualquier otro de los extremos de los continuos de carácter. Por ejemplo, un líder extravertido sometido al ridículo podría intentar proteger su ego menospreciando a gritos a su antagonista (vehemencia). Un líder introvertido ante un fracaso profesional podría adoptar la actitud «no me importa» (indiferencia). La cobardía adopta muchas formas, y no todas ellas son tímidas.

Por otra parte, el valor es hacer lo que haya que hacer o lo que debería hacerse, incluso a riesgo de dañar al yo. Eso ya es bastante difícil para cualquiera, pero los líderes se enfrentan con una dificultad especial ya que su papel exige que se expongan a sí mismos al miedo, al dolor, al ridículo y a todo lo demás. Eso es lo que ocurre cuando una persona toma la iniciativa y se alza en la vanguardia de algo. El ciclista que va en cabeza se lleva todo el embate del viento, el primer soldado que asoma del muro atrae el fuego enemigo, el actor que tiene el papel principal es al que tiran tomates podridos y el gerente que toma las grandes decisiones es al que se culpa cuando las cosas van mal. Ser algún tipo de líder significa correr riesgo de muerte, quizá no una muerte física, sino la pequeña muerte del alma que llega con las burlas y los abucheos. Cuando lideramos, somos necesariamente vulnerables.

Y aun así, como líderes sentimos a menudo que debería ser al revés. La gente depende de nosotros, nos hace responsables del éxito de la misión y de la actuación del equipo, y por lo tanto, debemos ser invulnerables. Debemos revestirnos de una armadura y llevar una espada, de modo que si nos atacan podamos golpear al otro primero o desviar sus golpes. Creemos que sería algo horrible dejar a nuestro equipo desprovisto de líder.

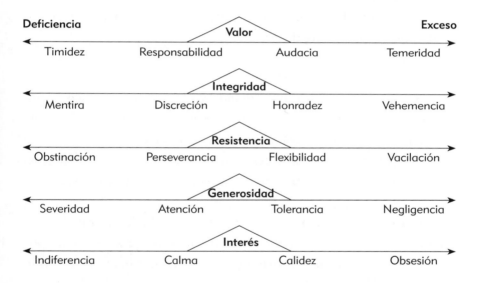

Figura 17.1 La columna vertebral del carácter del liderazgo

Pero aquí radica la paradoja: el valor, puesto que significa renunciar a la autoprotección en favor de hacer lo correcto, necesita generalmente que dejemos la espada y nos quitemos la armadura. Como dice el antiguo capitán de la Marina de los Estados Unidos David Marquet en su libro *¡Cambia el barco de rumbo!* (relato de liderazgo en un submarino nuclear), el valor de un líder es asunto «de preocuparse y de no preocuparse»: preocuparse por el éxito de tus subordinados y de la misión, y no preocuparse de las consecuencias de ello para ti mismo o para tu trayectoria profesional.[3] Los líderes cobardes lo viven al revés: se preocupan mucho de su propio éxito y de su seguridad, y no mucho de los de nadie más. Quieren disfrutar de las ventajas del liderazgo sin correr ninguno de sus riesgos, de manera que agarran fuerte la espada y se quedan bien protegidos dentro de la armadura.

Y cuando se presenta algo amenazador —incluso algo en cuya creación ellos han echado una mano—, salen corriendo, o, como saben que salir corriendo no es muy de líderes, niegan toda responsabilidad. Consideran que la amenaza es negativa; para ellos es algo diabólico, un monstruo que debe rehuirse.

El relato de terror más famoso de la literatura inglesa se centra en un líder exactamente de esta clase.

EL LÍDER QUE GRITÓ «MONSTRUO»

Había trabajado muchísimo durante casi dos años con el único propósito de infundir vida en un cuerpo inanimado [...] pero ahora, cuando había terminado, la belleza del sueño se desvanecía y un horror y un asco jadeantes me llenaban el corazón. Era incapaz de soportar el aspecto del ser que había creado, y salí corriendo de aquella sala.[4]

Victor Frankenstein, un estudiante destacado de filosofía natural (ciencias naturales) perteneciente a una familia suiza de buena posición, planea crear un ser viviente con materiales inanimados. Si lo consigue, y sabe que lo hará, será aclamado como un líder del pensamiento, un innovador, quizá como el hombre más grande del mundo. Lo más gratificante de todo serán las multitudes de seguidores que tendrá. Frankenstein cavila: «Muchas naturalezas felices y excelentes me deberán su ser; ningún padre podría reclamar el agradecimiento de su hijo tan completamente como yo mereceré el suyo».[5] Trabaja frenéticamente en su plan, descuidando sus estudios universitarios. Proyecta que su criatura sea de mayor tamaño de lo normal, de modo que no tenga que preocuparse por los detalles. Elige cada elemento físico para que todo sea impresionante: largos bucles negros, piel blanca y suave, buenos dientes, músculos grandes. Todas las horas de todos los días las dedica a este proyecto. Decide no preocuparse por si se está obsesionando (al fin y al cabo, nada grande se ha logrado sin una dedicación completa) y sigue perseverando hasta que descubre el secreto final necesario para infundir vida en la materia muerta. Por fin logra su objetivo una noche de noviembre.

Sin embargo, sus esperanzas se frustran inmediatamente. La criatura viviente no tiene el aspecto que él quería, ni actúa como se imaginaba. No lo amenaza de manera particular, pero no es lo que él se había imaginado. Mirando atrás, admite que su criatura ya *era* desagradable cuando yacía inerte sobre la mesa, pero al empezar a moverse es cuando se volvió horrorosa. Frankenstein sabe que su criatura aterrorizará también a los demás; no puede soportar la vista de su espantoso fracaso.

Si eliminas los elementos sobrenaturales, tendrás una situación conocida. Piensa en alguna vez en que tú (o cualquier otro líder) hiciste un movimiento atrevido: una elección controvertida en selección de personal, o una apuesta sobre un producto o tecnología innovadores. Tus esperanzas eran altas, pero poco después de su lanzamiento te diste cuenta de que no iba bien. El nuevo contratado no se enteraba de nada, los consumidores no compraban el producto, la tecnología no funcionaba como se anunció. ¡Era una pesadilla! Y lo peor es que estabas seguro de que todo el mundo iba a echarte *a ti* la culpa. En una situación semejante, ¿qué tiene que hacer un líder?

Victor Frankenstein sabe qué hay que hacer: se va corriendo a su habitación y se esconde en ella. Sin embargo, no es el terror lo que le mueve, porque no pide ayuda, no avisa a los vecinos y ni siquiera hace una barricada ante la puerta. Se concentra más bien en sus arruinadas esperanzas: «Sentí la amargura de la decepción; los sueños que habían sido mi alimento y mi plácido descanso [...] se habían convertido ahora en un infierno para mí, ¡y el cambio había sido muy rápido y el derrumbe completo!».[6] Empieza inmediatamente a referirse a su creación como «desgracia», «monstruo» y «demonio», y después de un rato de caminar arriba y abajo nerviosamente, se mete en la cama y se queda dormido, sin preocuparse de dónde esté la criatura o lo que pueda estar haciendo. Unas horas más tarde, la bestia entra en la habitación y extiende una mano, «al parecer, para detenerme», dice Frankenstein, aunque después sabemos que el desconcertado ser estaba buscando ayuda, muy comprensiblemente. Frankenstein, paralizado por los «sonidos inarticulados» (¿se esperaba que hablase francés, o alemán?) y la sonrisa desagradable de la criatura, huye al patio, donde pasa el resto de la noche. Al día siguiente vuelve a su casa de Ginebra, y allí se pasa el tiempo deambulando deprimido por el campo. No informa de la situación, ni emprende acción constructiva alguna; simplemente rumia pensamientos de autocompasión por la espantosa existencia de la desgracia... el monstruo... el diablo.

Un año después vuelven a encontrarse. Aproximadamente un mes antes, el hermano pequeño de Victor había sido brutalmente asesinado. Frankenstein sospecha, se ve después que correctamente, que fue su propia criatura quien cometió el asesinato y que esta todavía anda por el vecindario. Un día, paseando por la montaña, se encuentra cara a cara con ella. Intenta atacarla, pero su contrincante, de 2,40 metros de estatura, desvía fácilmente los golpes (recuerda: Frankenstein trabajaba en grande porque los detalles le parecían aburridos). La criatura, que luego sabemos que se ha pasado el año educándose a sí misma, pronuncia entonces el discurso central del libro:

> ¡Oh, Frankenstein!, no seas vengativo con los demás y pisotéame a mí solo, a quien debes al máximo tu justicia, incluso tu clemencia y tu afecto. Recuerda que soy tu criatura; yo tenía que ser tu Adán, pero en lugar de eso soy tu ángel caído, a quien alejaste de la alegría sin haber hecho nada malo [...]. Yo era bueno y benevolente, la desgracia me ha convertido en un demonio. Hazme feliz y volveré a ser virtuoso.[7]

Frankenstein se enfrenta con su cobardía por primera vez. Creó un ser viviente y después, cuando no obtuvo el resultado que esperaba, se negó a cuidarlo y ciertamente lo abandonó. Ese ser, ahora capaz de hablar, ha vuelto a aparecer con ciertas exigencias, la mayor de ellas que lo escuchen. Las palabras *escucha* y *óyeme* aparecen siete veces en lo que sigue de su discurso. Admite que ha matado al hermano menor de Frankenstein, pero suplica: «Te ruego que no me perdones; escúchame y luego [...] destruye el trabajo que hiciste con tus propias manos, si quieres».[8] Cubre los ojos de Frankenstein, diciendo que no debe mirarlo, sino escucharlo. Dice: «Escucha mi relato, es largo y extraño». Del relato sabemos que empezó con una inclinación a ver a los seres humanos como protectores y a reverenciarlos. Durante el año que pasó ha mostrado una increíble paciencia y un ingenio asombroso para ocultarse cerca de una austera casita de campo, donde aprendió a hablar escuchando a quienes vivían en ella. Es perspicaz y amable: al principio robaba comida de la casita, pero cuando se dio cuenta de que eso aumentaba la pobreza de sus habitantes, se puso a recoger frutos secos y bayas para sobrevivir. De noche cortaba leña para su «familia» y quitaba la nieve de los senderos. Además, se educó a sí mismo escuchándolos cuando leían en voz alta y luego estudiando los libros y periódicos que tiraban. En definitiva, parece tener un carácter muchísimo mejor que el de Frankenstein.

La criatura dice que, al final, se volvió un asesino. Sin embargo, lo hizo solo después de haber sufrido graves afrentas. Su intento, cuidadosamente planeado, de hacer amigos entre los seres humanos fue rechazado violentamente, y su galante rescate de un niño que se ahogaba solo le supuso un balazo en el hombro. Fue entonces cuando se juró buscar a su creador y vengarse de él.

ENCUENTRO CON LOS MONSTRUOS

Si Victor Frankenstein hubiera sido más valiente, ¿cómo se habría comportado? Un hombre medianamente valiente habría intentado al menos atenuar sus errores y evitar el peligro para los demás, encerrando al «monstruo», o, si se escapase, informando de su existencia a las autoridades. Pero un hombre verdaderamente valiente *se habría ocupado* de su creación. Al darse cuenta de que se relacionaba con ella como un padre con su hijo, habría intentado comprender sus necesidades y sus sentimientos y la habría ayudado a prosperar. Lo mismo sucede en el mundo real: los líderes manifiestan valor cuando se enfrentan a sus adversarios, pero muestran más valor aún cuando encaran sus responsabilidades. Un buen líder escucha y cuida a la gente que está a su cargo, le plazca o no. En palabras del papa Francisco: «Para construir la paz se necesita valor, mucho más valor que para la guerra. Se necesita valor para decir que sí al encuentro y que no al conflicto»[9] (ver «A hombros de gigantes: M. Night Shyamalan sobre enfrentarse con los monstruos», a continuación).

A hombros de gigantes
M. NIGHT SHYAMALAN SOBRE ENFRENTARSE CON LOS MONSTRUOS

Como Mary Shelley, el escritor y director de películas de terror M. Night Shyamalan sería probablemente de las últimas personas que incluirías en una lista de gurús del liderazgo.

Pero ten en cuenta *El sexto sentido*, la película de Shyamalan sobre un niño pequeño de nombre Cole que es capaz de ver a los muertos y hablar con ellos.[10] Cole es un niño tímido y retraído que está aterrorizado por los fantasmas que se enfrentan a él diariamente. Sin embargo, su psicólogo sospecha que los fantasmas no quieren hacerle daño y le aconseja que intente escucharlos. Al final, Cole reúne el suficiente valor y se enfrenta a uno de ellos, una niñita de aspecto horripilante que se mete en su dormitorio una noche. Le pregunta: «¿Quieres decirme algo?». Resulta que la niña sí quiere decirle algo y que él puede ayudarla. Una vez que Cole empieza a escuchar a los fantasmas, descubre que no son tan aterradores. Simplemente quieren que se los escuche.

Aunque tendemos a asociar el valor con las grandes hazañas que aparecen en los libros de historia, Cole nos indica que los momentos más valientes de un líder tienden a ser humildes y silenciosos. Sin espada, sin armadura, sin fanfarrias: solo alguien que se alza frente a un monstruo y le pregunta qué tiene que decir.

Si nosotros, como líderes, hacemos un esfuerzo valiente para «enfrentarnos» —si conforme se levanta la espantosa bestia de la mesa nosotros damos un paso adelante con preocupación en lugar de recular de miedo—, averiguaremos que, en la mayoría de los casos, los monstruos no lo son en absoluto. Aunque esto no quiere decir que vayan a convertirse siempre en ángeles, tampoco quiere decir que sean con toda seguridad los demonios que creímos que eran al principio. Podemos empezar por reconocer simplemente su punto de vista y animarlos a que hablen, porque nada es más encantador que un oído que comprende (ver «Herramienta de comunicación: la valentía de una respuesta gentil», a continuación).

Herramienta de comunicación
LA VALENTÍA DE UNA RESPUESTA GENTIL

La próxima vez que alguien te acuse de algo o te ataque, evita fustigarlo con una respuesta airada o sarcástica. En lugar de eso, haz acopio de coraje y utiliza la estrategia «VALOR»:

Valora su punto de vista
Aspira a saber y comprender más
Lanza un puente entre posturas
Obtén su ayuda
Recuerda agradecer su implicación

Ejemplos

- *Un vecino se queja:* «Entiendo lo que dices, y siento la molestia. ¿Tienes algo más que decirme?, ¿cómo podemos solucionarlo? ¿Podrías ayudarme si haces...? Lo comprendo y te agradezco que me hayas llamado la atención sobre este asunto».
- *Un miembro del equipo muestra una actitud negativa:* «Entiendo tu frustración; si estuviera en tu lugar, yo también la sentiría. ¿Puedes decirme qué llevó a esta situación? ¿Qué crees que deberíamos

hacer? Conforme, haré eso y sería muy útil que tu hicieses esto otro. Gracias por acudir a mí, ha sido una buena conversación».

El momento de valentía del liderazgo que mejor recuerdo ocurrió en una clase de orientación para los nuevos contratados de una empresa en la que trabajé a finales de los noventa. Era la media tarde del primer día, y el módulo siguiente consistía en una presentación por parte del director general, a quien llamaremos Sam. Sam llegaba tarde, y puesto que el organizador no quería darle un descanso a la clase y perder así el tiempo asignado al director general, todo el mundo se quedó sentado esperando durante unos quince minutos. Sam apareció al final y nos dio su charla sobre el código de conducta de la empresa, un código que hacía hincapié en tratar a los demás con respeto. Al final se interesó por si había alguna pregunta o comentario, momento en el que un joven alzó la mano y dijo, un poco demasiado alto: «Sí, tengo un comentario que hacer. Usted acaba de decirnos que esta empresa valora el respeto, pero ha llegado tarde. No creo que eso sea respetuoso».

Sam escuchó atentamente el comentario del empleado. Hizo una breve pausa y luego dijo: «Tiene usted razón, no fue respetuoso hacer que todos me esperasen. Lo siento mucho y le agradezco que me llame la atención sobre eso. Acaba de darnos usted un gran ejemplo de cómo se aplica el código».

El joven se tranquilizó. No tuvo que enfrentarse a consecuencias negativas por haber sido grosero con el director general en su primerísima semana, y pasó muchos años productivos en la empresa.

¿Quién fue la persona más valiente aquel día? Algunos dirían que fue el empleado nuevo, pero para mí fue Sam. Él era el director general, pero también era un hombre de sesenta y tantos años alzado ante un grupo de jóvenes espabilados, y uno de ellos acababa de hacerle quedar mal. La tentación de dar una respuesta autoprotectora —la respuesta del cobarde— debió de ser grande. Un tipo de cobarde podría haber replicado que había llegado tarde porque «estaba muy ocupado llevando la empresa que les da de comer, así que cierre la boca». Otra clase de cobarde podría haber dicho «otra pregunta», y luego le daría un toque al jefe del joven para que le pusiera las cosas difíciles.

Sam no eligió ninguna de estas opciones; en lugar de ello escuchó, reconoció su error e hizo que el sarcástico monstruito —que, en definitiva, era uno de *sus* monstruos— quedase bien. Sam no era ningún Frankenstein.

¿Quiénes son tus amigos? Y más importante aún: ¿quiénes son tus aliados? Los líderes inteligentes saben quién es quién en su red de relaciones, como veremos a continuación.

JUICIOS

En la quinta parte, el tema es el juicio: líderes que juzgan a otros, que son juzgados a su vez y que (frecuentemente) juzgan mal la situación. Los personajes principales de estos relatos están seguros de entender algo que realmente no entienden en absoluto; o, quizá, como los famosos ciegos que describían al elefante, captan solamente un trozo de la imagen y suponen que es el todo. Esos libros nos enseñan a cuestionarnos nuestras certezas como líderes: a cuestionarnos, por ejemplo, si sabemos realmente quién es un amigo, quién es inmoral o quién tiene la responsabilidad de un fracaso. Esos libros no nos piden que dejemos los juicios de lado, sino que pensemos y pensemos antes de juzgar.

Los temas de los capítulos que siguen son las relaciones, la responsabilidad, el talento, la visión y, de nuevo, el carácter. En cada caso empezaremos con un punto de vista simplista y luego examinaremos uno más matizado inspirados por algún clásico de la literatura. Comenzaremos con un cuento de Maupassant y una obra de Shakespeare —cada uno de ellos presenta relaciones más complejas y fluidas de lo que parece al principio—. Les siguen *Billy Budd*, de Herman Melville, un relato sobre un asesinato a bordo de un barco, en el que se pregunta si el responsable de un crimen es siempre la persona que lo comete, y *Emma*, la novela de Jane Austen sobre una joven que sobrestima sus capacidades como consejera, pero que va adquiriendo poco a poco una perspectiva más humilde de sus talentos y otra, más clara, de los talentos de los demás. Seguidamente, *Santa Juana*, de George Bernard Shaw, una obra sobre una adolescente que lidera un ejército y salva a una nación, pero que al final paga un alto precio por su visión. Por último, la novela corta *Los muertos*, de James Joyce, nos presenta a Gabriel Conroy: un pilar de la comunidad, un hombre de juicio probado y de buen carácter, cuyo autoconocimiento se transforma por una fiesta de Año Nuevo y sus consecuencias.

Grandes escritores
«BOLA DE SEBO», DE GUY DE MAUPASSANT

«Bola de sebo» es el primer gran éxito del escritor de relatos Guy de Maupassant, y aún hoy se sigue considerando una obra maestra. La frase inicial —«Durante días y días, pasaron por la ciudad los harapos del ejército derrotado»— da comienzo a un relato que, aunque se concentra muy de cerca en los ocupantes de una diligencia y en los retrasos de su viaje, verbaliza tantas alianzas estratégicas como podrían encontrarse en un relato militar de gran envergadura. Maupassant era conocido por su capacidad de observación y su talento para revelar, mediante sutiles detalles, aspectos ocultos de las relaciones humanas. En este relato, por ejemplo, unas cuantas cestas de comida, y las miradas y comentarios que provocan, son ventanas a las emociones más íntimas de los personajes.

La trama del cuento es como sigue: estamos en medio de la guerra franco-prusiana de los años 1870, y diez de los residentes franceses de la ciudad de Rouen han contratado a un cochero para que los lleve a territorio libre galo en Le Havre. El grupo consiste en el rico propietario de una fábrica y su esposa, un conde y una condesa, un agitador político, dos monjas, los tenderos señor y señora Loiseau y Bola de sebo, o «la gordita», una prostituta. El viaje se alarga debido a la nieve y los primeros nueve viajeros, que no han pensado en traerse comestibles al viaje, están cada vez más hambrientos según pasan los días. Por el contrario, Bola de sebo ha traído un cesto de comida deliciosa que comparte generosamente, lo que hace que la actitud de los demás para con ella se deshiele ligeramente. Más tarde, el grupo se encuentra retenido en una posada del camino que está bajo el control de un oficial prusiano, que no los dejará partir, y tras un día de desconcierto saben por Bola de sebo que el oficial planea no permitirles marchar hasta que ella vaya a la cama con él.

«Bola de sebo» ha sido interpretado como una crítica esnobismo social. Con seguridad lo es, pero etiquetar a los personajes simplemente de esnobs por su mal trato a una compañera de viaje es perderse una idea más importante acerca de las relaciones basadas en intereses comunes, y en lo que ocurre cuando divergen esos intereses.

Capítulo 18

Relaciones

F recuentemente, la capacidad de gestionar relaciones es lo que diferencia a los líderes que tienen éxito de los que no, según Laurence Stybel y Maryanne Peabody, autores del artículo publicado en la *Sloan Management Review* «Amigos, enemigos, aliados, adversarios... ¿o algo más?».[1]

Todos conocemos la importancia que tiene cuidar de las relaciones. Lo que muchos de nosotros no sabemos es cómo relacionarnos estratégicamente, y con «estratégicamente» no quiero decir pulir un perfil en LinkedIn o trabajarse al personal en un acontecimiento de la industria. Las técnicas de ese tipo son útiles, por supuesto, pero son fáciles de conseguir en muchos libros y páginas web sobre las redes de contactos. Stybel y Peabody —junto con Maupassant y Shakespeare, nuestros dos escritores clásicos de este capítulo— hablan de algo más profundo: conocer qué es y qué podría ser cada una de nuestras relaciones y modificar nuestros actos en consecuencia.

AMIGOS, ENEMIGOS, ALIADOS Y ADVERSARIOS

Después de la revolución iraní de 1979, que expulsó al Sha, respaldado por los Estados Unidos, e instaló al primer ayatolá, las relaciones entre Irán y los Estados Unidos se volvieron vehemente-mente hostiles. Las disputas de Irán con su vecino Irak son muy anteriores, ya que comenzaron en el siglo XVI y siguieron en el XX con la guerra Irán-Irak de los años ochenta. En la primavera de 2014, conforme aumentaba la tensión otra vez en Oriente Medio, uno podría decir con certeza que Irán veía a los Estados Unidos y a Irak como sus peores enemigos, y que ellos contemplaban a Irán bajo esa misma luz.

Sin embargo, en el mes de junio de ese mismo año ocurrieron algunos cambios sorprendentes. Se desencadenaron cuando el Estado Islámico (conocido como ISIS), brote de Al Qaeda, anunció su intención de formar un nuevo califato, venció al superior ejército iraquí y se hizo con el control de tres ciudades al norte de Irak. El éxito del grupo se debió en parte a la ayuda de ciertas tribus locales de suníes que, a pesar de que rechazaban las ideologías islámicas extremistas, vieron en ISIS un compañero útil en sus luchas contra el Gobierno iraquí, controlado por los chiíes. Aparentemente, su aversión por ese gobierno era lo bastante fuerte como para que pesase más que su desconfianza para con los militantes, y todo ello condujo a una alianza de moderados y extremistas islámicos en la zona. El jeque Bashar al-Faidhi, líder de un grupo suní, dijo: «[Al final] lucharemos contra el ISIS, pero no ahora».[2]

A eso lo siguió otro cambio. Con el corrupto ejército iraquí colapsado, la tarea de luchar contra los insurgentes y de defender la capital iraquí recayó sobre las milicias chiíes. Como estaban mal equipadas y lo pasaban mal, se dirigieron en busca de ayuda a su vecino chií y viejo adversario Irán, que rápidamente ofreció armas, dinero y asesoramiento. Como informó uno de los líderes de las milicias: «Todas las facciones chiíes han apartado sus desacuerdos [...] para proteger Bagdad».[3]

Llegados a este punto, el presidente de los Estados Unidos, Barack Obama, decidió poner al ISIS como objetivo de sus ataques aéreos. Esta decisión fue acogida en silencio por parte de los líderes iraníes y, dado el estatus de Irán como el crítico más feroz de los Estados Unidos, ese silencio, tal como informó el experto en Oriente Medio

Alex Vatanka, «era equivalente a una aprobación estentórea de la intervención de Washington».[4] El rugido se hizo aún más sonoro cuando, el mismo martes que empezaron los ataques aéreos, un ayudante del ministro de Exteriores iraní indicó a la prensa que la cooperación entre Irán y los Estados Unidos para luchar contra el ISIS era «posible y factible».[5]

Para resumir: en el transcurso de unos pocos días de junio de 2014, varios de los peores enemigos del mundo se metamorfosearon en amigos. ¿O no?

Tenemos la tendencia a creer que las relaciones siguen una sola dimensión, de *amigo* a *enemigo*. No solamente aplicamos este punto de vista a las naciones y a las organizaciones («los Estados Unidos e Irán son enemigos»), sino también a nuestras relaciones individuales, personales o profesionales. Por ejemplo: tú y Julianne, de *marketing*, os lleváis muy bien. Ella siempre está de tu lado en las reuniones, y salís juntos a tomar copas una vez al mes. Tú consideras a Julianne como tu amiga; pero Bridget, la jefa del Departamento de Investigación y Desarrollo, echa por tierra continuamente tus ideas y bloquea todas

Figura 18.1 Tipos de relaciones

tus propuestas. Aunque dudes en llamar enemigo a alguien, es cierto que Bridget no es amiga tuya.

Este punto de vista no es adecuado. De hecho, las relaciones no deberían disponerse a lo largo de una dimensión, sino de dos: si la persona está *contigo* o *contra ti*, y si esa postura es *condicionada* o *incondicionada*. Puestas juntas, esas dos dimensiones dan origen a cuatro tipos principales de relación: amigos, enemigos, aliados y adversarios (ver la figura 18.1).[6]

Los amigos están contigo incondicionalmente, y los enemigos contra ti incondicionalmente. Por otra parte, los aliados y los adversarios te apoyan o se oponen a ti siempre y cuando eso se adapte a sus intereses. Dado que su postura está condicionada, los aliados y los adversarios pueden convertirse en lo contrario, dependiendo de si ven sus intereses en armonía con los tuyos. Dicho de otra manera, la línea entre aliado y adversario es permeable, mientras que la línea entre amigo y enemigo es infranqueable. El comentario del jeque Bashar al-Faidhi —[...] «lucharemos contra el ISIS, pero no ahora»— resume la naturaleza accidental y temporal de los aliados y los adversarios.

Así pues, la gestión de las relaciones es, antes que nada, un asunto de clasificar correctamente. Si sabes qué es la gente —amigos, aliados, aliados o adversarios—, sabrás cómo relacionarte con ella (ver «Herramienta de planificación: el mapa de las relaciones», a continuación).

Herramienta de planificación
EL MAPA DE LAS RELACIONES

Haz una lista de entre diez y veinte personas a las que conozcas personal o profesionalmente. A continuación, copia la figura 18.1 en una hoja de papel y sitúa los nombres en los cuadrantes: amigos, enemigos, aliados, adversarios y neutrales. Piensa bien antes de clasificar a cada persona utilizando las directrices, y ten presente que la medida en que alguien te guste no dice mucho de dónde se sitúa en la estructura.

- Un **amigo** es alguien con quien mantienes un lazo estrecho, basado en el amor o en el deber; alguien que te apoyará siempre pase lo que pase.
- Un **enemigo** es alguien que te mira con un antagonismo personal muy arraigado; alguien que no te apoyará nunca, pase lo que pase.
- Un **aliado** es alguien que te apoya basándose en los intereses comunes que tenga contigo en ese momento.
- Un **adversario** es alguien que trabaja en tu contra basándose en los intereses encontrados que tenga contigo en ese momento.
- Un **neutral** es alguien cuyos intereses ni armonizan ni chocan con los tuyos, por ahora.

Luego elige a una de las personas a quienes hayas clasificado como adversario. Formúlate estas preguntas:

- ¿Qué haría falta cambiar para que esta persona se convirtiese en un aliado?
- ¿Qué preguntas podría hacer para conocer y comprender mejor sus intereses?
- ¿Cómo podría acercar nuestros intereses?

TOMAR A LOS ALIADOS POR AMIGOS

En un capítulo de la serie de televisión *Downton Abbey* hay una escena en la que Cora, la condesa de Grantham, intenta poner de su parte a su suegra, la condesa viuda, para proteger un interés familiar concreto. Las dos mujeres no siempre han sido del mismo parecer. Cuando la viuda señala su disposición para ayudar, Cora suspira de alivio y dice: «¿Entonces, somos amigas?». La viuda responde: «Somos *aliadas*, querida, eso es muchísimo más útil».

Cuando existen personas en tu vida que te tratan amistosamente, es tentador creer que son amigas, y es muy probable que algunas lo sean. Sin embargo, lo que hay que preguntarse no es «¿cómo de amistosa es?», sino más bien «¿*por qué* es amistosa?». Si la respuesta es «porque tenemos un vínculo basado en el amor o el deber», tienes un amigo o una amiga; si la respuesta es «porque los dos queremos lo mismo» o «porque tenemos los mismos objetivos», tienes un aliado. Claro está que las cosas no son siempre tan nítidas, ya que alguien podría ser a la vez un amigo y un aliado, o un aliado que se está convirtiendo en un amigo. Sin embargo, establecer la diferencia te ayuda a evitar la trampa en la que tienden a caer los líderes menos perspicaces: dar por sentado el apoyo de un aliado y, en consecuencia, olvidarse de mantener en armonía los intereses comunes que existan con él. Cuando se desarmonizan los intereses, un aliado puede transformarse en un adversario, y eso es una sorpresa desagradable si creías que tenías un amigo.

En «Bola de sebo», de Maupassant, vemos la facilidad de tomar a los aliados por amigos y las dolorosas consecuencias de hacer algo así. Después de haber compartido la cesta de alimentos de Bola de sebo, los ocupantes de la diligencia llegan a la posada de un humor cordial. En definitiva estamos en guerra, ¿por qué insistir en las diferencias sociales? Cuando los detiene el oficial prusiano y saben de los planes que tiene acerca de Bola de sebo, todos la apoyan en su negativa a tener algo que ver con un enemigo de Francia, por muy prostituta que sea. Sin embargo, tras dos días de aburrimiento, empiezan a desesperarse y toman la decisión de que debe acatar los deseos del prusiano. Los hombres planean tácticas para convencerla; en el almuerzo, las señoras cuentan relatos de heroínas bíblicas abnegadas. Bola de sebo, que al principio es inflexible, se convence al final: se decide a ayudar a sus «amigos» y someterse a las exigencias del oficial.

Ya te imaginas cómo acaba el relato. Al grupo se le permite partir y, mientras en el gris amanecer se van reuniendo en el patio de la posada para esperar a la diligencia, nadie habla ni mira a Bola de sebo. Más tarde sabemos que los nueve viajeros «respetables» se han traído mucha comida esta vez, mientras que Bola de sebo, apresurada y enojada tras una noche desagradable, no ha caído en preparar nada. Nadie comparte nada con ella. Según corren lágrimas de rabia por las mejillas de la muchacha, la señora Loiseau exhala una «silenciosa risita triunfante» y le susurra a su marido: «Llora de vergüenza».[7]

Los compañeros de diligencia de Bola de sebo empezaron como sus adversarios, se hicieron sus aliados gracias a ciertos intereses comunes, y luego, cuando se evaporaron esos intereses comunes, volvieron a ser sus adversarios. Sí, pero debido a las normas de la época respecto a la asociación con prostitutas, su comportamiento no tiene nada de sorprendente. El interés de la señora Loiseau por mantener su posición social es tan fuerte como lo sería el tuyo o el mío por mantener un puesto de trabajo. Imagina que un compañero de trabajo te apoya incondicionalmente, hasta que llega un día en el que apoyarte significa que lo despidan. Si te da la espalda, ¿podrías culparlo?

A lo mejor podrías, pero es inútil hacerlo. Nosotros, como líderes, no podemos permitirnos reprocharles a nuestros aliados que no se comporten como amigos. En lugar de eso, deberíamos valorarlos por el apoyo que son y esforzarnos cuanto sea posible para mantener nuestros intereses en armonía con los suyos; porque los amigos son algo maravilloso, pero los aliados (citando a la condesa viuda de Grantham) son mucho más útiles.

CONVERTIR A LOS ADVERSARIOS EN ALIADOS

Si te sientes un poco apesadumbrado después de darte cuenta de que algunos de tus supuestos amigos son solamente aliados, podrás encontrar cierto consuelo en lo opuesto: muchos de los que imaginas enemigos son solamente adversarios, y los adversarios no tienen que serlo para siempre. Otro de los errores comunes que los líderes cometen con respecto a la gestión de relaciones es el de no reconocer a los adversarios como posibles aliados.[8] A diferencia de los enemigos, los adversarios cambiarán su postura y te apoyarán cuando les interese hacerlo. Averigua cómo armonizar tus intereses y los suyos y tendrás un nuevo aliado. Si cambian las circunstancias, cambia la relación (ver «A hombros de gigantes: Doris Kearns Goodwin sobre los aliados potenciales», a continuación).

A hombros de gigantes
DORIS KEARNS GOODWIN SOBRE LOS ALIADOS POTENCIALES

El magistral comunicador Abraham Lincoln fue también un maestro en las relaciones. En esta escena de su biografía, *Equipo de rivales*, Doris Kearns Goodwin describe la reacción que tuvo Benjamin Butler, miembro del partido demócrata de Massachusetts, cuando Lincoln lo ascendió a general de brigada del ejército de la Unión:

> «Acepto el cargo –le dijo agradecidamente Butler a Lincoln–, pero hay algo que debo decirle [...] Que, como demócrata, me opuse a su elección e hice todo lo que pude por su contrincante; pero apoyaré [...] lealmente su presidencia mientras mantenga este encargo, y cuando encuentre cualquier acto que no pueda apoyar, le devolveré el cargo enseguida». Lincoln replicó: «Eso es muy sincero y muy justo; pero quiero añadir algo: cuando me vea usted a mí haciendo algo que no debería hacerse para el bien del país, venga y dígamelo [...] y entonces quizá no tenga usted ninguna razón para dimitir de su cargo».[9]

En un instante, se armonizaron dos conjuntos de intereses y dos antiguos adversarios se convirtieron en aliados.

Un ejemplo extremo, pero instructivo, de un adversario transformado en aliado puede encontrarse en *Ricardo III*, de Shakespeare. En este caso, el adversario es Lady Anne, nuera del fallecido rey Enrique VI y viuda del hijo de este. El rey Ricardo los mató a los dos y Anne lo sabe. Cuando arranca la escena (acto I, escena 2.ª), ella está llorando sobre el ataúd de Enrique y clamando venganza por el asesinato de su esposo y de su suegro. Estos son algunos de los calificativos que dirige a Ricardo: «Temible ministro del infierno», «bulto de deformidad infame» u «Hombre esparcidor de infecciones». En la posición de Ricardo, el noventa y nueve por ciento de nosotros habría supuesto que Anne es un enemigo implacable y nos alejaríamos de ella; pero él, impertérrito, se dispone a ganársela.[10]

Una manera de leer la escena es como si se tratara de una competición entre voluntades, simplemente. Tras provocar a Anne con sus bromas y confundirla con sus halagos, Ricardo le da la espada y la reta a que lo mate. Como se ve incapaz de hacerlo, abandona toda lucha y queda expuesta a cualquier indicación que él haga, incluso la de casarse. Esa interpretación está bien, pero podría ser mejor, ya que no tiene en cuenta los muchos caminos sutiles en los que Ricardo armoniza con los intereses de Anne. Mira las frases siguientes, que yacen en el núcleo de la escena:

ANNE   Es una disputa justa y razonable vengarse de quien mató a mi marido.

RICARDO   El asesino te privó, señora, de tu marido; eso te ayudó a conseguir uno mejor (acto I, escena 2.ª, 136-139)

A pesar de las dudas que tengamos de la sinceridad de Ricardo (por no decir de su carácter en general), podemos ver lo genial de su estrategia. En una corta frase vuelve a estructurar todos sus actos —todo aquello por lo que Anne le había maldecido— como hechos destinados a *ayudarla a ella*. «Todo lo hice por ti», le asegura, con lo que sitúa a los dos en el mismo lado, por improbable que sea. Anne no se apacigua enseguida: cuando él le dice que con lo de «un marido mejor» se refería a sí mismo, ella le arroja unos cuantos insultos más. No obstante, ha cambiado la dinámica entre ellos, y, como respuesta a sus protestas de amor posteriores, solo consigue formular una mirada de desprecio. Este reajuste sutil coloca el reto de Ricardo bajo una luz diferente: que se arrodille y suplique a Anne que lo mate como venganza por los asesinatos («Pero fue tu faz celestial lo que me azuzó») se ve ahora como una demostración física de su deseo de promover los intereses de ella. ¿Ella quiere matarlo? Muy bien, él se lo pondrá fácil. ¿Sigue sin poder matarlo? Si le devuelve la espada, él mismo lo hará. ¿Ves? ¡Está preparado para clavarse la espada en el cuerpo!; pero ella debe dar su palabra y saber que él lo hará *por ella*. Ricardo espera que ella diga algo, con la punta de la espada apoyada en su pecho desnudo.

Anne duda, y en ese momento, con el suave comentario «lo haría si conociese tu corazón», cambia de atacar a un adversario antiguo a valorar un aliado improbable. Desde entonces, todo lo que Ricardo tiene que hacer es tranquilizarla sobre sus buenas intenciones.

Está claro que el Ricardo de Shakespeare no es ningún modelo que imitar. No obstante, los líderes pueden sacar una lección de su negativa a dejarse intimidar por las invectivas de Anne y de su atrevida estrategia para armonizar intereses. Podemos oírlo cuando piensa: «Ahora está en mi contra, pero eso no significa que vaya a estarlo siempre». Ricardo sabe que hasta alguien que le escupe y lo llama ministro del infierno *podría* ser un aliado potencial. El éxito que ha tenido con Anne debería recordarnos que intentar ganarse a un adversario, incluso si es algo improbable, generalmente es preferible a tratar a ese adversario como enemigo y tener garantizado que se convertirá en uno.

Eso me lleva a una idea final sobre las relaciones: elaborar el mapa de los enemigos es una actividad que resulta tentadora para los líderes. Mientras que para crear un aliado se necesita mucho trabajo y autocontrol, crear un enemigo es fácil. Además, los enemigos conceden premios emocionales, ya que definirnos a nosotros mismos como sus opositores puede hacernos sentir poderosos. Sin embargo, esa clase de poder frecuentemente es ilusoria y siempre peligrosa, porque los enemigos lo son para siempre. Debido a la facilidad que tiene Ricardo para crearse enemigos, un montón de antiguos aliados y adversarios trabajan en la sombra, incansablemente, para acabar con él. Y lo conseguirán.

No hay duda de que conoces el refrán de mantener cerca a los amigos y a los enemigos aún más cerca, pero algunos consejos mejorarán tus relaciones:

Mantén a los amigos cerca.

Mantén a los aliados aún más cerca.

Mantén una mente abierta en lo que se refiere a los adversarios.

Mantén tu lista de enemigos al mínimo, y mantenlos muy lejos.

A continuación, ¿cómo pueden fomentar los líderes la responsabilidad de los miembros de su equipo al tiempo que se deshacen del miedo? Un famoso relato marítimo nos ofrece algunas pistas.

Grandes escritores
BILLY BUDD, DE HERMAN MELVILLE

La trama de *Billy Budd* es tan directa como el carácter de su protagonista. A un atractivo marinero joven se lo llevan de un barco mercante y lo enrolan a la fuerza en un buque de guerra británico en 1797. El alegre temperamento de Billy Budd hace que sea inmediatamente el favorito de la tripulación. Como está totalmente desprovisto de malicia, no puede concebirla en los demás, de manera que toma al pie de la letra los amistosos comentarios del maestro de armas, John Claggart, e ignora los avisos de que en realidad está a punto de «caerle» encima. Claggart le dice al capitán Vere que Billy está conspirando para amotinarse —una falsedad total— y al ingenuo marinero se le requiere para que se defienda a sí mismo contra las acusaciones. Su tartamudeo congénito, empeorado por su impotencia ante las mentiras, lo deja mudo. Tras unos minutos de tenso silencio, desesperado lanza un puñetazo que golpea a Claggart en la frente y lo mata accidentalmente.

El resto del relato tiene que ver con las deliberaciones entre Vere y el tribunal convocado apresuradamente a golpe de tambor para dirimir la inocencia o la culpabilidad de Billy. Aunque todos son solidarios con él y sospechan del papel de Claggart en el incidente, deciden seguir al pie de la letra la ley naval y emiten una sentencia de muerte. La mañana siguiente, a Billy lo cuelgan de una verga en presencia de toda la tripulación. Sus últimas palabras son: «¡Dios bendiga al capitán Vere!».

Melville expresa el dilema central de *Billy Budd* como sigue: «[El suceso] tiene lugar en un ambiente de insurrecciones abortadas, algo que preocupaba a la autoridad naval, que en consecuencia, exigía de todo comandante naval inglés dos cualidades que no van necesariamente entrelazadas: la prudencia y el rigor».[1] Pero aquí hay algo más que un dilema mal gestionado, hay una tragedia en la que «los malabarismos de las circunstancias», como dice Melville, provocan que la inocencia y la culpa, personificadas en Billy y Claggart, cambien sus papeles.

Lee esto en *Billy Budd*: los discursos y las reflexiones del capitán Vere son del máximo interés para los líderes. Su argumento para la condena de Billy aparece en el capítulo 21.

Capítulo 19

Responsabilidad

Jacob Farr, director de cuentas mundiales de GuestTech, apretó el botón para subir el volumen del teléfono de su escritorio.

—¿Qué dices, Tensia?, no te he entendido bien.[2]

La suave voz de la gerente de cuentas repitió:

—He dicho que acabo de recibir la tercera queja de Stacy sobre que nuestros agentes de atención al cliente no están nunca disponibles. Su gente no puede hablar con nadie en Gurgaon después de las once de la mañana, hora de Londres. Eso es lo que dice.

GuestTech, empresa proveedora de *software* y de servicios tecnológicos para la industria hotelera, acababa de formar equipos destinados a atender en exclusiva a sus clientes mundiales. Cada equipo de cuentas estaba dirigido por un director, e incluía gerentes y asesores, que a su vez estaban apoyados por solicitudes de firma de certificados (CSR, en sus siglas en inglés), ingenieros de *software* y directores de proyectos. Estos últimos estaban situados en las oficinas de GuestTech en Gurgaon, en la India. El personal de apoyo asignado a un equipo de cuentas globales informaba por un lado al equipo, y por otro, al jefe de las instalaciones de Gurgaon, Nikhil Chopra.

El cliente del equipo de Jacob era Summers Inn, una cadena hotelera internacional en la que Stacy Rouse era la jefa de tecnología de la información. Habían estado trabajando en actualizaciones de la infraestructura técnica de Summers.

—Eso también me ha pasado a mí —Philip, el asesor jefe del equipo, tenía una voz potente que retumbaba en el manos libres—. ¡La gente de Gurgaon no está nunca allí!

Jacob bajó el volumen del teléfono varias veces.

—¿Hablas de los CSR? —preguntó.

—No, no sé nada de los CSR —dijo Philip—, hablo de la gente con la que trabajo, de los ingenieros de *software*. ¿Sabes lo mucho que desea Summers esa actualización para su módulo de reservas? La pidieron hace meses. Así que voy de cabeza con Anuja y su equipo, pero cada vez se necesitan dos días, porque siempre que tengo listas las revisiones ellos están ya recogiendo para irse a casa. Cuando vuelven por la mañana, es medianoche para mí aquí en Boston, así que no puedo seguirlos. Es muy frustrante, hay un descontrol increíble.

—¿Te ocurre a ti lo mismo, Alexandra? —preguntó Jacob.

Hubo un silencio en la línea telefónica. Jacob volvió a apretar el botón del volumen hacia arriba y se inclinó hacia delante.

—Alexandra, Alexandra, ¿estás ahí?

—¡Lo siento, lo siento, el volumen de mi teléfono estaba apagado!

Jacob dio otra sacudida conforme atronaba la voz de la directora de proyectos.

—Sí, aquí pasa lo mismo. O sea, los directores de proyectos son buenos, pero Philip tiene razón. Al final de la tarde, se han ido todos. A lo mejor es que hay una hora feliz obligatoria.

Brotaron unas cuantas risitas del altavoz. Jacob se pasó los dedos por las cejas, como si se diera un masaje.

—Conforme, me alegro de que me hayáis avisado de esto —dijo—, lo importante es que algo no va bien. Hablaré con Nikhil, tiene que empezar a responsabilizar a su gente.

PROBLEMAS DE RESPONSABILIDAD

Responsabilidad es una palabra que oyes a menudo una vez que asumes el papel de líder, y cuanto más arriba estés, tanto más la oirás. En una empresa en la que trabajé, los asesores externos que traían cada año para averiguar por qué no ganábamos más dinero citaban constantemente la falta de responsabilidad como el problema principal. Aparentemente, la receta para las mejoras no cuajó nunca, porque cuando llegaba el siguiente equipo de asesores su diagnóstico era, ya lo has adivinado, falta de responsabilidad. Ocurre lo mismo en muchas organizaciones: «responsabilidad» es algo que los líderes buscan siempre y que nunca consiguen totalmente. Es un hecho que se trata de una búsqueda que vale la pena, porque nadie desea tolerar la mala praxis, y todos deseamos poder contar con nuestros compañeros. Incluso el escritor que te presenté en el capítulo 13, el superviviente de los campos de concentración Viktor Frankl, se declaró *fan* de la responsabilidad cuando recomendó que «la Estatua de la Libertad de la costa este se suplemente con una Estatua de la Responsabilidad en la costa oeste».[3]

Si todos estamos a favor de la responsabilidad, ¿por qué es tan difícil fomentarla? Existen tres razones principales: el problema de las intenciones desconocidas, el problema del exceso de manos y el problema de evitar las culpas.

El problema de las intenciones desconocidas

La primera razón de que sea difícil fomentar la responsabilidad es que no sabemos nunca exactamente lo que se les pasa por la cabeza a los miembros de nuestro equipo. Puede que digas: «¿Y qué importa eso, cuando podemos ver lo que hacen?». Sí, pero el problema es que lo que hacen frecuentemente es susceptible de diversas interpretaciones según sus intenciones. Supón que estás en la oficina a las ocho de la mañana y ves que un hombre de aspecto inquieto se dirige rápidamente al armario y se acerca a un tarro con dinero que pone *Bollería*. Mete la mano en el tarro, agarra los billetes, se los mete en el bolsillo y sale corriendo por la puerta. ¿Qué es lo que ha hecho? Una de las respuestas posibles es que «robó el dinero»; otra es que «se ha olvidado de que hoy le toca a él encargarse de los bollos para la reunión de la mañana y se ha ido corriendo a comprarlos». Las acciones por sí mismas no te dirán cuál es la respuesta correcta. Para conocer los hechos, debes conocer las intenciones.

El relato *Billy Budd* ofrece un ejemplo más contundente. El incidente principal del libro ocurre cuando el maestro armero Claggart acusa falsamente a Billy —joven, ingenuo y bien parecido— de conspirar para el motín. Billy es llamado ante el capitán para explicarse, pero su lengua está atada por la tartamudez. El intenso sufrimiento por su frustración hace que golpee a Claggart y que lo mate. Para el capitán Vere y los oficiales de la nave que deben juzgar el caso, está claro que Billy no tenía esa intención; además, sienten que dice la verdad cuando afirma su lealtad. Por otra parte, sospechan que Claggart es un mentiroso habitual cuya inmoralidad «se envuelve en el manto de la respetabilidad».[4] Sin embargo, como respuesta a otros motines recientes se habían aprobado nuevas leyes que establecían que matar a un hombre de rango superior era un delito castigable con la pena de muerte y no permitía modificaciones basadas en las presuntas intenciones de los participantes en él; y en modo alguno interpreta la ley de esa manera el capitán Vere. «¡Golpeado a muerte por un ángel de Dios!, ¡y aun así, el ángel debe ser colgado!»,[5] exclama. Después, en el juicio, insiste en que los motivos de Billy y de Claggart en este caso son «apenas pertinentes»; que un juicio militar debe «centrar su atención en las consecuencias del golpe, cuyas consecuencias deben ser juzgadas en justicia no de otra manera que nacidas de los actos de quien atacó».[6]

Muchos líderes comparten la actitud de Vere cuando se esfuerzan por aumentar la responsabilidad. Quizá es que les preocupa, como le preocupaba a Vere, que hacer excepciones basadas en la presunta intención del transgresor se vea como algo permisivo y sentase un mal precedente. Pero, tanto si esa preocupación es válida como si no, el castigo impartido sin tener en cuenta las intenciones puede a veces ser evidente y horriblemente injusto.[7]

El problema de las muchas manos

Si el primer problema que tiene la responsabilidad es la dificultad de saber exactamente *qué* se hizo y *por qué*, el segundo es la dificultad de saber exactamente *quién* lo hizo. En cualquier resultado de toda organización hay más de una persona implicada —muchas más, por lo general—, y este «problema de las muchas manos» (llamado así por Dennis F. Thompson, catedrático de Filosofía Política de la Universidad de Harvard) crea un rompecabezas respecto a la responsabilidad.[8] Si se hace a los individuos responsables de un mal resultado, cada uno de ellos puede alegar: «No es culpa mía. Yo hice la parte que me tocaba, pero no podía controlar lo que hacían los demás». Por otra parte, si se hace responsable a toda la organización en conjunto, todo el mundo puede ocultarse tras «el sistema», y la responsabilidad sigue sin tener un lugar donde colocarse.

En *Billy Budd*, Melville presenta una compleja red de responsabilidades por el suceso ocurrido a bordo del *HMS Bellipotent*. En el centro de esa red está el trío formado por Billy, Claggart y Vere, cada uno de los cuales tiene cierta responsabilidad directa por el resultado. Un poco más al margen tenemos al consejo sumarísimo de los oficiales, que aceptan pasivamente los argumentos de Vere para la ejecución de Billy; al viejo veterano de la Marina «el Danés», que previene a Billy sobre Claggart, pero que parece disfrutar haciendo que sus avisos sean demasiado enigmáticos para que sean de utilidad, y al teniente Ratcliffe, el oficial que al principio del relato elige a Billy como el marinero que llevarse del buque mercante *Rights of Man* (lo elige más que nada por su buen aspecto). Y Melville hace que nuestra perspectiva se aleje aún más para mostrarnos la red misma, el contexto de los acontecimientos: están los motines recientes, que tienen nerviosos a todos los capitanes de la Marina; las leyes draconianas que se aprobaron por causa de esos motines y, por último, lo más influyente de todo, el sistema de leva forzosa, mediante el cual la Marina podía sacar marineros de cualquier navío comercial y forzarlos al servicio militar. Como puedes imaginar, esa era una práctica que creaba problemas de confianza en los buques de guerra británicos.

De toda esta red de individuos y de instituciones, el capitán Vere escoge a un hombre, Billy Budd, como responsable. Quizá es lo que tiene que hacer, dado que las instituciones no están bajo su autoridad; sin embargo, dice mucho que al someter a Billy a castigo, él se absuelva *a sí mismo* de toda responsabilidad invocando la ley militar. Afirma: «Nosotros no somos responsables de esa ley ni de su rigor».[9] Dicho con otras palabras, nada de ello es culpa suya.

El problema de evitar las culpas

El último y mayor problema de la responsabilidad es este: hacer hincapié en la responsabilidad tiende a elevar el miedo, y el miedo hace que el equipo eluda responsabilidades. Es posible que esta paradoja sea difícil de aceptar, sobre todo si crees que la responsabilidad consiste simplemente en establecer normas y cumplirlas; ¿qué hay que temer en ello? Nada, si eso es en realidad todo lo que haces. Los estándares altos y las expectativas claras son fuertes motivadores y mejoran el ambiente de trabajo, como vimos en el capítulo 13; pero cuando la «responsabilidad» se transforma en lo capital, la gente se pone nerviosa, y cuando la gente se pone nerviosa dedica una gran parte de su tiempo y de su energía a evitar que le echen la culpa. Los asesores Roger Connors y Tom Smith han indicado que la mayor parte de la gente ve la responsabilidad como algo que se reclama cuando las cosas van mal, es normal que piensen así, porque cuando van bien nadie pregunta: «¿Quién es responsable de este éxito?».[10] El hecho es que cuanto más hable un líder de responsabilidad, tanta más gente se echará para atrás y se cubrirá la espalda, en lugar de hacer lo que el líder quiere que hagan: dar un paso adelante y alzar la mano.

Al estructurar el crimen en el *Bellipotent* de la manera en que lo hace, el capitán Vere alimenta su propio miedo, el de los oficiales y, en definitiva, la atmósfera de miedo a bordo del barco. El discurso que pronuncia ante el consejo de guerra traza una imagen inquietante de lo que sucedería si condenasen a Billy a un castigo menor: los marineros creerían que se ha mirado para otro lado ante un flagrante acto de motín y que sus oficiales les tienen miedo. «Qué vergüenza sería para nosotros si se hiciesen esas cábalas, y qué mortal sería para la disciplina», dice.[11] Los miembros del consejo, que anteriormente hacían preguntas sobre los motivos del caso, se retiran a un silencio incómodo conforme se imaginan la culpa en la que podrían incurrir; pero el honor y la disciplina que intentan mantener solo se hacen más inestables. El día siguiente amanece sobre el vergonzoso espectáculo de los oficiales del barco intentando ocultar el miedo que les tienen a los miembros de la tripulación, que, congregados para ser testigos de una ejecución de la que casi no han recibido explicaciones, muestran señales por primera vez de convertirse en una muchedumbre amotinada.

Herramienta de planificación
GESTIÓN DE DOS DILEMAS

Los dos primeros problemas de responsabilidad pueden reestructurarse como dilemas de acciones contra intenciones y de comportamientos contra procedimientos. Los líderes, en su celo por fomentar responsabilidad, pueden poner mucha atención en una sola opción de cada dilema (acciones y comportamientos) y menos en la otra (intenciones y procedimientos). Con frecuencia, un enfoque más equilibrado está más que justificado.

Piensa en alguna situación del pasado en la que te hicieron responsable de un mal resultado.

- ¿Qué preguntas te hubiera gustado que tu jefe (o jefes) hubiera hecho sobre tus intenciones?
- ¿Qué preguntas te hubiera gustado que hubiera hecho sobre procedimientos de organización?

Y luego ten en cuenta esto: ¿qué te sugiere este ejercicio sobre el tipo de preguntas que deberías formular cuando intentas responsabilizar a alguien?

EDIFICAR UNA CULTURA DE RESPONSABILIDAD

¿Cómo esquivamos las dificultades de la responsabilidad? La clave de los dos primeros problemas —intenciones desconocidas y muchas manos— es reconocer que en realidad no son problemas, sino dilemas: desafíos regulares que tienen dos polos, ninguno de los cuales puede erigirse solo como la respuesta correcta y permanente (ver «Herramienta de planificación: gestión de dos dilemas», en la página 311). Como vimos en el capítulo 10, no gestionamos un dilema decantándonos hacia uno de los polos, sino buscando constantemente la forma de aumentar los beneficios al máximo y de reducir los inconvenientes de *cada* opción al mínimo. El problema de las intenciones desconocidas puede reestructurarse como un dilema de acciones contra intenciones. Si algo va mal en una cultura de responsabilidad, los líderes hacen todo lo que pueden para saber lo que hicieron todos los implicados, *así como* lo que querían hacer o lo que creían que estaban haciendo. Al contrario del capitán Vere, estimulan que haya preguntas sobre los motivos, y en caso de duda suponen que la intención era buena.

El problema de las muchas manos puede reestructurarse como un dilema entre comportamientos y procedimientos. En una cultura de responsabilidad, los líderes buscan comprender cómo contribuyeron las conductas individuales y los procedimientos de la organización a un resultado negativo. La frase «échale la culpa al procedimiento, no a la persona», acuñada durante el movimiento de calidad total en la gestión (TQM en sus siglas en inglés) de los años noventa, es muy oportuna; sin embargo, yo la reformularía así: «arregla el procedimiento, instruye a la gente». Es indudable que ambas cosas necesitan atención, y adjudicar la culpa, tanto si es a un procedimiento como si es a una persona, es simplemente una actividad empresarial inútil.

Hablando de culpas, el tercer problema, «evitar las culpas», no es un dilema sino un problema verdadero que tiene una respuesta directa. W. Edwards Deming, el padre de la TQM, proporcionó esa respuesta en el número 8 de sus catorce puntos de la gestión: *expulsa el miedo*.[12] No decía que hubiera que mantener a los empleados en la ignorancia de los peligros reales, sino más bien que los líderes deben hacer todo lo que puedan para lograr que sus empleados se sientan seguros: seguros a la hora de localizar problemas, seguros para intentar y fracasar, seguros al decir la verdad (ver «A hombros de gigantes: W. Edwards Deming sobre organizaciones humanas», en la página 313).

Los déspotas hacen lo contrario: hacen que la gente tenga miedo a la hora de localizar problemas, que tenga miedo de intentar y fracasar, que tenga miedo de decir la verdad. Josef Stalin, por ejemplo, envió un telegrama en enero de 1940 al director de una fábrica en el que le decía que él y todo su equipo de dirección serían fusilados si no cumplían con un plazo.[13] Eso es una amenaza que la mayoría de los tiranuelos actuales no pueden cumplir, pero lo intentan. Recuerdo a un líder que, cansado del fracaso de sus directores regionales para conseguir los ingresos previstos, golpeó con el puño la mesa de conferencias y rugió: «Esto es o bien incompetencia o bien cobardía: o bien no sabéis pronosticar u os da miedo informar de los números reales. ¿Cuál de las dos cosas es?». Los gerentes escogieron la incompetencia; no se dio mejora subsiguiente alguna en la precisión de las previsiones.

Date cuenta de que superar estos tres problemas (o dilemas) de responsabilidad se reduce a la conducta del líder. Si tenemos que echarle la culpa a alguien de un mal resultado, es a nosotros mismos a quienes debemos mirar primero como administradores del procedimiento y líderes del equipo. Es nuestra propia aceptación o rechazo de la responsabilidad lo que marca el tono para todos los demás.

A hombros de gigantes
W. EDWARDS DEMING SOBRE ORGANIZACIONES HUMANAS

Cuando escribió su libro *Fuera de la crisis* en 1986, W. Edwards Deming era reverenciado en Japón como el gurú artífice del ascenso al poder económico de posguerra de aquel país. Se necesitaron otros diez años para que consiguiera un nivel de fama semejante en los Estados Unidos y en Europa.

Para Deming, la «crisis» era mucho más que un problema de mala calidad. Se trataba nada menos que del declive de la industria occidental, y su misión era detener aquel declive. Escribió: «Tiene que haber un despertar de esta crisis seguido por la acción, y eso es trabajo de la gerencia».[14] Aunque escribe con el estilo un tanto árido de un ingeniero, queda claro que Deming no habla de planos ni de hojas de cálculo. Habla de concebir a las organizaciones como organismos: no máquinas, sino seres. El trabajo de la gerencia consiste en crear un organismo en el que puedan florecer la inteligencia natural, la energía y el ingenio de los empleados, y que lleve a un éxito mantenido.

Los famosos catorce puntos de Deming (aparecen en el prólogo del libro) son una larga súplica para que los gerentes dejen de aplastar al espíritu humano en nombre de la productividad. Mira la segunda parte del punto número 10:

> Elimina la gerencia por objetivos. Elimina la gerencia por números y objetivos numéricos, y en su lugar, sustitúyelas por el liderazgo.

Nada de esto quiere decir que los crímenes auténticos deban excusarse, o que la gente no debería ser despedida nunca por una mala praxis o por infracciones. A veces el líder necesita dejar claro que ciertas cosas no pueden permitirse. Pero ten cuidado: el relato de Billy Budd nos dice que incluso en casos criminales aparentemente nítidos, pudiera ser que no estuviese nada claro quién es el culpable y que nuestro juicio no fuese erróneo. En el penúltimo capítulo del libro de Melville, un relato periodístico del incidente del *Bellipotent* pinta al maléfico Claggart como el alma de la respetabilidad y la fidelidad. Cuando vemos que a un ángel lo cuelgan por asesinato y que a una serpiente se la ensalza a los cielos, nuestro celo de «hacer responsable a la gente» debería menguar un poco. Como mínimo, deberíamos estar abiertos a escuchar la otra versión del relato.

OTRA PERSPECTIVA SOBRE EL EQUIPO GUESTTECH

Nikhil Chopra apretó el botón de finalizar llamada en su teléfono móvil y suspiró.

La llamada de Jacob Farr había sido la cuarta ese mes de un director de cuentas respecto a la supuesta indisponibilidad del personal de apoyo en Gurgaon. Y justo el día anterior había enviado Nikhil su segundo correo a toda la empresa respecto al horario de las instalaciones de Gurgaon: de siete de la mañana a cuatro de la tarde, sin turno de noche. El problema era que los directores de cuentas creían que el personal dedicado a sus equipos tendría que ser más flexible cuando un gran proyecto lo exigía. Jacob le había dicho:

—Por favor, Nikhil, entiende que para nosotros está bien si tu gente llega tarde cuando lo necesita. De todas formas, a las siete de la mañana, hora de tu país, en los Estados Unidos y en Europa estamos durmiendo. Es un tanto extraño que la gente salga corriendo de allí justo a las cuatro. Entiendo que lo haga el personal contratado que cobra por horas, pero la mayoría de los miembros de los equipos globales son asalariados, así que espero un poco más de profesionalidad. Sobre todo en caso de un gran cliente como Summers.

Justo entonces emanaron tres zumbidos agudos del altavoz del interfono: el aviso de salida de los minibuses diez minutos después. En Gurgaon, una ciudad satélite de Nueva Delhi, el transporte público era mínimo. Había unos pocos autobuses públicos, «pero yo mismo no los utilizaría —pensó Nikhil—, no digamos permitir que mi hermana o mi hija lo hicieran». Los minibuses privados de GuestTech se situaban frente a las instalaciones a las cuatro y salían exactamente a las cuatro y diez. Si los perdías, tenías que encontrar tú mismo cómo volver a casa. Normalmente había suficientes asientos para todo el mundo.

Mientras recogía sus cosas, Nikhil se preguntaba por enésima vez si habría alguna manera de cambiar el turno de algunos de los minibuses para que salieran una hora más tarde, y por enésima vez tuvo que descartar la idea. Sin que hubiera más minibuses (su jefe ya le había dicho que no a eso) no habría forma de encajar el número de asientos a la cantidad variable de gente que necesitaría recurrir al horario flexible cada día.

Al salir de la oficina casi se topó con Anuja, la ingeniera experta en *software* del equipo de Jacob Farr.

—¡Ay!, perdona, Nikhil —dijo ella sin cambiar de paso. Cuando se unieron a la corriente de trabajadores que se dirigían a la puerta, continuó hablando, como una ametralladora—: ¡Eh!, tengo que decírtelo. ¿Conoces a Philip, del equipo de Summers? Bueno, pues me ha mandado un correo a las cuatro menos cuarto con más cambios en el módulo de reservas. Dice que quiere repasarlo por teléfono hoy, antes de que yo salga. Le he dicho que por favor los introdujera en el sistema informático como solicitudes de cambios, ya sabes que está capacitado para eso. Le he pedido que me diera tiempo para revisar los cambios y así podemos comentarlos mañana si hace falta. Y él me contesta: «Quiero revisarlos ahora»; y yo le digo: «¡Lo siento, pero no!».

La muchedumbre de trabajadores fue tomando velocidad a medida que Anuja seguía:

—Nikhil, lo hago lo mejor que sé, sinceramente, pero no lo estoy pasando nada bien porque este equipo ignora nuestros procedimientos. ¿No podríamos hacer que asumieran su responsabilidad?

En el capítulo siguiente, los personajes de *Emma*, de Jane Austen, nos muestran qué hacer —y qué no hacer— para desarrollar el talento.

Grandes escritores
EMMA, DE JANE AUSTEN

Emma, la penúltima de las seis novelas de Jane Austen, rivaliza en popularidad con su *Orgullo y prejuicio*. Austen dijo de su libro que en él decidió crear una heroína «que no le gustase mucho a nadie, solamente a mí»,[1] y a pesar de eso, el exceso de películas, televisión y adaptaciones para teatro muestran que la heroína, si no es del todo simpática, al menos es muy interesante.

Emma Woodhouse, de veinte años, «hermosa, inteligente y rica», es, sin discusión, la líder social del pueblo de Highbury. Posee una cómoda casa de la que ha sido dueña desde que su madre murió hace tiempo, un padre indulgente y un grupo de amigos y admiradores. Tiene pocos motivos para dudar de su superioridad y de su derecho a guiar y dirigir a la gente de su entorno. La única persona que parece inmune a sus encantos y que, de hecho, la guía a ella de cuando en cuando es el señor Knightley, amigo de la familia y dueño de la propiedad vecina. Emma tiene una protegida, Harriet Smith, de diecisiete años, pupila del colegio de chicas de la zona. Harriet es «la hija natural de alguien» (o sea, es ilegítima), no muy inteligente, sin relaciones; pero Emma está encantada con su belleza y su bondad. Decide hacerse cargo de Harriet como un proyecto. Las complicaciones se suceden.

Como en las demás obras de Austen, de *Emma* se dice frecuentemente que es una comedia de costumbres, con lo que se quiere decir que es una sátira de los comportamientos y las imposturas de una clase social ociosa. El libro está lleno de humor, gran parte del cual emana de agudas observaciones sobre conversaciones de gente que tiene poco que decir. Pero los libros de Austen siguen siendo superventas y no forman parte de programas académicos simplemente porque son entretenidas visiones de la clase alta británica, sino porque son también profundos estudios de los procedimientos mediante los que se desarrollan, o no, las personas intelectual y moralmente.

Los grandes gerentes son a la vez realistas y optimistas en lo que se refiere al talento, y Austen también lo es. Tiene una visión muy clara de las fortalezas y debilidades de sus personajes; y a pesar de que se siente desalentada por las dificultades con las que se topa el crecimiento personal, está segura de que las personas pueden crecer, si, como Emma, tienen un buen corazón, una cantidad razonable de autoconsciencia y alguien que se preocupe de ellas lo suficiente como para apoyarlas y ayudarlas a liberar todo su potencial.

Capítulo 20

Talento

Me ha ocurrido dos veces en mi trayectoria profesional: una unidad de negocio para la que yo trabajaba estaba en aprietos económicos y trajeron un líder nuevo del exterior para que arreglase la situación. En esas ocasiones los líderes —los llamaré Dmitri y Caitlin— no perdieron tiempo y se lanzaron enseguida al trabajo. Dmitri, el recién nombrado director general de quien yo dependía como jefa de un departamento, empezó por pedir a cada uno de sus subordinados directos que preparasen un plan de negocio que hiciera hincapié sobre las oportunidades de mejora. Pocos días después nos llamó uno a uno a su despacho y fue tomando notas en silencio conforme le presentábamos nuestros planes. Caitlin, la nueva directora gerente de una zona pequeña, empleó una estrategia distinta: programó una reunión en su casa para su equipo, compuesto de diez personas, entre ellas, yo, y nos pidió a cada uno que fuésemos preparados para contar el que hubiese sido el mayor éxito con los clientes el último año, incluyendo en el relato todo lo que nosotros hubiésemos contribuido personalmente a ese éxito. Nos sentamos en el suelo de su salón y fuimos hablando por turno.

Ambas peticiones me parecieron sensatas en aquella época, y ambos líderes emprendieron además muchas otras acciones. Caitlin acabó haciéndolo mejor en su cambio de rumbo: consiguió mantener a todo su equipo y los beneficios de la zona subieron constantemente, mientras que la organización de Dmitri disfrutó de un repunte breve, debido casi en su totalidad a una oleada de recortes de personal y de dimisiones, y luego se hundió a su punto más bajo. Sin embargo, la mayoría de estos sucesos se han vuelto borrosos en mi memoria. Lo que sí permanece claro es cómo me sentí —cómo nos sentimos todos— en aquella primera reunión con nuestros nuevos líderes. Con Dmitri estuve tensa, me sentía incompetente y temerosa; con Caitlin me sentí entusiasmada, segura y optimista.

«YO SOY EL EXPERTO»

Los líderes de cierto tipo son propensos a algunas trampas (ver el capítulo 2). Para los líderes de cambio de rumbo como Dmitri y Caitlin, la peor es la trampa número 7, *infravalorar los puntos fuertes de los demás*. Los supervisores recién ascendidos tienden también a caer en esa misma trampa, porque, como los líderes de cambio de rumbo, suelen creer que la razón principal de que se les haya puesto al mando se debe a sus superiores habilidades en un área concreta. Creen que su ascenso significa una oportunidad para desplegar sus puntos fuertes en mayor medida: desplazarse de los antros a los lugares con estilo, pasar de estar en el coro a ser la estrella. Y en cierto sentido, tienen razón. Han demostrado que son más fuertes que los demás; en ese caso ¿por qué no iban a ser las luces que guíen al equipo?

En la investigación que hizo para su libro *Convertirse en gerente*, Linda Hill, catedrática de la Escuela de Negocios de Harvard, estudió a un grupo de comerciales conforme recibían el ascenso a gerentes de ventas y se iban adaptando paulatinamente al cargo (ver «A hombros de gigantes: Linda Hill sobre la identidad del gerente», en la página 322). Así describía uno de ellos, ya en su primera semana, la vista desde el sillón de cuero: «[Mis agentes comerciales] vienen a mí porque tienen dificultad para decidir cuál debe ser el siguiente paso, para crear estrategia y ver si puedo utilizar mi experiencia o mi influencia para ayudarlos a seguir adelante».[2] Otra persona lo dijo así: «Tengo que conocer bien los productos y ayudar a mi gente a construir una estrategia de ventas. Tengo que darles ideas y sugerencias concretas sobre cómo vender, y tengo que dirigir reuniones eficaces donde se facilite la información necesaria».[3]

Dicho de otra forma: «Yo soy el experto».

De acuerdo con esta perspectiva de gerencia demasiado común, el talento de los subordinados es irrelevante. Claro está que necesitan las habilidades básicas para el trabajo, pero cualquier capacidad más allá de eso es superflua, ya que disponen de un líder que les dice lo que tienen que hacer. Si algún subordinado sobresale por casualidad, será ascendido al final a un puesto de gerencia, donde también puede llevar la batuta. Mientras tanto, el desarrollo del talento —o los «problemas personales», como etiquetó todo el asunto uno de los entrevistados de Hill— no es responsabilidad del líder.

La mayoría de los sujetos de la investigación de Hill abandonaban esa postura tras unos pocos meses en su nuevo papel. Llegaban a comprender que la gerencia consiste en gran medida en delegar, lo que significa que la mayor preocupación de un gerente debe ser la capacidad de su equipo. Se dieron cuenta también de que, puesto que un equipo es el transmisor y el ejecutor de las ideas del líder, este no puede mejorar al máximo sus resultados a menos que los miembros del equipo trabajen con todo su potencial. Como vimos en el capítulo 5, un líder que tenga un equipo común y corriente logrará objetivos comunes y corrientes.

Pero supón que ya has sido líder durante algún tiempo y que comprendes todo esto. Tú quieres que los miembros de tu equipo se desarrollen; quieres ayudarlos a crecer. ¿Qué puedes hacer para ayudarlos?

A hombros de gigantes
LINDA HILL SOBRE LA IDENTIDAD DEL GERENTE

Las entrevistas con diecinueve gerentes nuevos que hizo Linda Hill durante un año constituyeron el primer estudio de investigación acerca de cómo se adopta la identidad de gerente. *Convertirse en gerente* documenta con todo detalle la transformación desde alguien que hace el trabajo a alguien que consigue que los demás lo hagan. Para todos los sujetos de estudio de Hill, el trayecto es doloroso.

Aquí tenemos el ejemplo de un gerente que se enfrenta a un subordinado que reclama más independencia:

Él me gritó: «Si quieres ser el agente encargado de esta cuenta, haz tú la llamada telefónica. Simplemente, quédate con la cuenta, ahora que ya me has dicho exactamente lo que hacer». Yo dije: «No tienes por qué ser tan desagradable», pero en el fondo sabía que él tenía razón.[4]

Indica Hill que «la opinión común es que los gerentes son reacios a delegar porque no quieren compartir su poder ni que este disminuya. En muchos de ellos [...] la reticencia proviene de una inseguridad más fundamental: delegar es amenazar su identidad y su autoestima».[5] Hill indica que, al final, el mayor desafío que tienen los gerentes para el desarrollo del talento es el de desarrollarse a sí mismos para convertirse en personas que disfruten ayudando a los demás a destacar.

◆ ◆

UNA OBSERVACIÓN SOBRE EL TALENTO Y SUS HERMANAS

Antes de que estudiemos el desarrollo del talento, una observación sobre lo que es el *talento*, propiamente dicho. Los psicólogos y los investigadores empresariales han localizado al menos siete cualidades que podrían entrar en ese nombre: *habilidades, conocimientos, actitudes, inteligencias, carácter, impulsos* y *personalidad* (otro sería *competencia*, pero este es un término empleado en recursos humanos que es general para los primeros seis, y por lo tanto no añade mucha claridad al debate). Las definiciones de estas cualidades varían según a quién le preguntes, y se dan solapamientos, pero algunos ejemplos nos ayudarán a verlos con claridad:

- **Habilidades**: matemáticas, montar a caballo, Microsoft Excel...
- **Conocimientos**: patrones de compra de los clientes, normas de seguridad, leyes de la física...
- **Actitudes**: competitivo, orientado al trabajo en equipo, positivo, enfocado en el cliente...
- **Inteligencias**: capacidad de expresión verbal, creatividad, pensamiento estratégico...
- **Rasgos de carácter**: valor, integridad, generosidad, impetuosidad, tenacidad...
- **Motivaciones**: necesidad de logros, necesidad de gustar, necesidad de servir...
- **Rasgos de personalidad**: extraversión, neurosis, meticulosidad...

Las siete cualidades entran en un continuo que va desde *muy maleable* hasta *no maleable*. Las habilidades y los conocimientos son muy maleables; la gente puede hacerse con ellos sin problema por medio del estudio o de la formación. Las actitudes, las inteligencias y los rasgos de personalidad son algo maleables, porque, aunque no pueden adquirirse en un aula de instrucción, con el tiempo pueden cultivarse (como vimos en el capítulo 12) de la mano de los buenos maestros, o bien estropearse con los malos. Los impulsos y los rasgos de personalidad no son maleables, nacemos con ellos; y aunque sería una exageración decir que no cambian nunca, intentar cambiarlos, tanto si son los propios como si son los de otros, es un esfuerzo que sería mejor aplicar en otra parte.

El talento —los filósofos griegos lo llamaban *areté*, que puede traducirse como «excelencia» o «fortaleza»— abarca las tres cualidades semimaleables: actitudes, inteligencias y rasgos de carácter. Y estas son las tres cualidades en las que deberíamos concentrarnos si queremos que prospere nuestra gente. Claro está que las habilidades y los conocimientos son importantes también, pero son muy directos: si un empleado necesita saber trabajar en Excel o comprender los tramos de compradores, podemos enviarlo a una clase donde se lo enseñen. En relación con los impulsos y los rasgos de personalidad, debemos ser conscientes de ellos solamente si no perdemos el tiempo tratando de convertir, digamos, a los introvertidos en extravertidos (ver el capítulo 14). Sin embargo, el talento es al mismo tiempo el camino más productivo y el más complicado para liberar el potencial del equipo. Las actitudes, las inteligencias y los rasgos de carácter que forman el talento pueden desarrollarse —de hecho, tienen que desarrollarse si queremos que prospere una organización—, pero eso no ocurrirá en un taller de aprendizaje de un día de duración. Los ejecutivos del petróleo que busquen mejorar el registro de seguridad de su empresa te dirán que una actitud de «seguridad lo primero» tiene mucho más peso que un conocimiento certero de las normas de seguridad, pero que la actitud es mucho más difícil de enseñar. En pocas palabras, el desarrollo del talento es a la vez necesario y difícil.

PROYECTOS DE MEJORAS

La novela *Emma*, de Jane Austen, se centra en una heroína a la que le encanta desarrollar el talento, que establece la estrategia errónea y que aprende de sus errores. El libro empieza con la «hermosa, inteligente y rica» Emma Woodhouse tomando la determinación de ser guía de la bella, pero desmañada, Harriet Smith. La emoción que siente Emma por el proyecto evoca la actitud de los recién ascendidos gestores de ventas del estudio de Linda Hill:

> Emma tomaba en cuenta a Harriet: la mejoraría, la separaría de las malas compañías y la presentaría en la buena sociedad; formaría sus opiniones y sus modales. Sería un proyecto interesante y definitivamente muy amable; altamente atractivo para su propia situación en la vida, su esparcimiento y sus habilidades.[6]

Cuando Harriet recibe una propuesta de matrimonio del joven granjero Robert Martin, hermano de dos de sus compañeras de clase, Emma la convence para que lo rechace, al principio con indirectas, y después diciendo abiertamente que Robert no es un caballero y por lo tanto no la merece. El hombre que ha escogido para Harriet es el vicario del pueblo, el señor Elton. Sin embargo, él tiene a su vez aspiraciones mayores que una novia de padres desconocidos y sin medios económicos, de modo que Emma sufre una decepción en este objetivo inicial. Promete que abandonará los emparejamientos, pero que persistirá en los esfuerzos que hace para preparar a Harriet para una posición más alta en la vida, una posición, dice el amigo de la familia Woodhouse, el señor Knightley, que tiene todo el derecho a esperar y que de hecho desea.

El desconocimiento que tiene Emma de los asuntos del corazón provocan cierto bochorno para sí misma y para sus amigos, pero el peligro real proviene de su decisión de «mejorar» a la gente de maneras que no están en su naturaleza. El señor Knightley explica el daño que le ha hecho Emma a Harriet con sus maquinaciones:

> Hasta que decidiste convertirla en tu amiga, su mente no se sentía disgustada por lo que tiene, no tenía mayor ambición. Ella era tan feliz como se pueda ser con los Martin durante el verano. Por entonces, ella no tenía sensación alguna de superioridad. Si la tiene ahora, será porque tú se la hayas dado. No has sido una buena amiga para Harriet Smith, Emma.[7]

Aunque Austen escribía acerca de las maniobras sociales de hombres y mujeres ociosos de hace dos siglos, el error que comete Emma con Harriet es el mismo que comete el líder empresarial de hoy que escribe planes de desarrollo para sus empleados y enumera numerosas «oportunidades de mejora», o el del supervisor que dirige «sesiones de entrenamiento» en las que te dice exactamente cómo hacer tu trabajo. Es el mismo error que cometiera Dmitri, que fue mi jefe una vez, cuando su primera acción como líder de cambio de rumbo fue la de hacer que sus subordinados directos presentasen sus planes de mejora mientras él tomaba notas y se acariciaba la barbilla. Es el mismo error que yo cometí una vez cuando envié a un miembro del equipo un correo de dos páginas sobre cómo podría mejorar él su presencia ejecutiva. Del mismo modo que esos dos ejecutivos y que Emma, mis intenciones eran buenas; pero igual que ellos estaba adoptando la estrategia equivocada: para mejorar, en lugar de cultivar el potencial, estaba empujando.

EMPUJAR PARA MEJORAR, CONTRA CULTIVAR EL POTENCIAL

Cuando los líderes presionan a alguien para que mejore, intentan añadir talentos que no existen previamente en el grupo. Es como si estuvieran mirando un círculo y pensaran: «Este círculo parecería mucho mejor si tuviese un triángulo en el centro. ¿Y que pasaría si tuviese un cuadrado por fuera?» (ver la figura 20.1). En lugar de eso, lo que deberían pensar es: «¿Cómo puedo ayudar a que este círculo concreto crezca con todos sus encantos especiales?».

En el capítulo 4 vimos que la investigación presentada por Marcus Buckingham y Curt Coffman, del Instituto Gallup, en el libro *Lo primero, romper todas las normas* puede aplicarse a asuntos de justicia. Esa investigación puede aplicarse también a asuntos de talento. Los autores dicen que los grandes gerentes no pierden tiempo intentando introducir talentos que estén ausentes, que en lugar de eso intentan sacar a la luz o cultivar los que ya estén presentes[8] (el teórico de la educación más famoso del siglo XX, John Dewey, estaría de acuerdo; nos dice en su tratado *Cómo pensamos*, escrito en 1910: «La instrucción debe recaer de nuevo sobre la existencia de poderes naturales anteriores e independientes; y se interesa en darles la dirección adecuada, no en crearlos»). La publicación de *Primero, rompa todas las normas* lanzó un montón de programas de instrucción para la gerencia «basados en la fortaleza», el peor de los cuales aconsejaba a los gerentes que solamente manifestasen alabanzas y que ignorasen las debilidades de los miembros de sus equipos. Esto es una tergiversación de la investigación de Gallup, que en realidad indica que el desarrollo eficaz del talento se apoya en tres actitudes —o talentos— de un líder:

1. Interés en lo que motiva a la gente, en sus puntos fuertes y en sus debilidades.
2. Deseo de ver cómo cada uno se convierte en la mejor versión de sí mismo.
3. Inclinación a decir y a hacer lo que sea necesario para ayudarlos a conseguirlo.

El tercer punto significa que un líder debe a veces ser crítico. Sin embargo, la crítica no ha de emanar de una necesidad de «arreglar» a la gente, sino más bien de una valoración de su potencial exclusivo y de un sincero deseo de que lleve a cabo ese potencial.

Consideremos, por ejemplo, al señor Knightley. Es él, y no Emma, el auténtico cultivador del talento en Highbury. Está enamorado de ella, aunque eso no lo sabemos con seguridad hasta el final. Lo que sí sabemos es que mientras todos los demás la alaban, él es el único que le dice que puede hacerlo mejor. En la escena esencial del libro reprende a Emma por un comentario irónico que le ha hecho a la señorita Bates, una vecina molesta pero de buen corazón, durante una merienda campestre:

Emma, debo hablarte una vez más de la manera que acostumbro; quizá sea un privilegio más padecido que consentido, pero debo utilizarlo aún. No puedo ver que te equivoques sin protestar. ¿Cómo has podido ser tan insensible con la señorita Bates? ¿Cómo has podido ser tan insolente con tu ingenio dirigido a una mujer de su carácter, edad y situación? Emma, no creí que fuera posible.[9]

Cuando Emma intenta no darle importancia al incidente, el señor Knightley no transige. Le explica que su comentario no solo ha sido cruel con la señorita Bates, sino que también ha sido indigno de ella. Expresa: «Te diré las verdades mientras pueda; me contento con demostrar que soy tu amigo con consejos muy leales y con confiar en que en algún momento me hagas más justicia de la que me haces ahora».

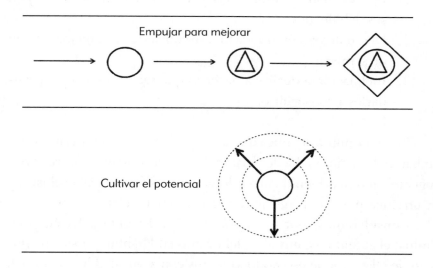

Figura 20.1 Dos puntos de vista sobre el talento

Los demás invitados de la fiesta, que ven a Emma simplemente como la señorita Woodhouse, estrella de su grupo social, se rieron con su chiste desagradable, pero el señor Knightley no lo deja pasar. Sabe que Emma es mucho más; sabe que es, por debajo de un exterior un tanto veleidoso, una mujer amable, sensible e inteligente de la que cabe esperar que comprenda lo que le quiere decir, que lamente su error y que se corrija (todo lo cual hace, y rápidamente). Cuando al final los dos se comprometen en matrimonio, queda claro que su amor es garantía para su felicidad actual y para la mejora de los dos. El señor Knightley llama a Emma «la criatura más adorable y mejor de todas, impecable a pesar de sus errores».[10] Tenemos la sensación de que ella siente lo mismo por él.

Herramienta de comunicación
DIEZ PREGUNTAS PARA EL DESARROLLO DEL TALENTO

Añade un debate sobre el desarrollo del talento en tus reuniones regulares con los miembros de tu equipo uno a uno (o programa debates sobre el desarrollo del talento por separado cada tres o seis meses). Dependiendo del tiempo disponible, utiliza todas estas preguntas o alguna de ellas:

1. ¿Qué puntos fuertes crees que tienes?, ¿qué debilidades?
2. ¿Qué te parece estimulante de tu trabajo?, ¿con qué parte de tu trabajo disfrutas más?
3. ¿Cuáles son tus objetivos para el futuro, tanto personales como profesionales?
4. Cuéntame tus mayores éxitos de los últimos tres (seis, doce) meses. ¿Qué hiciste concretamente para que sucedieran?
5. ¿Qué te hace especial en esta organización?
6. ¿Con qué clase de gente trabajas mejor?, ¿quiénes son tus mejores compañeros?
7. ¿Qué se interpone en tu camino al éxito?, ¿qué partes de tu trabajo te exigen mayor esfuerzo?, ¿qué podríamos intentar para solucionar esos problemas?
8. ¿Qué habilidades relacionadas con tu puesto actual te gustaría aprender o hacer mejor?
9. ¿Cuál es la alabanza más significativa que hayas recibido alguna vez?
10. ¿Cuál sería aquí el puesto perfecto para ti, y por qué?

Por tanto, ¿qué deberían hacer los líderes para cultivar el potencial? Este es un tema del que podrás encontrar buenas guías en la sección Gerencia de cualquier librería, y no digamos *online*. Escribe «cómo instruir a los empleados» en cualquier navegador y encontrarás océanos de consejos y hasta procedimientos paso a paso y tácticas detalladas. Sin embargo, la mayoría de esos consejos se condensan en tres puntos, que corresponden a las tres actitudes de liderazgo que se han mencionado antes:

1. Conoce a tu gente: sus intereses, objetivos y talentos.
2. Anímalos a que hablen de lo que sepan, de lo que hagan bien y de lo que estén orgullosos.
3. Si se descarrían, proporciona una guía breve y directa de cómo volver al buen camino.

Para conocer cómo hablar con los miembros de tu equipo sobre estos problemas, consulta «Herramienta de comunicación: diez preguntas para el desarrollo del talento», en la página 329.

Considera de nuevo a los líderes de cambio de rumbo Dmitri y Caitlin. ¿Cómo lo hicieron como desarrolladores del talento? Dmitri tuvo la idea correcta, al menos, cuando se abstuvo de presentar sus planes de mejora hasta que sus subordinados directos hubiesen presentado los suyos; pero Caitlin lo hizo mucho mejor, cuando en su primer acto como gerente regional hizo que nos sentásemos en la alfombra de su salón y que compartiésemos relatos de éxito. Encendió nuestro entusiasmo, nuestra confianza y nuestro deseo de mejorar, y con ello preparó al equipo en una trayectoria ascendente, hacia a una actuación y unos resultados excelentes.

◆ ◆

Juana de Arco consiguió materializar su visión pero pagó por ello con la muerte. El siguiente capítulo sopesa si los líderes pueden llevar a cabo una visión atrevida sin ponerse en peligro ellos mismos.

Grandes escritores

SANTA JUANA, DE GEORGE BERNARD SHAW

Es una bella mañana de primavera del año 1429 en el castillo de Vaucouleurs. Los ingleses son dueños de media Francia, pero Robert de Baudricourt, capitán de Vaucouleurs, está rabioso porque las gallinas del castillo no ponen huevos. Su mayordomo le dice que no hay huevos y que no habrá ninguno, «ni siquiera aunque me matarais por ello, mientras la Doncella esté a las puertas».[1] La Doncella es Juana, una joven de una granja de Lorena que ha estado esperando en Vaucouleurs una semana, hablando con los soldados, orando y pidiendo ver al capitán. Los intentos de hacerla marchar no han tenido éxito, porque «ella está muy segura», dice el mayordomo. Baudricourt, incrédulo, ordena que le envíen arriba «a la zorra esa» y que él la hará marchar.

Cuando Juana aparece, sus modales son descarados y optimistas. Da los buenos días y sin más dilación le dice al capitán que tiene que darle un caballo, una armadura y varios soldados para ir con ella a ver al delfín de Francia. Asegura que esas son las órdenes de su Señor. Al saber que «su Señor» es «el rey de los cielos», Baudricourt la declara loca y amenaza con mandarla de vuelta a su padre con órdenes de que le arranque la locura. Juana, sin inmutarse, afirma que él puede *creer* que eso es lo que hará, pero que todo ocurrirá de forma bastante diferente. Y de hecho, tiene razón.

La obra de Shaw sigue el perfil de los hechos históricos. En la primavera de 1429, una campesina de dieciocho años que escribía su nombre como Jehanne afirmaba que oía voces de ángeles y de santos que le decían que liderase el ejército francés contra los ingleses, que levantara el sitio de Orléans y que colocara al delfín (posteriormente Carlos VII) en el trono. De alguna manera convenció a las autoridades de que le permitiesen intentarlo, y en el transcurso de un año logró cuanto había prometido. En 1430, fue capturada por los borgundios, simpatizantes de los ingleses, y entregada al conde de Warwick. Un tribunal eclesiástico la declaró hereje impenitente y la sentenció a ser quemada en la hoguera. Veinticinco años después, el papa Calixto III autorizó que se hiciera un nuevo juicio: Juana fue declarada inocente y sus jueces originales fueron excomulgados póstumamente. Cinco siglos después de eso, en 1920, la Iglesia católica la hizo santa. Hoy es uno de los nueve santos patrones de Francia.

Capítulo 21

Visión

Supón que uno de tus empleados recién contratados entrase en tu despacho y anunciase que venía con órdenes de Dios para liderar una nueva estrategia de empresa que aplastaría a la competencia. ¿Qué pensarías, que es un «genio», o que está «loco»? Seguramente te quedarías con lo segundo y harías una llamada rápida a los de recursos humanos.

Santa Juana, de George Bernard Shaw, es una obra de teatro sobre una adolescente que anuncia que Dios quiere que ella se haga cargo del ejército francés, que expulse a los invasores ingleses y que corone al rey de Francia con sus propias manos. Lo asombroso no es que al principio la tomen por loca, ni que al final la ejecuten por herejía, sino que consiguiese llevar a cabo su visión.

LA VISIÓN ES UN JUEGO DE APUESTAS ALTAS

Se habla a menudo de la *visión* como si consistiera simplemente en planes felices para el futuro. Cuando los gurús del liderazgo nos dicen que creemos y expongamos una visión, por lo general todo lo que quieren decir es que debemos expresar nuestros objetivos con claridad y entusiasmo. Buen consejo, por supuesto. Sin embargo, la visión real no es lo mismo que establecer objetivos o que «crear catalizadores para la acción» (por utilizar la jerga actual de la gerencia). El auténtico visionario tiene un plan que se extiende más allá de lo feliz, bordeando la locura. Sus ideas radicales plantean una amenaza a los arraigados intereses de la organización, e, inevitablemente, esos intereses reaccionan con presión de sentido contrario. Recuerda el famoso comentario de Nicolás Maquiavelo sobre el cambio: «nada es más difícil de emprender ni más peligroso de conducir que tomar la iniciativa en la introducción de un nuevo orden».[2] La visión es un juego de apuestas altas, probablemente el juego más peligroso que pueda jugar un líder.

El liderazgo de cambio y el liderazgo visionario están relacionados, pero son diferentes. Dirigir el cambio es problema del capitán: una vez que se le ha asignado un nuevo rumbo a la nave, ¿cómo se asegura el capitán de que el barco sigue ese rumbo, de que esquiva arrecifes y bajíos y de que llega a buen puerto? Esa tarea ya es bastante difícil (ver el capítulo 3), pero lo es todavía más convencer a los propietarios del barco y a los accionistas de que estén de acuerdo con el nuevo rumbo en primer lugar; hacerles decir, por ejemplo: «Aunque hemos tomado un rumbo este desde siempre y todo nuestro sistema comercial está basado en ese rumbo, tienes razón: haríamos mejor en navegar hacia el oeste, porque tendría que haber un camino a las Indias por el oeste. ¡Vamos a hacerlo!». Conseguir ese acuerdo inicial es tarea del visionario, y la respuesta más probable no es: «¡Vamos a hacerlo!», sino: «¡Eso es una locura!». Las organizaciones podrán decir que quieren líderes que defiendan las nuevas oportunidades y estrategias, pero cuando alguien propone navegar hacia el oeste, siempre existe un grupo preparado para defender su interés por navegar hacia el este.

En la obra de Shaw, la visión de Juana amenaza a las dos instituciones políticas más poderosas de la Europa del siglo XV: la Iglesia católica y la aristocracia feudal. Juana amenaza a la Iglesia al proclamar que está en contacto directo con Dios, sin que haya eclesiásticos por medio. En su juicio, cuando le preguntan si sus voces le ordenan o no someterse a la Iglesia, ella dice: «Mis voces no me dicen que desobedezca a la Iglesia, pero hay que servir a Dios lo primero». Un obispo pregunta: «¿Y eres tú, y no la Iglesia, quien tiene que juzgar eso?», a lo que ella replica, con escándalo del tribunal: «¿Por qué otro juicio puedo juzgar si no es por el mío propio?».[3] Simultáneamente, amenaza también a la aristocracia al intentar hablar directamente con el delfín —el heredero del trono de Francia— y coronarlo rey a pesar de las dudas que tienen los nobles sobre su legitimidad. Ella entiende que la gente está comprometida con los monarcas, no con los señores locales. El capitán Robert de Baudricourt, el primer hombre del que necesita apoyo, cree que eso es una insensatez y dice: «¿Es que no sabes que los soldados están sometidos a su señor feudal y que no les importa si este es el duque de Borgoña, o el rey de Inglaterra, o el rey de Francia?». Juana responde: «No comprendo nada de eso; todos estamos sometidos al Rey de los Cielos; Él nos dio nuestros países y nuestras lenguas y quiere que nos atengamos a ellos».[4]

Juana no tiene noción de lo radicales que son sus palabras. Cree que es evidente que las instrucciones de Dios imperan sobre las de un obispo. Cree que es evidente que Francia es una nación y que debe estar unida bajo un solo rey. El visionario de hoy día tiende a creer, como Juana, que su gran idea es obviamente buena: el camino claro hacia delante, el plan que ninguna persona sensata podría dejar de acoger. Lo que no ve es que cualquier idea que no emane de la estructura de poder existente aparecerá ante esa estructura como algo dudoso, en el mejor de los casos, o peligroso, en el peor. Aunque no lo dirán en alto como hicieron los inquisidores de Juana, los ejecutivos que se sienten alrededor de la mesa de conferencias y escuchen la presentación del visionario estarán pensando: «¡Vaya, este principiante cree que su juicio es mejor que el nuestro!». Y aunque puedan no ser completamente conscientes de ello, estarán sintiendo el mismo tipo de preocupación que sintió el conde de Warwick, que en una conversación privada con un obispo explica así su aversión por Juana: «Si esta palabrería de servir al país llega a cuajar en ellos, adiós a la autoridad de su señor feudal y adiós a la autoridad de la Iglesia. O sea, adiós a ti y a mí»[5] (ver «A hombros de gigantes: Malala Yousafzai sobre las visiones terribles», a continuación).

A hombros de gigantes
MALALA YOUSAFZAI SOBRE LAS VISIONES TERRIBLES

Malala Yousafzai, la escolar paquistaní, defensora de la educación de las niñas, a la que dispararon los talibanes, llegó a convertirse en la persona más joven de la historia en ganar el Premio Nobel de la Paz. Le pusieron su nombre por Malalai de Maiwand, la Juana de Arco de Pakistán, que en 1880 era una adolescente durante la lucha de su país contra la ocupación británica. Mientras cuidaba de los heridos en el frente, Malalai vio caer al portaestandarte afgano, ante lo cual «se levantó muy arriba su velo blanco y marchó al campo de batalla al frente de los soldados».[6]

En sus memorias, Malala nos muestra el contraste entre la campaña de los talibanes para apagar toda chispa de pensamiento autónomo y los ánimos que le daba hacia esa misma autonomía el padre de su maestro de escuela. «Las palabras [de Dios] son mensajes divinos, que eres libre e independiente de interpretar», le dijo él, haciéndose eco de las palabras de santa Juana ante sus interrogadores.[7]

Los prelados que ejecutaron a Juana de Arco vieron su visión de un mundo en el que las personas —incluso las jovencitas— pueden salir adelante sin su guía, y se asustaron. Parece que estaba igualmente asustado el pistolero que disparó a Malala en la cabeza. Aunque ella no recuerda el incidente, sus amigos le dijeron que su mano temblaba al disparar.

Existen muchas probabilidades, por lo tanto, de que el líder visionario sea ignorado, despedido, o acosado: se le adelantan en los ascensos, se le encomiendan tareas incómodas, se le regaña, se le rebaja de categoría. Si por casualidad eres tú el director ejecutivo, es natural que tengas mejores oportunidades a la hora de escoger gente para la junta directiva, pero aun así encontrarás algún zoquete que otro. Los «obispos y señores feudales» —tu junta directiva, los de ventas, los clientes poderosos, los gerentes intermedios de hace mucho, y la lista sigue y sigue— todos se aferrarán a la situación actual y estarán preparados para luchar (o, sencillamente, asentirán con la cabeza y no harán nada) de cara a defenderla. Y si te saltas la diplomacia, como Juana, y dejas claro que crees que los obispos y los señores son unos insensatos, su oposición será aún mayor. Esto no es lo que ocurre en las películas, donde los líderes visionarios apartan de un plumazo la oposición mediante discursos estimulantes pronunciados a lomo de un caballo, pero sí en la vida real. Así pues, un líder de la vida real debe prepararse mucho antes de subirse a ese caballo.

LECCIONES PARA VISIONARIOS

Unos cuantos meses después de que Juana de Arco anunciase su mensaje de Dios, todos sus planes se habían cumplido: el delfín le entregó el mando del ejército francés y, después de una cadena de victorias militares, lo coronó rey ungiéndolo con óleo en la catedral de Reims y manteniendo así una tradición antiquísima. Un año después, la ejecutaron. Sin embargo, veinticinco años más tarde se rehabilitó su reputación. En el epílogo de la obra de teatro la hace santa —como lo fuera la Juana de Arco histórica en 1920— la misma Iglesia que la condenara. Los aspirantes a visionario pueden extraer tres lecciones del éxito (a medias) de Juana.

Espera a que surja un problema desesperado

Las personas se vuelven visionarias solo cuando están en un apuro enorme, para el que han intentado todas las soluciones corrientes y no ha funcionado ninguna. Baudricourt accede a las peticiones de Juana y la envía a la corte del delfín, pero no porque le convenzan sus ideas, sino porque es consciente de los graves aprietos en que está el ejército francés y cree que intentar cualquier cosa puede valer la pena, incluso ese plan de locos. El sargento Poulengey respalda a Juana y dice: «Ella es la última carta que nos queda; será mejor jugarla que dejar el juego».[8] Después de muchas vacilaciones, Baudricourt está de acuerdo: «Todo esto podrían ser solo tonterías, Polly, pero los soldados podrían tragárselas [...] hasta el delfín podría tragárselas».[9] El conde no habría escuchado tales «tonterías» ni por un momento si la situación no fuese tan desesperada. De forma parecida, tus colegas de la empresa no se apuntarían a una nueva y atrevida visión si creyesen que todavía quedan ciertas opciones seguras y sensatas que intentar. Tienes que esperar hasta que estén contra la pared.

Muestra una resistencia excepcional

Decía Gandhi que «al principio te ignoran, luego se burlan de ti, después luchan contra ti, y al final vences». No hay duda de que has oído decir que cualquier líder que cambió el mundo solamente lo hizo después de afanarse obstinadamente, atravesando rechazo tras rechazo, fracaso tras fracaso. Sin embargo, *obstinado* no es el término más adecuado; los grandes visionarios son más bien ejemplos de *resistencia* (uno de los cinco rasgos de carácter del liderazgo; ver el capítulo 7). La resistencia es una combinación de perseverancia y de flexibilidad, la capacidad de seguir adelante mientras al mismo tiempo se ajusta la estrategia para que se adapte a cada situación. En la primera mitad de la obra de teatro, Juana demuestra tener una combinación poco común de persistencia tenaz y de adaptabilidad desenfadada: con los soldados tiene camaradería, es educadamente entusiasta con Baudricourt, reverente con el arzobispo, abierta a aprender con los capitanes de campo y magistral con el asustadizo delfín. Se trata de una combinación que la hace imparable. Más tarde, quizá debido a su éxito, adopta una actitud más puramente obstinada que daña a su causa y a su caso.

Estate dispuesto a que te juzguen como insensato, antes o después

Es una de las verdades más duras del liderazgo atrevido: no exista forma de saber, en el presente, si tus audaces decisiones son de obra de un genio o de un insensato. La Historia rebosa de ejemplos de líderes a quienes ahora consideramos inspirados, pero a quienes llamaron idiotas sus contemporáneos, y viceversa. La compra de Alaska al Imperio ruso por parte de los Estados Unidos en 1867, negociada por el secretario de Estado (ministro de Asuntos Exteriores) William H. Seward, fue denominada en su tiempo «la insensatez de Seward», pero luego resultó que fue una inversión muy inteligente. La fusión entre AOL (America On Line, empresa de servicios de Internet) y Time Warner (el tercer grupo empresarial de medios y entretenimiento) en 2001 se celebró como algo genial cuando ocurrió, pero ocho años después se conoció como el mayor error de la historia empresarial. Parece que no podamos saber la diferencia entre el genio y la insensatez sin contar con el beneficio de la tarjeta de puntuación de la Historia, lo que significa que incluso para los genios verdaderos fue, en su día, tan probable la burla como la admiración, y que la vindicación de tu visión solamente podrá llegar en un futuro lejano, si es que alguna vez llega. Insiste en que todo el mundo te juzgue como sabio todo el tiempo, y tu visión se quedará en una idea meramente interesante.

VISIÓN, AUTORIDAD Y CARISMA

Si el liderazgo visionario es tan arriesgado, ¿por qué intentarlo siquiera? Una de las razones podría ser que a ti te importara profundamente una operación, pero que te faltase la autoridad oficial para liderarla. Recuerda las tres fuentes de la autoridad de las que te hablé en el capítulo 6: *racional /legal*, que proviene de las leyes y los estatutos escritos; *tradicional*, que se genera de la costumbre o de las estructuras sociales establecidas, e *intrínseca*, que emana de la capacidad innata que tiene el líder para suscitar la creencia. Un aspirante a líder sin las dos primeras no tiene otra elección más que construir una plataforma basándose en la tercera.

Juana de Arco, completamente desprovista de la autoridad racional/legal y de la tradicional, es un ejemplo de la clase intrínseca. Como dice una y otra vez el sargento Poulengey en la escena I: «Hay algo en ella». ¿Significa eso que es carismática? No en realidad. Aunque no es tartamuda como Moisés (ver el capítulo 1), Juana es franca y directa como él. Nunca la vemos pronunciar un discurso a los soldados; lo que vemos es su camaradería con ellos, su falta de miedo ante los superiores y su total carencia de afectación con todo el mundo. Habla mucho más de lo que tiene sentido que de sus voces divinas. Dice que su sentido común le fue dado por Dios y que, por lo tanto, es más fiable que los juicios de los «insensatos» que ve a su alrededor. Su confianza en su propia razón es amenazadora para los líderes de la Iglesia, pero su osada seguridad en sí misma siembra confianza en los corazones de los soldados y de la gente común. Cuando Baudricourt despotrica de su mayordomo, acusándolo de tener miedo de Juana, este responde: «No, mi señor, a quien tememos es a ti; pero ella siembra el valor en nosotros».[10]

Lo ocurrido con Juana nos recuerda que una posición social humilde y un habla llana no son barreras para la autoridad. La autoridad intrínseca no depende de los títulos ni del carisma. Si cuentas con la autoridad intrínseca para que la gente se apunte a tu misión, aprende sin falta a hablar en público; pero hay algo mejor, intenta personificar las tres conductas que definen a un líder que se esbozaron en el capítulo 1: tomar la iniciativa, generar esperanza y enfocarse en la gente. Estas acciones son lo que hará que los demás crean en ti. Los funcionarios violentos no inspiran a nadie, pero un líder sincero y optimista puede ser una inspiración para muchos. Esto es lo que dice el obispo Cauchon a la reivindicada Juana al final de la obra: «Las niñas del campo te alaban, porque tú has hecho que alcen la mirada y vean que no existe nada entre ellas y los cielos».[11]

LLEVAR A CABO UNA VISIÓN SIN QUEMARSE

Dicho esto, no me sorprende que muchos líderes escojan depender de cualquier autoridad racional o tradicional que tengan y que dejen las visiones para los demás. La mayoría de los visionarios se enfrentará a cierto tipo de castigo, y la mayoría de nosotros no estamos dispuestos a correr ese riesgo. Sin embargo, el riesgo puede reducirse si asimilamos una lección más, una cuarta que añadir a las tres expuestas. Ocuparse de esta lección puede aumentar las oportunidades que tengamos de conseguir un éxito no adulterado (ver «Herramienta de valoración: las oportunidades que tiene la visión», más adelante).

Imagínate un líder visionario que viviese medio milenio después de la muerte de Juana de Arco. Bill Walsh fue contratado como entrenador jefe y gerente general de los Forty Niners de San Francisco en 1979. Los periodistas deportivos lo apodaron «el genio», y estaba dirigiendo una de las trayectorias de diez años más impresionantes de la historia de la Liga Nacional de Fútbol (NFL, por sus siglas en inglés). Como cuenta David Harris en la biografía que escribió sobre él, los Forty Niners eran un desastre cuando llegó Walsh —años de mala gerencia los habían dejado con un registro de 2 a 14 la temporada anterior—, pero para cuando se retiró, en 1988, el equipo había ganado seis títulos de su división, tres campeonatos de la NFL y tres Super Bowls.[12]

Walsh era un visionario respecto a la estrategia del juego. Al principio de su carrera como entrenador de fútbol americano de instituto, rechazó el que por entonces era el punto de vista de que ese deporte consistía en correr, y que pasar la pelota los hacía débiles. Posteriormente trasladó su concepto de alineación, muy fuerte en los pases, a los equipos profesionales, con lo que cambió el juego esencialmente; pero su fama como cerebro de la estrategia se vio eclipsada por su reputación como experto en localizar y desarrollar el talento.

Herramienta de valoración
LAS OPORTUNIDADES DE ÉXITO QUE TIENE UNA VISIÓN

Utiliza la siguiente lista de verificación para valorar las oportunidades de éxito que tiene una visión.

Clasifica cada artículo en una escala de 1 a 5 (1= «completamente en desacuerdo»; 5= «de acuerdo completamente»). Suma la puntuación y utiliza la clave para interpretarla.

A. El problema que esta visión aborda es verdaderamente importante y urgente _____

B. Se han probado las soluciones habituales, y no ha funcionado ninguna_____

C. El líder está preparado para seguir adelante con la visión sean cuales sean los obstáculos que aparezcan_____

D. El líder está preparado para ser flexible y adaptarse a los diferentes medios y modos de materializar su visión_____

E. Al líder no le importa, sinceramente, que lo llamen insensato por poner en práctica la visión_____

F. El líder está preparado para que su visión sea considerada un fracaso_____

G. Esta visión promete beneficiar a los individuos, no solo para una institución_____

H. El líder sabe contagiar el entusiasmo por su visión, y motivar a la gente para que se una al proyecto_____

Total:_____

Clave

32-40 Alta posibilidad de éxito

24-31 Posibilidad moderada de éxito

16-23 Poca posibilidad de éxito

8-15 Ninguna posibilidad de éxito

«Yo no he visto nunca a nadie que tuviera un ojo como el suyo», dijo John McVay, administrador de los Forty Niners.[13] Para el talento, lo mismo que para la estrategia, Walsh tendía a rechazar los saberes predominantes: en lo referente a los organizadores del juego (*quarterbacks*), por ejemplo, buscaba pies rápidos y una agilidad de bailarín, más que la estatura y la fuerza de brazos. Una vez que los jugadores estaban fichados, hacía que se enfocasen completamente en convertirse en mejores jugadores de fútbol y no en demostrar lo duros que eran, precisamente lo que la mayoría de los entrenadores de la época exigían. Era un maestro extraordinario y quería que sus jugadores estuviesen aprendiendo y creciendo constantemente.

Así pues, la cuarta y última lección para los aspirantes a visionarios es esta: **dirige tu visión hacia abajo y hacia dentro, no solo hacia arriba y hacia fuera.** La mayoría de los gurús del liderazgo creen que la visión consiste enteramente en señalar el camino hacia un nuevo destino y tiene muy poco que ver con los «problemas personales».[14] Pero el éxito de Bill Walsh nos muestra que esa visión «hacia abajo y hacia dentro» —sobre la gente y su potencial— es justo tan importante como la visión «hacia arriba y hacia fuera». Los visionarios realmente competentes no solo transmiten una idea de la gran carrera que haremos *nosotros*, sino también de la gran carrera que haréis *vosotros*. Siguen el ejemplo de algunos de los líderes de los que te hablé en el capítulo 20: esforzándose en ver el interior de cada miembro del equipo, imaginándose su potencial y trabajando para convertir ese potencial en algo real. Dicho de otra manera: aplican la visión al talento. La gente apoya a este tipo de líderes no solo porque crean en su causa, sino porque creen en aquello en lo que se convertirán a su lado.

Juana de Arco infundió fe en sus seguidores, es decir, fe en Francia y en su gloria. Una vez que hubo conseguido las victorias y coronado a su rey, la llamada de la visión menguó y lo mismo hizo su estrella. Pero una visión que aumente la fe de la gente en sí misma —una misión que ofrezca una imagen estimulante de lo que podrían hacer y de quién podrían llegar a ser—, una visión así, junto al líder que la ofrece, no perderá nunca su fuerza.

● ●

En la novela corta de James Joyce *Los muertos*, un descubrimiento revela el carácter de un hombre, como veremos a continuación.

Grandes escritores
LOS MUERTOS, DE JAMES JOYCE

Gabriel Conroy es un catedrático universitario con gafas ribeteadas en oro y el cabello negro y brillante peinado con raya en medio. Una tarde fría de enero, él y su esposa llegan a Dublín desde el campo para asistir a una cena con baile que da una de sus dos ancianas tías.

La primera mitad de *Los muertos* tiene lugar en el baile. Oímos a los invitados conforme se relacionan, hablan, comen y beben. Entre los presentes está Lily, la hija de la portera, a la que han contratado para que esa tarde ayude con los abrigos; la señorita Ivors, maestra de escuela y declarada nacionalista irlandesa; el señor Browne, que ya ha dejado muy atrás la juventud, pero mantiene su afición por las señoras y su tendencia a sobrepasar los límites de lo apropiado con sus comentarios; Freddy Malins, famoso por llegar a las fiestas y a cualquier otro sitio borracho, y Bartell D'Arcy, tenor resfriado. Las dos anfitrionas, Kate y Julia Morkan, son muy respetadas. Julia, que una vez fuera defensora incondicional del coro de la catedral, tiene aún una voz fuerte y, cuando se lo piden con insistencia, entretiene al grupo con una canción antes de la cena. Rechaza mansamente las alabanzas con que la colman el señor Browne y Freddy, dando pie a que la enérgica Kate lance una diatriba sobre que a su hermana «la habían desperdiciado en ese coro».

Las flaquezas humanas, tan típicas de las reuniones tardías, se exhiben a lo largo de la fiesta: aficiones al alcohol, pendencias, irascibilidad, coqueteos, jactancias, adulación y sentimentalismo. Contemplamos la acción a través de los ojos de Gabriel y sentimos su fastidio cuando le llegan fragmentos de metralla emocional. Su reserva indiferente y su tendencia a criticar a todo el mundo, especialmente a sí mismo, destacan en fuerte contraste con la espontánea risa y el bullicioso deseo de agradar de Freddy.

Gabriel se pasa gran parte de la velada atormentándose por el discurso que debe hacer al final de la cena: quiere incluir una cita de Browning, pero le preocupa que la gente piense que alardea de su superior educación. Por supuesto, cuando se llega a ese momento, lo que le preocupa a todo el mundo no es el discurso de Gabriel, sino la parte del final, cuando pueden brindar por sus anfitrionas con otra copa de vino en la mano y cantando muchas veces la canción «porque son unas chicas excelentes», con Freddy marcando el ritmo con el tenedor del postre. Gabriel siente alivio porque la dura experiencia haya terminado, sin sospechar que otra mucho más difícil está a punto de llegar.

Capítulo 22

El carácter, revelado

omo vimos en el capítulo 17, la columna vertebral del carácter del liderazgo es el valor, y el valor se pone a prueba cada vez que nos enfrentamos con un «monstruo», con algo que hayamos puesto en marcha que esté resultando mal y que amenace nuestra reputación. Pero alguna vez en nuestra vida de líderes nos encontraremos con un examen todavía más difícil. Oiremos por casualidad a un buen amigo o colega hablar como si el monstruo fuésemos *nosotros*. Notaremos miedo, rabia o (peor aún) desprecio en su voz. Lo que hagamos después revelará nuestro carácter como ningún otro acontecimiento puede hacerlo.

Lo que les ocurrió a estos dos líderes constituye un buen ejemplo.

LUCIEN: UNA SORPRESA EN LA VENTANA DE CHAT

Lucien era el presidente de Construcciones McGill, una empresa mediana que operaba en el este de los Estados Unidos. Seis meses antes, el grupo empresarial propietario de McGill había adquirido otra empresa de construcción de parecido tamaño con base en el oeste y había fusionado las dos para tener cobertura nacional. McGill había duplicado su tamaño y estaba experimentando los retos normales asociados a las fusiones empresariales.

Lucien llevaba nueve años en McGill y era conocido por su experiencia en operaciones y su estilo sensato. La cantidad de subordinados directos que tenía había aumentado con la adquisición de la empresa nueva. En su equipo experto, formado por ocho personas, estaban Avery, el jefe de operaciones; Jen, la jefa de finanzas; Fred, el jefe de *marketing*; Mike, asesor en nómina, y cuatro vicepresidentes regionales. Fred, Mike y dos de los vicepresidentes eran empleados de McGill desde hacía muchos años, mientras que Avery, Jen y los otros dos vicepresidentes habían trabajado en la compañía fusionada. Por supuesto, se había producido una reestructuración y algunos despidos. No todo el mundo estaba contento con el nuevo esquema organizativo, pero cuando las quejas llegaron a oídos de Lucien, las descartó como algo normal en el proceso. Sentía que podía contar con su equipo experto para enfrentarse a cualquier insatisfecho, sobre todo teniendo en cuenta que todos ellos habían sido de gran ayuda durante la transición.

Sabía que un problema mayor era el choque de culturas entre McGill y los recién llegados. McGill seguía una política estricta para todo, tomaba la mayoría de las decisiones de arriba abajo y tenía una tradición de colaboración estrecha que venía desde su época de empresa familiar (era universalista, jerárquica y comunitaria; ver el capítulo 16). En la empresa absorbida, por el contrario, las normas y los procedimientos se interpretaban libremente, las órdenes de los gerentes se veían como meras sugerencias y los agentes comerciales eran exploradores solitarios que esperaban funcionar sin interferencias en sus territorios (era particularista, igualitaria e individualista). Lucien veía la cultura de los recién llegados como algo desordenado. Creía que la solución era subir los estándares en todos los aspectos, y con ese fin había traído a varios asesores Seis Sigma que estaban trabajando ahora en crear coherencia en los procedimientos de la empresa: todo, desde el *marketing* a la gestión de proyectos, pasando por la petición de material de oficina.

McGill había adoptado recientemente una tecnología para las reuniones virtuales que resultaba imprescindible ahora que la empresa había crecido tanto. Lucien, siempre frugal, había dado instrucciones a los de IT (tecnología de la información, por sus siglas en inglés) para que comprasen solo un puñado de licencias. En el equipo experto, solo Avery, el jefe de operaciones, tenía una y era el que más frecuentemente la utilizaba. Lucien había seguido dirigiendo sus propias reuniones por medio de la teleconferencia ordinaria, pero cuando le llegó el turno de ser el anfitrión de la llamada presidencial mensual de toda la empresa matriz, decidió aprovechar la oportunidad para exhibir la nueva tecnología y lo cómodo que se sentía con ella. Le pidió a su asistente que lo preparase todo utilizando la cuenta de Avery. El asistente consiguió las claves de la ayudante de Avery y le dio a Lucien una clase rápida sobre el tema.

La reunión de presidentes fue fluida. Al terminar, Lucien se quedó en la habitación virtual, jugando un poco con el *software*. Había una ventana de chat de la que no se había percatado durante la reunión. Pinchó en ella y vio un hilo de texto entre Avery y la jefa de finanzas, Jen. Parecía ser una charla privada que había tenido lugar durante una reunión que Avery había dirigido hacía una semana con los asesores Seis Sigma. Aparentemente, Avery se había olvidado de borrar la charla después.

Lucien se movió hacia abajo en el texto, leyendo distraídamente; pero cuando llegó a esta parte, el corazón se le aceleró:

Avery   ¿Vas a sacar el problema del que hablamos antes?

Jen   No, no tiene sentido, estos tipos son idiotas.

Avery   Lo sé. Han llamado los de 1992, quieren que vuelvan sus asesores.

Jen   (riéndose) ¿Crees que nos libraremos alguna vez de ellos?

Avery   No mientras nuestro Amado Líder tenga el virus Seis Sigma.

Jen   Entonces no hay esperanzas, está obsesionado con esas cosas.

Avery   ¡Es obsesivo, y punto! Me vuelve loco.

JEN	A mí también.
AVERY	Supongo que solo nos queda esperar.
JEN	Sí, chúpate esa a la manera McGill. A veces echo de menos el antiguo mundo.
AVERY	¡Huy!, es hora de prestar atención a las botas Sigma, hasta luego.

El hilo terminaba ahí. Cuando cerró la ventana del chat las manos le temblaban un poco. Se sentó en silencio un rato. Luego levantó el teléfono y llamó a Mike, el abogado en nómina.

Con el asesoramiento de Mike, Lucien hizo que los de IT le dieran acceso a las cuentas de correo de los miembros de su equipo. Leyó los de los últimos dos meses y entre otras cosas descubrió intercambios entre Avery y Jen en los que ambos compartían escepticismo sobre ciertas iniciativas de la empresa, además de unos cuantos comentarios sarcásticos sobre él; había señales de que Fred, el director de *marketing*, y uno de los vicepresidentes estaban haciendo entrevistas para trabajar en otro sitio, y encontró evidencias de que otro de los vicepresidentes, Sarah, había estado actuando como una «querida Abby»* para sus compañeros, desplegando sus quejas por las iniciativas de Seis Sigma y por el estilo de gerencia de Lucien.

Cada correo parecía asestar un golpe. La ingratitud era lo peor: «Después de todo lo que he hecho por esta gente», pensó Lucien. Todo ello era irrespetuoso y subversivo. Tenía que hacer algo.

Puso a los que buscaban trabajo en planes de actuación, con el propósito de prepararlo todo para despedirlos en unos cuantos meses. Despidió a Avery directamente, por insubordinación. No despidió a Jen, porque necesitaba su experiencia financiera; y tampoco podía permitirse librarse de Sarah, más conocida como «querida Abby». Sin embargo, lo que sí pudo hacer fue colocar a las dos mujeres en su sitio. Teniendo al consejero legal presente, habló con cada una de ellas por teléfono y con ira contenida les dijo que lo sabía

---

* N. del T.: «Querida Abby» es una columna de consejos que desde 1956 se ofrecen a los lectores de periódicos sobre todo tipo de situaciones.

todo. Leyó fragmentos de sus correos y les advirtió que le disgustaba su comportamiento y que las mantenía en la empresa solo porque los de recursos humanos le dijeron que tenía que hacerlo. Les echó una bronca de veinte minutos y acabó con un «te lo diré muy claro: *no puedes* utilizar los sistemas de la empresa para cuestiones subversivas».

Jen y Sarah, temblando, empezaron inmediatamente a buscar una salida. En un plazo de seis meses, las dos —además de Mike, el abogado— habían dejado McGill y trabajaban en otro sitio.

GABRIEL: EL ANHELO DE SER AMO

En la novela corta de James Joyce *Los muertos*, vemos a otro líder que se imagina que es el amo del universo. Sin embargo, este hombre tiene carácter. Cuando le llega su momento de la verdad, en lugar de ceder a la ira como hizo Lucien, está a la altura de la situación (ver «A hombros de gigantes: Susan Scott sobre las conversaciones feroces», a continuación).

A HOMBROS DE GIGANTES SUSAN SCOTT SOBRE LAS CONVERSACIONES FEROCES

«Las conversaciones son el trabajo de un líder y los caballos de tiro de una organización —escribe Susan Scott en su libro *Conversaciones feroces*—. Desgraciadamente, muchas conversaciones fracasan».[1] La razón principal de que fallen, argumenta Scott, es la reticencia a involucrarse de pleno, auténtica y sensiblemente, con la situación real y la persona real. *Feroz* —en el sentido de robusto, intenso, ansioso y desenfrenado— es la palabra que utiliza *Scott* para la actitud que propugna.

Scott propone siete principios para las conversaciones feroces:

1. Interroga con coraje.
2. Sal de ti mismo, métete en la conversación y haz que sea auténtica.
3. Permanece presente en cuerpo y mente. No vayas a ningún otro lugar con el pensamiento.
4. Afronta hoy tu reto más difícil.

5. Obedece a tus instintos.

6. Responsabilízate de tu estela emocional.

7. Deja que el silencio haga el trabajo pesado.

Esos siete principios pueden demostrarse, o no, en un encuentro breve. En la escena final de *Los muertos*, de James Joyce, por ejemplo, vemos a un marido y a su mujer envueltos en una conversación «feroz» por antonomasia. Ambos forcejean, pero al final triunfan, en gran parte gracias al principio número siete.

● ◉

Conocemos a Gabriel Conroy la noche de Epifanía en Dublín, en la cena con baile anual de sus tías. Gabriel es el sobrino favorito de las tías Kate y Julia: el único en el que confían para trinchar la oca y para que pronuncie el discurso tras la cena, el único con el que cuentan para habérselas con invitados que llegan borrachos a la fiesta. Gabriel es un hombre con autoridad y un poco estirado. Gretta, su esposa desde hace más de diez años, se ríe con las tías de las quisquillosas directrices que su marido tiene para ella y para los niños: «No adivinaríais nunca lo que me hace ponerme ahora —dice—: ¡chanclos! Esa es la última».[2] Parece que Gabriel no se da cuenta de que se burlan de él.

El relato comienza con Gabriel quitándose el abrigo y haciendo un comentario ingenioso (o eso cree él) a Lily, la ayudante contratada, sobre su «novio». Lily —ya sea porque la ofende su exceso de confianza o porque está agobiada de trabajo, no lo sabemos— da una réplica brusca. Gabriel siente que ha cometido un error, pero en lugar de disculparse con Lily le da una propina y se va corriendo del guardarropa, avergonzado. La escena dice mucho de él como líder: cuando se enfrenta con la inquietud de un subordinado, su instinto no es involucrarse, sino más bien comprar a la persona y escaparse con la dignidad intacta.

Esa misma timidez tiene a Gabriel desasosegado durante toda la celebración. En uno de los bailes se ve a sí mismo haciendo pareja con la señorita Ivors, compañera en la enseñanza, y ella aprovecha la ocasión para gastarle una broma sobre una columna literaria que Gabriel escribe para un periódico británico: «Estoy avergonzada de ti; decir que escribes para una basura como esa. No sabía que fueras un británico del oeste».[3] Conforme ella le pincha sobre sus vacaciones en Francia y por su incapacidad de hablar irlandés, él se pone nervioso, para replicar al final que está harto de Irlanda, ¡harto! Ahora Gabriel supone que la señorita Ivors se ha ofendido, pero un momento después ella le aprieta la mano con calor, aunque luego, al final del baile, le propina otro golpe más. Conforme se aleja de ella con la mente agitada, justifica su rencor hacia ella:

> Por supuesto, la chica, la mujer, o lo que quiera que ella sea, es una entusiasta independentista, pero hay un tiempo para cada cosa. Quizá él no debería haberle respondido así, pero ella no tenía derecho a llamarlo británico del oeste ante la gente, ni siquiera en broma. Ella había intentado ridiculizarlo, molestándolo y mirándolo con sus ojos de conejo.[4]

Después, todavía agitado, se imagina que va a estar torpe todo su discurso de sobremesa, con la señorita Ivors mirándolo «con sus ojos interrogantes y críticos», contenta al verlo equivocarse.

Gabriel tiende a darle muchas vueltas a los comentarios improvisados, exagerándolos hasta convertirlos en intentos maliciosos de desautorizarlo. Se imagina que la señorita Ivors le tiene en el punto de mira; y ella «no tiene derecho» a hacerlo. Ella lo critica... no es justo... a él no se le pueden echar las culpas. Hemos visto esa misma susceptibilidad en Lucien, de Construcciones McGill, y podemos verla también en nosotros. Nos obsesionamos por un comentario improvisado de alguien como si fuera la señal para derribarnos, cuando el problema real es sencillamente este: sea cual sea nuestro papel o nuestra situación social, no tenemos control alguno de lo que piensan de nosotros los demás.

Gabriel lucha toda la velada para reprimir su ira ante los desaires añadidos e «inmerecidos»; pero la prueba verdadera de su carácter llega cuando la velada ha terminado, cuando está a solas con su esposa en la habitación del hotel. Es una hora muy avanzada de la noche y ha empezado a nevar. Gretta ha estado extrañamente preocupada desde el momento en que, de pie en el vestíbulo al final de la fiesta, oyó a Bartell D'Arcy cantando roncamente *La muchacha de Aughrim*, una vieja canción irlandesa. Gabriel se siente medio atraído, medio enojado por la actitud distante de Gretta, y ahora llegamos a la línea central del relato: «Él anhelaba ser el amo de su extraño estado de ánimo».[5]

Gabriel es un hombre autoritario y a menudo es el amo de la situación, pero se revela que no es el amo del ánimo de su esposa, y todavía menos de su corazón. Cuando la intima a que le diga qué le ocurre, al final Gretta se echa a llorar y le habla de un muchacho que conoció hacía mucho tiempo en Galway, un tal Michael Furey, que cantaba mucho la canción *La muchacha de Aughrim*. Él tenía tisis, que empeoró por quedarse en pie al final de su jardín, bajo la lluvia, la noche que supo que lo iban a enviar a una escuela lejana. Ella le rogó que se fuera a su casa, pero él dijo que no quería vivir. El relato de Gretta y sus lágrimas al contarlo indican que no ha olvidado nunca a Michael Furey.

Enfrentado a la congoja de su esposa y a su total impotencia ante sus sentimientos, Gabriel reacciona al principio con la misma clase de rencor que sintió hacia la señorita Ivors en la fiesta. «Una rabia sorda empieza a acumularse de nuevo en su mente», se dice en tono sarcástico y, basándose en un comentario casual que hizo Gretta antes, durante la tarde, sobre sus deseos de ver Galway otra vez, le pregunta si es que quiere reunirse con su viejo amante. Desconcertada por la pregunta, le dice que Furey murió a los diecisiete años. «Creo que murió por mí», revela Gretta. Al oírlo, Gabriel se siente humillado de repente:

> Mientras él estaba lleno de recuerdos de su vida secreta juntos [...] ella había estado comparándolo con otro en su imaginación. Una bochornosa consciencia de su propia persona lo asaltó. Se vio a sí mismo como una figura ridícula que actuaba de recadero de sus tías, un sentimental nervioso y bienintencionado perorando a la gente vulgar [...] un tipo deplorable y fatuo al que había echado una ojeada en el espejo.[6]

Ha llegado a un punto de inflexión. ¿Qué va a hacer?, ¿enfadarse y acusar a Gretta de infidelidad emocional?, ¿permanecer fríamente irónico, burlándose de su obsesión con un antiguo novio?, ¿o proclamar su superioridad moral y manifestar la decepción que siente por su conducta?

Podemos recordar a los demás líderes de los que hemos leído, líderes que descubrieron que los pensamientos de alguien que habían imaginado que iban en la dirección que les complacía en realidad no eran tan satisfactorios. Tenemos al rey Lear, encolerizado cuando la declaración de amor de su hija es demasiado parca para su gusto; a Creonte, en *Antígona*, estupefacto de que una subordinada no solamente haya desobedecido una de sus órdenes, sino que continúe creyendo que tiene derecho a hacerlo; a Victor Frankenstein, horrorizado porque el aspecto y la conducta de su criatura recién nacida no son lo que él esperaba, y a los interrogadores de Juana de Arco, escandalizados porque crea que conoce la voluntad de Dios mejor que ellos. Y luego está Lucien, presidente de Construcciones McGill, que se enfureció al descubrir que a veces sus subordinados se reían a sus espaldas.

EL CARÁCTER, REVELADO

El carácter que tengamos como líderes se revela en las crisis, pero lo hace mucho más completamente en esos momentos en los que leemos un correo perdido, oímos un comentario por casualidad o estamos en la parte que recibe alguna sinceridad atípica y como resultado entrevemos la verdad: nuestros subordinados están fuera de nuestro control. No nos muestran el respeto que merecemos; les parecemos desagradables a la hora de trabajar con nosotros; tienen pensamientos y sueños que van contra los nuestros, o que quizá no tengan nada que ver con ellos; se quejan, chismorrean, hacen chistes a nuestra costa. ¿Cómo respondemos en esos momentos en que somos conscientes de esas actitudes?

Un líder al que le falte carácter perderá el equilibrio y se hundirá en una o varias de las ocho trampas del liderazgo, cuya raíz común, como vimos en el capítulo 2, es *escoger el tener razón sobre la eficacia*. Pero existe otra raíz que va mucho más abajo: *escoger el control por encima del amor*.

La falta de carácter se reduce a la carencia de valor, el ancla de todos los demás rasgos de carácter. Un líder cobarde está comprometido con la autoconservación, física y emocional, y por lo tanto es incapaz de tolerar la sensación de amenaza que se suscita cuando los subordinados hablan o piensan de modo contrario a sus deseos. No basta con que *hagan* lo que él desea que hagan, también tienen que *decir* y que *creer* lo que él quiera, porque las palabras malas y los malos pensamientos pueden conducir a una mala acción, o eso cree él. Todos nosotros nos asustamos al ver de reojo el oscuro torbellino que es el corazón de otra persona, y todavía nos sentimos más asustados cuando esa persona es alguien cercano a nosotros, alguien en quien creemos. Cuando Gretta dice: «Creo que murió por mí», podemos vernos reflejados en el «temor impreciso» de Gabriel, como si «cierto ser impalpable y rencoroso viniera contra él y reuniese fuerzas en su contra».[7]

La pregunta es: ¿qué hacemos cuando se apodere de nosotros un terror así? El líder al que le falte carácter hará rápidamente algo, cualquier cosa, para restaurar la ilusión (porque es una ilusión, por supuesto) de controlar el corazón del otro. El líder de carácter puede luchar contra la misma tentación, pero al final logrará mantener la mediana: en el valor, en la integridad, en la resistencia, en la generosidad y en el interés. El hilo que atraviesa estos cinco rasgos es el *amor*. Esa no es una palabra que apliquemos habitualmente a los líderes, pero es la apropiada cuando consideramos que significa la capacidad de poner el bienestar de alguien por delante del nuestro (ver «Herramienta de equipo: los momentos de la verdad», a continuación).

Resulta que Gabriel Conroy tiene esa capacidad. Después de pasar por la humillación intenta seguir interrogando a Gretta, pero ve que no puede, la voz le sale «humilde e indiferente». De manera que, en lugar de eso, escucha en silencio el resto de su narración, agarrándola de la mano y haciendo algunas preguntas. Después de dormirse ella, se sienta largo rato mirando caer la nieve tras la ventana iluminada por la farola. Piensa en el pasado. Se imagina a su esposa de jovencita y a un chico de pie en la oscuridad bajo un árbol chorreante de lluvia al final de un jardín. Su imaginación lo lleva a comprender el extraño estado de ánimo de Gretta, que una hora antes intentaba dominar. «Una lástima extraña y amorosa» le embarga el corazón, y «lágrimas abundantes» se asoman a sus ojos.

Ningún resumen puede hacer justicia a los últimos párrafos de la narración de Joyce. Su serena belleza nos apela a aceptar con amor un mundo que no podemos controlar.

Herramienta de equipo

LOS MOMENTOS DE LA VERDAD

Elige una situación difícil para utilizarla como caso-estudio para tu carácter y el carácter colectivo de tu equipo como líderes. Elige un «momento de la verdad» que surja a menudo: la típica discrepancia con otro grupo, o una queja común de los clientes, por ejemplo (lo mejor es no referirse a situaciones concretas ni insultar).

Reúne a tu equipo y copia la Figura 7.1 (rasgos de carácter del liderazgo), en la página 128, en un rotafolio o una pizarra. Revisa los cinco continuos y luego debate lo siguiente:

1. Cuando nos enfrentamos con ese momento de la verdad, ¿hacia cuál de esos cinco continuos tendemos a ir?
2. ¿Qué hace que mantener la mediana sea difícil?
3. ¿En qué consistiría el *valor* en esta situación?, ¿qué tal la *integridad*, la *resistencia*, la *generosidad* y el *interés*? (pide detalles concretos).
4. ¿Cómo podemos mostrar nosotros como equipo carácter de liderazgo en situaciones como esta?

Date cuenta de que no se te pide que aportes las respuestas. El propósito del debate es simplemente reflexionar como equipo sobre el carácter de liderazgo en los momentos de adversidad.

● ●

Lo que más ha de importarnos a los líderes no es nuestra situación social dentro de una jerarquía, sino la repercusión que tengamos. Así lo examinaremos en la sexta parte.

EL FUTURO DEL LIDERAZGO

ecuerda el capítulo 1. Allí vimos que el distintivo de un líder verdadero no es el carisma, sino más bien tres conductas: *llevar la iniciativa*, *generar esperanza* y *enfocarse en la gente*. Hemos repasado también las tres clases correspondientes de malos líderes: los *lacayos*, que rehúyen la iniciativa a favor de seguir la línea marcada; los *déspotas*, que mantienen el poder creando una atmósfera de miedo, y los *burócratas*, que tratan a la gente como si esta fuera un mero engranaje de las ruedas dentadas de los procedimientos. Desde entonces hemos examinado muchos ejemplos de líderes buenos y malos, y hemos visto que las tres conductas del liderazgo y sus opuestas desempeñan un papel en nuestras salas de juntas, en los campos de batalla y en las interacciones diarias de los líderes con sus equipos.

En el capítulo siguiente, las tres conductas se convertirán en tres niveles que ofrecen una nueva forma de pensar en nuestras aspiraciones como líderes; una escalera corporativa del futuro, si quieres. Y, a continuación, subiremos otro peldaño más utilizando una obra clásica de la filosofía occidental y veremos lo que es y lo que hace un líder de nivel 4.

Capítulo 23

Tres niveles

Pregúntale a alguien: «¿Cuál es tu nivel de liderazgo», y es probable que oigas respuestas como estas: «Soy vicepresidente de ventas y desarrollo de productos», «Soy supervisora y tengo a mi cargo un equipo de cinco personas», «Me han ascendido recientemente a asesor auxiliar», «Me encargo de los proyectos; en el que llevo ahora mismo trabajan cuarenta personas». Dicho con otras palabras, oirás que te responde haciendo referencia a su cargo o a lo que abarque su control.

La estructura de las organizaciones modernas proviene de la estructura militar, con sus rangos que corresponden al tamaño que tiene el grupo bajo el control de uno, y con su nítida demarcación entre oficiales («gerencia») y no oficiales («trabajo»). A pesar de la tendencia de las últimas décadas hacia las organizaciones planas (no jerárquicas), cuando hablamos de niveles de liderazgo todavía tomamos en gran parte nuestra señal de esa jerarquía militar-empresarial. De hecho, que utilicemos la palabra *plana* para describir las organizaciones sin estructuras tradicionales de subordinados indica que todavía equiparamos los niveles de liderazgo con aquellas estructuras. No podemos imaginar una forma diferente de pensar en la topografía del liderazgo, así que llamamos «planas» a esas organizaciones no tradicionales.

Pero en realidad no son planas, es solo que sus niveles no corresponden a las gradaciones de la jerarquía tradicional. En la peor de esas organizaciones, el nivel se corresponde con la capacidad de hacer uso del poder como lacayo, déspota o burócrata. En las mejores, los niveles se corresponden con la capacidad de tener una repercusión positiva.

INICIADORES, ANIMADORES Y CULTIVADORES

Existe mucha gente sin título ni subordinados directos y que, sin embargo, tiene una gran repercusión; y hay mucha gente con grandes títulos y muchos subordinados directos que tiene poca o ninguna (en cualquier caso, no una repercusión positiva). La mayoría estaría de acuerdo en que los primeros son mejores líderes y merecen que se les reconozca su valía. Eso no quiere decir que el nivel no importe; como vimos en el capítulo 6, la autoridad respaldada por la ley o la costumbre es una necesidad para la mayoría de los líderes, y ascender por los niveles es una manera de conferir la autoridad que un líder necesita de cara a impulsar iniciativas de tamaño y complejidad crecientes. Aun así, es innegable el hecho de que el cargo que aparece en una tarjeta de empresa no indica nada respecto a la repercusión que su poseedor tiene en el mundo.

Salvo dos excepciones notables –ver «A hombros de gigantes: Jim Collins y John Maxwell sobre los niveles de liderazgo», en la página 363–, los asesores de gerencia se han quedado en la jerarquía empresarial tradicional, basada en ámbitos de control, como su armazón para la formación y el desarrollo del liderazgo. Esta misma jerarquía permanece también rígidamente en la mayoría de las empresas, reforzada por los organigramas, las tareas, las concesiones de autoridad y los sistemas de compensación.[1] Ciertamente, algunas organizaciones han reemplazado los cargos tradicionales (gerente, director, vicepresidente, etc.) por nombres como líder de equipo, experto en cuentas o jefe de atención al cliente, pero incluso el más atractivo de esos títulos sigue siendo meramente una forma de indicar el tipo y el número de gente que se espera que uno dirija.

A hombros de gigantes
JIM COLLINS Y JOHN MAXWELL SOBRE LOS NIVELES DEL LIDERAZGO

En su libro *Good to Great* (publicado en español con el título *Empresas que sobresalen*), Jim Collins ayuda a redefinir el liderazgo avanzado con su concepto de *líder de nivel 5*: un ejecutivo de alto rango que es a la vez humilde e intrépido. Aunque es modesto en lo personal, el líder de nivel 5 tiene un impulso enorme. Como ejemplo, Collins nos ofrece a Abraham Lincoln, que «no permitió nunca que su ego se interpusiera en el camino de su ambición primordial: la gran causa de una nación grande e imperecedera».[2] El obstinado aunque modesto líder de nivel 5 de Collins no es el tipo que nos imaginamos tradicionalmente entre los que incluyen la palabra *jefe* en el título.

Sin embargo, los cinco grados de Collins son en gran medida tradicionales. Estos cinco grados son: persona altamente cualificada, miembro colaborador del equipo, gerente competente, líder eficaz y ejecutivo de nivel 5. Para Collins, la repercusión que tenemos todavía está ligada a la posición dentro de la jerarquía empresarial; los colaboradores individuales están fijos en el nivel 1, y solamente los ejecutivos aparecen en el nivel 5. Aunque no niego que la posición jerárquica de un líder afecta a su repercusión, estaríamos mejor si tuviésemos una forma de hablar sobre el avance de los líderes sin tener que referirnos a los ámbitos que controlan.

John Maxwell, prolífico escritor especializado en liderazgo, ofrece una estructura de niveles que da unos cuantos pasos más en una dirección nueva. Sus cinco niveles son: posición –la gente te sigue porque tiene que hacerlo–, permiso –la gente te sigue porque quiere hacerlo–, producción –la gente te sigue por lo que tú hayas hecho por la organización–, desarrollo personal –la te gente sigue por lo que tú hayas hecho personalmente por ella– y pináculo –la gente te sigue por quién eres tú y por lo que representas.[3]

Pero si queremos proporcionar a los líderes un nuevo camino ascendente, la estructura de Maxwell no funciona. En primer lugar, sus niveles representan las diversas razones por las que la gente nos seguiría, y no el alcance creciente de nuestra repercusión; además, no está claro por qué es mejor la cuarta razón o la quinta que la segunda o la tercera. En segundo lugar, sus niveles ofrecen pocas pistas de cómo puede uno ascender por ellos, de cómo se desplazaría uno desde «la gente me sigue porque tiene que hacerlo» (la primera posición) hasta «la gente me sigue porque quiere hacerlo» (la segunda). En tercer y último lugar, el quinto nivel de Maxwell está peligrosamente cerca de ese viejo lugar común, «la gente sigue al carisma».

Collins y Maxwell le han dado una sacudida a la escala empresarial, pero no la han derribado. Y mientras las aspiraciones de los líderes se definan por la escala empresarial y el éxito sea agradecido con ascensos a un escalón superior, nuestra organización será dirigida por buenos escaladores (arribistas), más que por buenos líderes.

● ●

Para cambiar nuestra atención, alejarla del ámbito de control de un líder y orientarla hacia el alcance de su repercusión, necesitamos nuevos términos para clasificar los niveles de liderazgo. Sugiero que empleemos estas tres: nivel 1, *iniciador*; nivel 2, *animador* y nivel 3, *cultivador*. Vamos a echar un vistazo a cada uno de los niveles, mientras recordamos las conductas de liderazgo del capítulo 1 y algunos de los personajes de nuestros libros clásicos (ver la figura 23.1).

Nivel 1: iniciador

Ser un iniciador significa *tomar la iniciativa*, que, como recordarás, es el primer signo distintivo de un líder auténtico. El iniciador no sigue al rebaño, sino que se aparta y dice: «Seguidme». Los iniciadores saldrán de la zona de confort para perseguir un objetivo, aunque esto suponga un riesgo. Creen en emprender acciones.

Bruto y Casio, los líderes de la conspiración en *Julio César*, de Shakespeare (ver el capítulo 6), son iniciadores clásicos. Por supuesto, también son traidores asesinos, condenados por Dante, como todo el mundo sabe, al nivel más bajo del infierno en su *Inferno* (*La divina comedia*). Yo no los considero modelos. No obstante, entre todos los nobles que se quejan de la «tiranía», Bruto y Casio son los únicos que dan un paso adelante y hacen algo. Y aunque Casio está impulsado

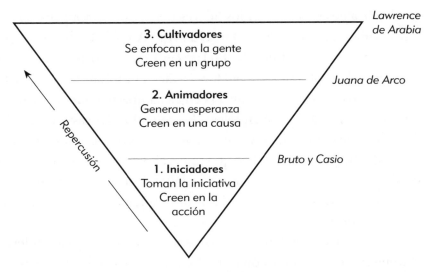

Figura 23.1 Tres niveles de liderazgo

por el resentimiento personal, Bruto está motivado por el interés patriótico: por su recelo (justificado o no) acerca de la destrucción de la República romana que podría resultar de la toma de poder por parte de César. Dice en su soliloquio del acto II que no esperará a que la «serpiente» haya salido del huevo y haya crecido; la matará en el cascarón. Bruto emprende la acción basándose en lo que cree que es lo correcto, sin tener en cuenta los riesgos personales. Marco Antonio lo llama «el romano más noble de todos».

Nivel 2: animador

Aun así, las cosas pueden ir mal para los líderes que se queden en el nivel 1. Tomar una iniciativa basada en principios no basta para provocar cambios positivos, como deja claro lo sucedido tras el asesinato de César. Los actos de Bruto están al servicio de una causa, pero su discurso «motivacional» a sus cómplices en la conspiración, en el que hace hincapié en la obligación que existe de seguir hasta el final, no consigue inspirar un firme compromiso con esa causa.[4] Al no tener sentido unitario ni una esperanza común para el futuro, el grupo se desintegra. La república no se restaura.

Para llegar al nivel 2, los líderes tienen que *generar esperanza*; deben ser animadores. Piensa en la Juana de Arco de la obra *Santa Juana*, de Shaw (ver el capítulo 21). En la escena que inicia la obra, el mayordomo del castillo de Vaucouleurs le dice al capitán Baudricourt que ha intentado expulsar de allí a la chica campesina que ha estado merodeando por ahí y diciéndoles a los soldados del castillo que tienen que luchar contra los invasores ingleses, pero «no podemos hacerla marchar». Baudricourt dice que todos ellos son «una jauría de perros callejeros» que se sienten amedrentados ante ella. «No, señor —responde el mayordomo—, usted nos inspira temor, pero ella siembra el valor en nosotros».[5]

Baudricourt lidera con sarcasmo y amenazas; Juana lidera con arengas. Como ocurre con todos los líderes de nivel 2, la creencia que tiene en su causa atrae hacia ella a los otros y les hace sentir más fuertes y más esperanzados por el mero hecho de participar en ella. Se las arregla para infundir hasta en el pusilánime delfín de Francia: «¡Ay, si me atreviera!», dice el delfín al final de la escena segunda. Con Juana a su lado toma la determinación de atreverse para, en el momento siguiente, confrontado por un airado lord Chamberlain (descrito antes como «un hombre monstruoso y prepotente como una bota de vino»), empezar a replegarse. Juana le pone sencillamente la mano sobre el hombro. Reuniendo todo su valor, el delfín chasquea los dedos frente a la cara de Chamberlain.

Nivel 3: cultivador

En el tercer nivel están los cultivadores: los líderes que se *enfocan en la gente*. No solo van los primeros y crean esperanza, sino que desarrollan también talento, cohesión y cultura de grupo. Juana de Arco hace algo de esto al ayudar a los franceses a verse a sí mismos como una nación, más que como vasallos de varios señores feudales. Aun así, su atención no se desvía de la misión que le han otorgado las «voces» divinas y cualquier crecimiento que experimenten quienes la rodean es un producto secundario de esa misión. Ella mira hacia arriba y hacia fuera, y rara vez lo hace hacia abajo y hacia dentro.

El ejemplo por antonomasia de los líderes del nivel 3 es Lawrence de Arabia, a quien Churchill describió como «depositario de una de esas llaves maestras que abren las puertas de [...] las minas del tesoro»[6] (ver el capítulo 7). Lawrence era un campeón en el sentido original de la palabra: alguien que ve la grandeza latente en una persona o en una colectividad de personas y hace todo lo posible para liberar su potencial. Estaba tan entregado a la unificación y al ascenso de las tribus árabes que, dos años después de sus intrépidas hazañas como líder de la revuelta del desierto, aceptó un puesto de «funcionario aburrido» (de nuevo las palabras de Churchill), encargado de la fastidiosa diplomacia, necesaria, lo sabía, para cumplir al menos una de las esperanzas que tenía para su amada Arabia. La película que lleva su nombre retrata a Lawrence como algo parecido a un fanfarrón. Tal vez lo fuera, pero su conducta a lo largo de toda su vida indica que también era un cultivador.

En resumen: los *iniciadores* toman la iniciativa y creen en emprender acciones, los *animadores* generan esperanza y creen en una causa, los *cultivadores* se enfocan en la gente y creen en el grupo, ya sea un equipo, una organización o una nación entera (ver «Herramienta de valoración: el nivel siguiente», en la página 368).

Date cuenta de que los niveles son acumulativos: un líder de nivel 2 toma la iniciativa *y además* genera esperanza, mientras que un líder de nivel 3 hace todo eso *y ademá*s se enfoca en la gente. Cada nivel consecutivo de liderazgo tiene una repercusión más amplia y más duradera. Por ejemplo, Bruto eliminó a un dictador, pero fracasó a la hora de instaurar un nuevo gobierno. Juana de Arco expulsó a un ejército invasor y unió (temporalmente) a una nación bajo un rey. Lawrence de Arabia unificó docenas de tribus árabes rivales, ayudó a los británicos y a sus aliados a ganar una guerra mundial y se involucró en una diplomacia de posguerra que hizo ascender naciones que han sobrevivido (turbulentamente) durante cien años.

Date cuenta también de que los tres líderes falsos se hacinan en los tres mismos niveles, equivalentes al alcance de la dañina repercusión que tienen. El lacayo se aposenta en el nivel 1, rezumando inutilidad; el déspota se aposenta en el nivel 2, repartiendo miedo, y el burócrata —el líder falso de nivel 3, que trata a los seres humanos como si fueran números de una hoja de cálculo o casillas de un organigrama— tiene la peor repercusión de todos. El burócrata (en el sentido que le doy a la palabra) no es un simple traficante de papeles, sino más bien un arquitecto del mal que se apropia de la inutilidad y del miedo producidos por el lacayo y el déspota y construye un organismo con ello. Los campos de concentración nazis, aquellas máquinas de torturar y de matar tan horriblemente eficaces que experimentaron Viktor Frankl (ver el capítulo 13) y muchos millones de personas más, son un ejemplo supremo de las oscuras artes del burócrata. Son los líderes falsos de nivel 3 los que proclaman las palabras de Krishna en el *Bhagavad Gita*: «Me he convertido en la muerte, soy el destructor de mundos».[7]

Herramienta de valoración
EL NIVEL SIGUIENTE

Aunque ninguno de nosotros se encuentra de manera nítida y continua en un nivel de liderazgo, ayuda mucho saber dónde estamos por defecto y en lo que deberíamos enfocarnos de cara a avanzar como líderes. Con ese fin, lee las cuatro descripciones que te muestro a continuación y elige la que más se te parezca. Luego lee la interpretación correspondiente en la otra página para ver qué acciones te ayudarán a desplazarte al siguiente nivel de liderazgo.

A. Por lo general yo no pienso en mí mismo como un líder. En el trabajo se espera que contribuya como un individuo y que reciba las instrucciones de mi gerente o del líder del equipo. Aunque no tengo problema alguno en tomar decisiones dentro del ámbito de mi trabajo, dejo las más importantes para la gerencia. Me siento muy cómodo siguiendo las directrices y los procedimientos establecidos.

B. Me gusta llevar la iniciativa. Sea cual sea mi puesto oficial, me siento cómodo estableciendo objetivos y haciendo planes para conseguirlos.

No espero a que me digan las cosas y no tengo problema alguno para «salirme del camino» cuando es necesario. Estoy muy ocupado y no tengo mucho tiempo para instruir ni para llevar de la mano a nadie. Yo ayudo a la gente si esta me lo pide, pero fundamentalmente espero que cumpla sus compromisos y siga el ritmo.

C. Además de llevar la iniciativa, obtengo muchísima satisfacción al ayudar a los demás a aprender y a crecer. A menudo, los compañeros del trabajo vienen a mí en busca de consejos, o simplemente para hablar y motivarse cuando están bajos de moral. Soy bueno mostrando a las personas dónde son importantes y cómo encajan sus esfuerzos en el panorama general; pero soy mejor uno a uno, no pienso muy a menudo en términos de equipo.

D. Además de llevar la iniciativa y de instruir a los demás, me preocupo mucho por el desarrollo de cada miembro de mi equipo, mi departamento o mi comunidad. Tengo una visión de que este grupo podría contribuir con algo extraordinario para el mundo. Donde quiera que me sitúe en una organización, tomo el punto de vista de los emprendedores: quiero construir una gran empresa —y algo tan importante como eso, una cultura— que perdure.

Interpretaciones

A. Eres un *futuro líder*. Para llegar al nivel siguiente (iniciador), practica hacer el primer movimiento hacia un objetivo en el que creas. Confía en que la gente te siga.

B. Eres un *iniciador*. Para llegar al nivel siguiente (animador), perfecciona tus habilidades como instructor. Dedica parte de cada día a fomentar el crecimiento de alguien.

C. Eres un *animador*. Para llegar al nivel siguiente (cultivador), imagina el futuro de tu equipo, de tu organización o de tu comunidad. Trabaja para ayudarlos a desplegar todo su potencial.

D. Eres un *cultivador*. Para llegar al nivel siguiente (muelle principal; ver el capítulo 24), estudia el *Tao Te King* y reflexiona sobre cómo puedes liderar sin dominar. Concéntrate en dominarte a ti mismo en lugar de a los demás.

Por supuesto, nadie recae limpia y constantemente en una sola categoría de liderazgo. Un buen líder exhibe las tres conductas hasta cierto punto, y el falso líder típico es un lacayo ante los jefes y un déspota para con los subordinados. No obstante, estos tres niveles de liderazgo proporcionan una forma de empezar a medir a los demás, y a nosotros mismos, por la repercusión que tengan, más que por su puesto.

En las páginas que siguen veremos el cuarto nivel de liderazgo a través de los ojos de un antiguo filósofo chino.

Grandes escritores
TAO TE KING, DE LAO TSÉ

El *Tao Te King* (o *Dào Dé Jing*), uno de los textos fundamentales del taoísmo, ha influido en los pensadores filosóficos, religiosos, artísticos y literarios desde que apareció hace siglos. Aunque su autor y su fecha de creación son temas de debate, se atribuye tradicionalmente a Lao Tsé (que significa literalmente «viejo maestro»), cronista de la corte real china durante la dinastía Zhou en el siglo VI a. de C. Existen muchas traducciones posibles del título del libro. *Tao* significa «camino», o «trayectoria», y en la filosofía taoísta implica el proceso esencial o flujo del universo; *Te,* «virtud», «carácter» o «poder interior», y *King,* «gran libro», o «clásico». De manera que el título completo puede traducirse como «El gran libro del camino a la virtud y al poder», que ciertamente suena a lectura útil para un líder.

Pero el *Tao Te King* no es en absoluto la clase de libro de liderazgo a la que nosotros, impregnados de tradiciones occidentales, estamos acostumbrados. Consiste en ochenta y un capítulos cortísimos, o versos, escritos en un estilo poético y abierto a muchas interpretaciones. Los devotos del taoísmo sugieren que se medite un verso cada vez para dejar que la sabiduría esotérica se revele por sí misma de manera lenta y natural. Aquí te muestro algunos de los temas centrales, con los versos que los ilustran:

Dejar estar
- Haz tu trabajo, luego da un paso atrás/El único camino a la serenidad (9).
- Se abandona a sí mismo constantemente/por eso perdura (56).
- Abandona los planes y los conceptos fijos/y el mundo se gobernará a sí mismo (57).
- Al intentar captar las cosas, las pierdes (64).
- Actúa en beneficio de la gente/Confía en ella, déjala en paz (75).

Sin esfuerzo
- El éxito es tan peligroso como el fracaso/la esperanza es tan hueca como el miedo (13).

- ¿Tienes paciencia para esperar/hasta que se aposente el lodo y el agua esté limpia? (15).
- Como no se exhibe a sí mismo/la gente puede ver su luz (22).
- Como se acepta a sí mismo/el mundo entero lo acepta (30).
- Directo, pero flexible/Resplandeciente, pero sin cansar la vista (58).

Sin oposición

- Sus enemigos no son demonios/sino seres humanos como él mismo (31).
- No le des al mal nada a lo que oponerse/y desaparecerá por sí mismo (60).
- Él piensa en su enemigo/como la sombra que arroja él mismo (61).
- Cuando dos grandes fuerzas se oponen entre sí/la victoria se decantará/a la que sepa ceder (69).
- Si le echas la culpa a otro/no habrá final para esa culpa (79).

Liderazgo

- Liderar y no intentar controlar/esta es la virtud suprema (10).
- Dominar a los demás es fuerza/dominarse uno mismo es poder verdadero (33).
- La auténtica maestría puede conseguirse/dejando que las cosas vayan a su manera (48).
- Si quieres gobernar a la gente/tienes que ponerte debajo de ella (66).
- El Tao alimenta sin forzar/Al no dominar, el Maestro lidera (81).

Capítulo 24

El cuarto nivel

Desde una perspectiva occidental actual, el tercer nivel de lideraz-go puede aparecer como el peldaño más alto de la escala; pero si miramos a Oriente y a algunos siglos atrás, descubriremos un libro, el *Tao Te King*, que habla de un peldaño aún más alto.

Es difícil exponer cuál es el tema general de este antiguo texto chino. Si se me pidiera elegir una parte pequeña que representase el conjunto, me decantaría por el verso 17:

Cuando gobierna el Maestro, la gente
apenas se da cuenta de que él existe.
Un poco peor es un líder que sea amado.
y aún un poco peor, uno que sea temido.
El peor de todos es aquel a quien se desprecia.

Si no hay confianza total,
se obtiene la desconfianza.

El Maestro no habla, actúa.
Y cuando el trabajo se ha hecho,
la gente dice: «Es asombroso:
¡lo hicimos completamente solos!».[1]

CUANDO GOBIERNA EL MAESTRO

Los iniciadores, los animadores y los cultivadores —líderes de los tres primeros niveles— corresponden con los líderes «amados y alabados por el buen trabajo que hacen. Sus mesas de despacho están llenas de cartas y certificados de gratitud: «Hoy no estaría donde estoy si no fuera por ti», «Gracias por todo tu apoyo», «Felicidades, gerente del año».

Acaso hayas recibido testimonios semejantes. Yo lo he hecho, y me enorgullezco de ellos, pero no son señales del nivel más alto de liderazgo. Los mejores líderes no reciben notas de agradecimiento, porque: «Cuando gobierna el Maestro, la gente/apenas se da cuenta de que él existe».

¿Qué nombre les podríamos poner a estos líderes discretos del cuarto y más alto nivel? En honor a Jeeves —el imperturbable ayuda de cámara creado por P. G. Wodehouse y líder al que Lao Tsé habría dado su aprobación— podríamos llamarlos sirvientes; pero el *líder sirviente* es un concepto que en los últimos años ha perdido su fuerza debido al uso excesivo. Sócrates, el enseñante magistral personaje central de *La República* de Platón, se refería a sí mismo como una comadrona: alguien que no sabía nada y que, por lo tanto, no podía enseñar nada, pero que sacó a la luz el conocimiento ya presente en sus discípulos. Sin embargo, la palabra *comadrona* tiene connotaciones obstétricas con las que la mayoría de los líderes no se sentirán identificados.

Podemos buscar en el *Tao Te King* una multitud de otros símiles para el líder del nivel 4, como el *agua* —«El bien supremo es como el agua, que lo nutre todo sin siquiera intentarlo» (8)— o el *punto de inflexión* —«Los convergen en el centro de la rueda, pero es el agujero central lo que hace que se mueva la carreta» (11)—. Dice Lao Tsé que el Maestro es «fluido como el hielo derretido, se le puede dar forma como a un bloque de madera, receptivo como un valle, límpido como un vaso de agua» (15). Todos estos términos son muy evocadores, pero topamos de nuevo con la falta de identificación por parte de los líderes contemporáneos. «Yo aspiro a ser un bloque de madera» resulta demasiado zen para la mayoría de nosotros.

Un nombre más sencillo para el líder de nivel 4, y con el que me quedo, es *muelle principal* (ver la figura 24.1). El muelle principal es literalmente el elemento capital de un mecanismo. Metafóricamente, es el agente o el motivo más poderoso para conducir un empeño. El término debería llevarnos otra vez al capítulo 5, en el que, con la ayuda de Antígona y de Creonte, observamos con detenimiento lo que es verdaderamente el poder: no es la posición social ni el cargo, sino la capacidad de conseguir *que se haga el trabajo*. El muelle principal de un reloj es la pieza que mueve a los demás muelles, que a su vez mueven las manecillas, que a su vez son claves para que el reloj cumpla su función de marcar la hora. No vemos ni oímos al muelle principal, pero con él el sistema entero hace su trabajo, y sin él el reloj es solamente un objeto con números del 1 al 12 en la esfera, tal vez bonitos, pero inútiles. En lo que respecta al liderazgo, es algo parecido: el muelle principal es la persona cuyos esfuerzos son menos evidentes que los de todos los demás, pero sin la cual los esfuerzos de todos los demás se quedan en nada (ver «A hombros de gigantes: Peter Drucker sobre gerencia superior», a continuación).

A hombros de gigantes
PETER DRUCKER SOBRE GERENCIA SUPERIOR

La prosa llana de Peter Drucker no se parece en nada a la críptica poesía de Lao Tsé, pero, a pesar de eso, hay algo en la sabiduría ajustada a la realidad de este sabio de los negocios que me recuerda a los sabios-reyes de la antigua leyenda china.

Drucker es intransigente con los líderes que equiparan su trabajo con su posición social. Dice que si cuando te preguntan a qué te dedicas respondes:

«Yo soy el jefe de este departamento», te estás perdiendo lo fundamental. En lo que deberías estar concentrado es en tu contribución al propósito de la organización. La palabra *contribución* puede significar muchas cosas, como lograr resultados económicos, crear una cultura y fomentar el desarrollo de los miembros del equipo, pero en definitiva debe tener que ver con los clientes.

Más tarde, los pensadores ahondaron más en la «cadena de valor» (el flujo de productos y servicios elaborados para un comprador), pero fue Drucker quien salió con esta idea increíblemente sencilla: un negocio existe para servir a los clientes, y lo bien que les sirvas tiene muy poco que ver con tu posición en el organigrama de la empresa.

> El hombre que concentra sus esfuerzos y tensa su autoridad hacia abajo es un subordinado sin que importe lo elevados que sean su título y su rango; pero el hombre que se concentra en la contribución y que asume la responsabilidad de los resultados, sin que importe la experiencia que tenga, es «gerencia superior» en el sentido más literal del término. Se hace a sí mismo responsable de la actuación del conjunto.[2]

LÍDERES MUELLE PRINCIPAL

Los líderes muelle principal vienen en dos variedades: los silenciosos y los inadaptados.

Los muelles principales silenciosos, aunque a veces fueran bien conocidos en su momento o lo sean para las edades futuras, reciben menos atención que los demás de su círculo. Hacen su trabajo sin ostentación, quizá hasta a regañadientes. El Moisés del libro del Éxodo (ver el capítulo 1) es un muelle principal silencioso: podrás recordar que se llama a sí mismo «mudo», que suplica a Dios que escoja a otro para liderar a los hebreos y que en la primera mitad del libro se queda a la sombra de su hermano Aarón, el hábil orador.

Alexander Hamilton, coautor de *El federalista* (ver el capítulo 10), es otro ejemplo. Por supuesto, fue un hombre famoso, pero lo pones al lado de sus iguales —el afable diplomático Benjamin Franklin, el

gran general George Washington o el fenomenal teórico James Madison— y se diluye en el trasfondo.[3] Hamilton estaba dispuesto a someter sus propias ideas en pro del bien común más que los demás Padres
Fundadores de Norteamérica.* No le gustaba mucho la Constitución
aprobada en el Congreso de 1787; prefería una forma de gobierno
más centralista, y al final de su vida se quejaba de haber pasado toda
su trayectoria «defendiendo ese documento inútil». No obstante, se
unió a Madison al argumentar vigorosamente a favor de ese texto, ya
que creía que era el único plan viable para la incipiente nación y que
su fracaso significaría el fracaso de todos. Posteriormente, como primer secretario del Tesoro (encargado de Hacienda) y arquitecto del
sistema financiero de los Estados Unidos, trabajó como asesor principal del presidente Washington y redactó muchos de sus discursos más
famosos. Como le ocurrió a Moisés, este hombre entre bastidores le
dijo al hombre de primera fila lo que tenía que decir.

Y luego están los muelles principales inadaptados: complicados,
desagradables o simple y llanamente extraños. Sus idiosincrasias hacen que la gente los mire como idiotas, o a veces incluso como tiranos,
pero la historia los reivindica como grandes líderes. Tenemos a Claudio, cuarto emperador romano, marcado desde el nacimiento con un
problema del habla y con deformidades físicas. El novelista Robert
Graves lo retrata (ver el capítulo 6) como tartamudo y renqueando
prácticamente toda su vida, avergonzando a su familia y dando pie a
que su sobrino Calígula, que fue emperador antes que él, hiciera de él
un bufón no oficial de la corte. Pero cuando hubo llegado al trono (al
que llegó casi por accidente), administró magníficamente el Imperio,
instaurando una *Pax Romana* que duró ciento cincuenta años después
de su muerte.

Abraham Lincoln fue también un ser humano de aspecto extraño ridiculizado por sus contemporáneos. Es posible que padeciera el
síndrome de Marfan, una enfermedad genética del tejido conjuntivo
que puede provocar, entre otros problemas, miembros alargados, pies

---

* N. del T.: en los Estados Unidos se conoce con el término *Padres Fundadores* a quienes
consiguieron la independencia de Inglaterra.

planos, hombros inclinados y cabeza oscilante. En 1862, el periódico *Chicago Times* lo llamó «un imbécil irresoluto y vacilante», y para el *Charleston Mercury* era «el orangután de la Casa Blanca».[4] Al que llamaron imbécil es reconocido hoy universalmente como uno de los mejores presidentes de la historia de los Estados Unidos.

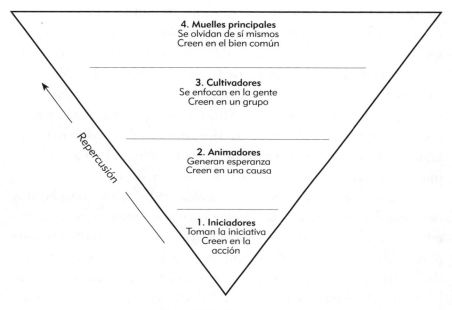

Figura 24.1 El cuarto nivel

Aunque los líderes muelle principal a menudo no son nada convencionales, no es eso lo que los hace grandes. Lo que los hace grandes es, en primer lugar, que los muelles principales crean instituciones o culturas que duran mucho después de que ellos se hayan ido, moldeando el mundo en formas que perduran hasta cuando ya no están ellos cerca para moldearlo.

En segundo lugar, los muelles principales crean más líderes; uno puede reconocer a un muelle principal por los ascensos que reciben los miembros de su equipo y que siguen recibiendo años después.

En tercer lugar, y más importante, los muelles principales *se olvidan de sí mismos*, lo que significa que en beneficio del bien común dejan de lado esforzarse por su propia fama y fortuna. Como en el caso de T. E. Lawrence, que para promocionar la autonomía árabe puso bajo llave sus considerables capacidades como capitán del ejército y se convirtió en un funcionario corriente, el líder muelle principal está dispuesto incluso a suprimir sus capacidades superiores y mezclarse con su gente, a ser otro miembro del equipo si eso es lo que se necesita para que se haga el trabajo. Como resultado de ello, frecuentemente muchos muelles principales no reciben el aplauso en su momento. Los buenos líderes oyen que la gente les dice: «No podríamos haberlo hecho sin ti»; pero el Maestro (dice el *Tao Te King*) lo que oye habitualmente es la algarabía de la gente cuando se alegra de su propio éxito y exclama: «¡Lo hicimos nosotros solos!».

LA NORMA DE LA ENFERMERA BRYAN

¿Qué significa todo esto para nosotros, líderes comunes que es muy improbable que ganemos guerras o que fundemos naciones alguna vez? Basándonos en cómo he descrito los cuatro niveles de liderazgo y en los ejemplos que he utilizado, podría parecer que el líder de nivel 4 tenga que conseguir algo en la escena mundial para ser merecedor de tal nombre; que tuviese que ser como Alejandro Magno de Macedonia, cuyo relato te muestro en el capítulo 1 y al que seguramente no llamarían «Magno» si se hubiera quedado en su casa, cabalgando su caballo Bucéfalo y estudiando política y biología con su tutor Aristóteles, en lugar de partir a conquistar el mundo.

Sin embargo, para ser un muelle principal uno no tiene que ser «magno». Exactamente como ocurre con los iniciadores, los animadores y los cultivadores, los líderes muelle principal pueden encontrarse en plataformas grandes y pequeñas. Probablemente, Alejandro fue uno de ellos, pero también lo era Darwin Smith, el director general y autodenominado excéntrico que conocimos en el capítulo 12, que evitó la publicidad mientras transformaba la empresa Kimberly-Clark de ser un fabricante de papel en decadencia a convertirse en una empresa próspera de productos de consumo. Y también lo era Walt, el emprendedor que conocimos en el capítulo 17, que creó una pequeña empresa que todavía está presente después de casi medio siglo. Algunos líderes juegan en estadios, mientras otros tocan en la cafetería de la esquina, pero sea como sea, recordamos su música. Años después de haber desaparecido siguen todavía marcando las pautas (ver «Herramienta de reflexión: de aquí a diez años», a continuación).

Herramienta de reflexión
DE AQUÍ A DIEZ AÑOS

Sea cual sea tu posición en una organización, tienes la capacidad de dejar un legado positivo.

1. Imagina que dejas tu organización hoy.
2. Ahora imagina que han pasado diez años.
3. ¿Qué querrías que la gente dijera (todavía) de ti?, ¿cómo querrías marcar (todavía) las pautas y añadir valor?

Peter Drucker cuenta lo que le ocurrió a un administrador jefe de un hospital, que era nuevo en ese puesto, cuando mantuvo una reunión de personal.[5] Sobre la mesa había un problema muy difícil. El grupo debatió algún tiempo y llegó a una solución. Como suponía que el asunto estaba arreglado, el administrador estaba dispuesto a seguir con otras cuestiones cuando uno de los participantes preguntó de repente: «¿Se sentiría satisfecha la enfermera Bryan?». El debate volvió a empezar inmediatamente y continuó hasta que se hubo llegado a una solución mucho más completa.

Más tarde, Drucker supo lo siguiente:

La enfermera Bryan [...] había trabajado largo tiempo en el hospital. No se distinguía por nada en particular, ni siquiera había llegado nunca a supervisora; pero cuando quiera que surgía en su planta una decisión sobre los cuidados a un paciente, siempre preguntaba: «¿Estamos haciendo todo lo mejor que podemos hacer para ayudar a este paciente?». Los pacientes de la planta de la enfermera Bryan estaban mejor y se recuperaban antes. Durante años, poco a poco, el hospital entero había aprendido a adoptar lo que llegó a conocerse como la norma de la enfermera Bryan.[6]

La enfermera Bryan se había jubilado diez años antes y seguía marcando las normas en ese hospital. Ella «no se distinguía por nada en particular» pero quién sabe cuántos pacientes salieron de allí vivos gracias a su liderazgo.

En busca de la *tierra de arriba*

Londres, mayo de 2010

—Entonces, ¿cómo le ha ayudado su título en filosofía a escribir este libro?

El entrevistador, que los últimos veinticinco minutos me había hecho preguntas con una monotonía digna del aburrido profesor de la película *Todo en un día*, elevó la voz y entrecerró los ojos con intención; resultaba evidente que esa pregunta le pareció una buena ocurrencia.

No se le podría culpar por intentar introducir algo de emoción en la grabación. Era el presentador de una video-web de negocios, y sin duda todas las semanas se enfrentaba a una cola de asesores-escritores inclinados a hacer comentarios parecidos sobre temas parecidos, con referencia obligada a un estudio de investigación importante. Para él, todos los escritores, temas y estudios se habían fusionado hacía mucho tiempo en una especie de sonsonete de gaita: agilidad-sinergias-estrategias. Era comprensible su picardía para sacarme del guion como otra expositora más de trivialidades.

Y lo consiguió. Yo estaba bien preparada para hablar sobre el contenido de mi libro. Tenía estadísticas a montones, anécdotas para no acabar en días y las suficientes perlas sacadas de nuestro estudio de investigación (importante) como para llenar un número entero de la revista de negocios de Harvard. Yo podía decir por qué fracasa el setenta por ciento de las iniciativas de cambio a la hora de conseguir los resultados esperados, pero no estaba preparada para responder a la pregunta: «¿Cómo le ha ayudado su título en filosofía a escribir este libro?». Recuerdo que me reí nerviosamente y que me lancé a una explicación sobre cómo me había ayudado mi educación a concebir buenas preguntas y a ver más allá de las respuestas superficiales; a analizar y a... mmm... sintetizar. El señor entrevistador me dejó trastabillar un momento y luego vino a mi rescate con un «siempre he creído que la filosofía le enseña a uno a *pensar*».

—¡Exacto! —dije con alivio.

Me sentí tonta por no haber salido antes con la respuesta correcta a esa pregunta; hacía mucho tiempo que sabía que lo de «la filosofía te enseña a pensar» es la forma más breve y mejor de justificar los años que me había pasado estudiando algo que no tenía una utilidad evidente. Lo preocupante era que en aquel momento no pude expresar hasta qué punto los grandes clásicos de la literatura y la filosofía me habían ayudado como escritora, como mujer de negocios y como líder.

Afortunadamente para mí, el señor entrevistador era como los mejores presentadores de televisión y quería que su invitada quedase bien. Dejó el tema y luego eliminó mis balbuceos de la versión final. Desde entonces he reflexionado sobre lo que debía haber dicho como respuesta a su pregunta tan poco convencional. Necesité escribir este libro para comprenderlo.

◆ ◆

¿Qué valor tiene una educación en humanidades? En los últimos años han aparecido un montón de artículos, editoriales y publicaciones en blogs sobre el asunto. Eso es señal de las ganas que tiene la educación superior de defender las artes liberales ante los alumnos (y los padres) que se preocupan cada vez más de que cuatro años de caros estudios no se amorticen luego encontrando un trabajo. En un esfuerzo por mostrar que esas preocupaciones son innecesarias, los administradores universitarios mencionan sondeos en los que los empleadores mantienen que capacidades como el pensamiento crítico son más importantes que los títulos universitarios intermedios en materias técnicas.[1] Sacan a relucir estadísticas que indican que el típico licenciado de hoy va a cambiar de trabajo muchísimas veces y de profesión casi con la misma frecuencia. Mencionan a Apple, a la que le gusta contratar licenciados en Humanidades. Bobby Fong, presidente de la Universidad Ursinus, resume el argumento de esta manera: «Lo que caracteriza a la educación liberal es la fusión de conocimiento y acción de cara a albergar capacidades que se extiendan más allá del primer trabajo».[2]

El hecho de poder conseguir un empleo a largo plazo es ciertamente una buena razón para estudiar las artes liberales —es decir, la filosofía—, las humanidades o los clásicos de la literatura. Por supuesto, esas palabras significan cosas diferentes, pero las diferencias no importan para este propósito. De lo que hablo es de cualquier tipo de educación que sea deliberadamente *no* preprofesional, que *no* busque que se aprendan habilidades dirigidas a un trabajo en concreto, sino que se abran las mentes al ancho campo de la experiencia y del conocimiento humanos. Los administradores universitarios tienen razón: una educación no centrada en el trabajo puede desarrollar capacidades tremendamente útiles en un mercado de trabajo que cambia constantemente de forma, capacidades como la curiosidad, la escucha, la resolución de problemas, el razonamiento ético, la colaboración, la concienciación cultural, la creatividad y el autodidactismo. Ese tipo de educación, si se hace bien, nos enseña realmente (como mi entrevistador indicó) *a pensar*. ¿Qué podría ser más importante para los líderes aspirantes que se enfrentan a las complejidades del siglo XXI?

Pero hay algo más importante que eso. Saber pensar es un elevado objetivo, pero hay otra razón de peso para que los líderes busquen inspiración en los grandes clásicos.

Considera esto: cada persona en este mundo soporta cargas pasadas o presentes. Estas cargas pueden involucrar violencia o abusos, discapacidad, adicción, mala salud, discriminación, intolerancia, soledad, rechazo, pobreza o fracaso en los negocios. Algunos tienen que cargar con pesos pequeños y temporales, mientras que otros se ven obligados a cargar pesos grandes y duraderos. Sin embargo, hasta las personas que tienen desventajas importantes logran superarlas a menudo, y cuando les preguntas cómo lo consiguieron, mencionan invariablemente dos cosas: la primera es que ciertos guías los animaron y la segunda es que ciertos libros (para algunos son las películas, o la música, o cualquier otra forma de arte) no solamente les proporcionaron distracción cuando estaban débiles, sino que les dieron la visión de algo mejor. Los guías les hicieron creer en sí mismos, los libros les hicieron creer en un mundo mucho mejor que el que llaman real.

Para mí, una de las escenas más conmovedoras de la literatura sucede en un libro de C. S. Lewis (que a estas alturas ya sabes que es uno de mis escritores favoritos). *La silla de plata* es parte de las *Crónicas de Narnia* y cuenta el relato de Jill y Eustace, dos niños convocados al mágico país de Narnia y empeñados en una búsqueda para encontrar al príncipe Rilian, heredero del trono y perdido desde hace tiempo. Su guía en ese viaje es Charcosombrío, el renacuajo de pantano. Los renacuajos de pantano son humanoides larguiruchos de pies palmeados, caracterizados por su incansable pesimismo, y aunque Charcosombrío afirma que va en esa búsqueda para reducir su tendencia a la frivolidad, parece que en realidad es del tipo serio. Conforme viaja con los niños por las campiñas de Narnia, los exhorta continuamente a que se esperen lo peor.

Los severos puntos de vista de Charcosombrío recuerdan la devoción que sienten ciertos líderes por el «mundo real». Esos jefes inflexibles no creen en ideas bobas como la amistad y la amabilidad, la misión y el servicio; al menos no en el trabajo, que para ellos tiene que ver con las realidades escuetas de las pérdidas y los beneficios. Una vez un gerente experto me explicaba por qué no se interesaba por el ambiente de trabajo ni por cualquiera de esas cuestiones: «Por supuesto que la gente tiene sus propios objetivos profesionales, pero fundamentalmente vienen a trabajar porque les pagamos por ello —me dijo—. Todo lo que les debemos es la paga, un cubículo donde trabajar y un ordenador».

Volvamos a Charcosombrío. Aunque pregona el compromiso que tiene con los hechos, resulta que sus compromisos más profundos están en otra parte. Cuando han transcurrido las tres cuartas partes del libro, él, Jill y Eustace encuentran la entrada a una gran tierra subterránea, iluminada por lámparas de aceite, poblada por gnomos lúgubres y regida por una reina diabólica. En este Inframundo descubren al fin al cautivo príncipe Rilian, que está aún bajo un encantamiento que solamente le deja recordar su verdadera identidad de noche, cuando la reina lo tiene atado a una silla mágica de plata. Durante el día, apoya los planes de conquista de ella y le cree cuando le dice que de noche él padece de locura y debe ser atado por su propio bien. Charcosombrío y los niños lo liberan de la silla, con lo que se rompe el encantamiento.

Cuando llega la reina y sorprende a los cuatro planeando la huida, finge que le complace la «curación» del príncipe Rilian y se pone a arrullarlos para ponerlos en trance. Espolvorea incienso soporífero sobre el fuego de la chimenea, mientras toca suavemente una mandolina y les pide que esclarezcan sus encantadoras fantasías sobre la «Tierra de arriba», con su sol, su hierba y su cielo. «¿Qué es ese *sol*?», pregunta. Ellos se esfuerzan por explicarlo y al final le dicen que el sol es un poco como la lámpara que cuelga del techo de roca de la sala, solo que es mucho más grande y que cuelga de... la nada. Cuando Jill, medio dormida, masculla que la Tierra de arriba es el hogar de Aslan, el gran león, la reina finge otra vez interés y les pide que le expliquen qué es un *león*. Bueno, es un poco como un gato, dicen, solo que mucho más grande y más fuerte. «Ya veo —dice la reina— que no nos iría mejor con vuestro *león*, como lo llamáis, de lo que nos fue con vuestro *sol*».[3]

La reina pretende convencerlos de que todo lo que hacen es mirar las cosas del mundo real e imaginarse que son mejores y más grandes; además, no pueden poner en ese pretendido mundo nada que no

hayan copiado del mundo real, el Inframundo. Es una fantasía boni-
ta, pero ¿no son demasiado mayores para esos juegos tan ridículos?
Ella dice, con autoridad: «Venid todos, apartad esas bromas pueriles.
Tengo trabajo para vosotros en el mundo real. No existe Narnia, ni la
Tierra de arriba, ni el cielo, ni el sol, ni Aslan».[4] Sigue tocando el ins-
trumento y se les cierran los ojos a todos.

Entonces es cuando Charcosombrío prueba su valor. Reúne sus
últimas fuerzas, se adelanta hasta el fuego, lo pisa con sus pies descal-
zos y se lanza a este discurso:

> Quiero decirle algo, señora [...] No voy a negar nada de lo que ha di-
> cho; pero hay algo más que debe decirse, en todo caso. Suponga que
> solamente hayamos soñado, o inventado, todas esas cosas [...] Suponga que este reino suyo, oscuro como un pozo, sea el único mundo.
> Bien, me da que es un mundo muy malo, y eso es muy divertido si se
> piensa bien. Si tiene usted razón, nosotros no somos más que unos ni-
> ños que se inventan un juego, pero cuatro niños que juegan a un juego
> pueden crear un mundo de juegos que deje vacío a su mundo real. Por
> eso voy a defender ese mundo de juegos. Estoy del lado de Aslan inclu-
> so si no hay ningún Aslan que lidere ese mundo; voy a vivir como uno
> de Narnia tanto como pueda, incluso si no existe Narnia alguna. Así
> que, agradeciendo amablemente nuestra cena, si estos dos caballeros
> y la joven dama están listos, vamos a dejar su corte de inmediato y sal-
> dremos de viaje a la oscuridad, donde nos pasaremos la vida buscando
> la Tierra de arriba.[5]

Dijo mi entrevistador que «la filosofía le enseña a uno a pensar».
Así es, y eso es importante. Pero para un líder —o para cualquiera, en
realidad— más importante que saber pensar es saber lo que se quiere,
o por decirlo de otra manera, saber qué te pasarás la vida buscando.
Los lacayos, los déspotas y los burócratas, tanto grandes como pequeños, escogen el «mundo real» y cierran los ojos a la posibilidad de que

exista algo mejor. Si un empleado intenta hablar con ellos sobre valores o misión, como hace la reina desdeñosa de *La silla de plata*, esos líderes falsos dicen que es una «tontería». El gran miedo que tienen es a que se la juegue un insensato, a que les tomen el pelo con lámparas que fingen ser soles y gatos que fingen ser leones. Dicen que «los negocios son para ganar dinero, el liderazgo significa conseguir los números. Si crees algo distinto, eres como un niño, a ver si creces».

Mi respuesta para ellos es la misma respuesta de Charcosombrío: «Conforme. Supongamos que tenéis razón. Supongamos que el trabajo tiene que ver con conseguir beneficios y nada más. Supongamos que aquellos de nosotros que intentamos tomar la iniciativa, generar esperanza y enfocarnos en la gente somos solamente unos niños que se inventan un mundo de juegos: un mundo lleno de ideas bonitas, pero fantásticas, como la generosidad y el interés; un mundo en el que los líderes valientes, pero crédulos, persiguen objetivos que nada tienen que ver con los negocios. Bueno, ese mundo de juegos deja vacío a vuestro mundo real. Yo estoy del lado de ese mundo de juegos».

Y mi respuesta de ahora a esa pregunta de la entrevista de hace tanto tiempo sería parecida: «Estudiar filosofía (y literatura, historia, política y psicología) me ayuda como líder porque me ha mostrado un mundo más real que el real, un mundo en y para el que merece la pena vivir. Me hace desear tener el valor de un Lawrence de Arabia o de una Juana de Arco; me hace intentar alcanzar el conocimiento de un C. G. Jung o de una Ruth Benedict; me hace tratar de conseguir, aunque con la voz entrecortada, la elocuencia de un Lincoln o un Pericles. A veces me deja elevarme sobre la ignorancia y el miedo que demasiado frecuentemente amenazan con derribarme. Me hace desear ser mejor persona, y quiero ayudar a la gente que quiera lo mismo».

Los negocios necesitan ganar dinero, y la gente necesita trabajos. La realidad tiene exigencias que no pueden ignorarse; pero si pienso en el mundo de los jefes inflexibles —con sus pagas y sus cubículos de «esto es todo lo que te debo» y con su rechazo de todo lo que no pueda recopilarse en una hoja de cálculo—, me parece bastante lamentable. Y si luego comparo ese mundo con el que iluminaron Platón y

Churchill, Shaw y Shakespeare, Austen y Lao Tsé, me parece *gravemente* lamentable. Con franqueza, prefiero ser líder en el mundo de Lao Tsé, incluso si ese mundo no existe «realmente».

Prefiero salir de viaje a la oscuridad con unos pocos buenos amigos y unos cuantos grandes libros a buscar la Tierra de arriba.

Apéndice

Cómo lanzar un grupo
de estudio del liderazgo

Los grandes del liderazgo puede servir de mapa para un grupo de estudio. Si trabajas en grandes organizaciones, es posible que quieras pedirle a tu equipo de aprendizaje y desarrollo que te ayude a captar y a reunir miembros del grupo y que faciliten los debates; o puede ser que prefirieras dirigir el proceso tú mismo utilizando las pautas y las herramientas de este apéndice.

CÓMO PREPARAR EL GRUPO

Sigue estos pasos para poner en marcha tu grupo:

1. **Capta miembros.** El tamaño ideal del grupo es de cuatro a ocho miembros. Es recomendable contar con miembros de diferentes funciones y unidades de negocio. Los debates serán más fáciles de controlar si el grupo se reúne en un mismo lugar, pero los grupos virtuales que se reúnen por videoconferencia pueden funcionar también muy bien.

2. **Elige el líder (o líderes).** El grupo necesitará un líder para los debates de cada reunión. Podría tratarse siempre de la misma persona, o

bien, dependiendo de los niveles de comodidad de los miembros del grupo, se puede ir rotando esa responsabilidad entre ellos. Si se decide que el papel de líder del debate vaya rotando, sería buena idea elegir a alguien para que controle todo el procedimiento.

3. **Mantén una reunión de salida.** En esa reunión inicial, haz que los miembros del grupo se vayan presentando ellos mismos, revisa el propósito general del grupo y elige los enfoques y el calendario (ver el paso 4). Asimismo, asegúrate de que todo el mundo tiene un ejemplar de *Los grandes del liderazgo* y confirma los procedimientos para conseguir los libros clásicos.

4. **Marca los enfoques y el calendario.** Si quieres abarcar enteramente los veinticuatro temas de liderazgo que se abordan en *Los grandes del liderazgo*, utiliza el calendario completo que se muestra en la tabla A.2.

5. **Programa las reuniones mensuales y revisa las tareas del primer mes.** Cada reunión durará dos horas, aproximadamente. La frecuencia ideal para las reuniones es de una vez al mes, pero, si la gente necesita más tiempo para completar las tareas, una vez cada seis semanas funcionará también. Verás un guion para las reuniones en la tabla A.3.

6. **Mantén el contacto con los miembros del grupo a lo largo del mes.** Entre las reuniones, los miembros del grupo completarán las lecturas y las herramientas asociadas con las tareas del capítulo asignado a ese mes (ver «Tareas mensuales», a continuación). El líder del grupo, sea ese papel permanente o rotativo, debe contactar regularmente con los miembros del grupo para asegurarse de que siguen según lo planeado y ver qué ayuda puedan necesitar.

TAREAS MENSUALES

Durante las cuatro o las seis semanas anteriores a cada reunión, los miembros del grupo completan individualmente las siguientes actividades:

En la primera mitad del mes. Lee el capítulo asignado de *Los grandes del liderazgo* y su libro clásico asociado. Para las partes indicadas del libro clásico sobre las que concentrarse, ver la sinopsis al principio del capítulo.

En la segunda mitad del mes. Toma la herramienta de ese capítulo y aplícala a tu trabajo. Toma nota de los resultados, de lo que aprendas y de los retos que pudieran surgir.

Tabla A.1 Calendario del grupo – todos los capítulos

MES	CAPÍTULO	TEMA	CLÁSICO MENCIONADO
1	1	Verdades del liderazgo	Éxodo (de la Biblia)
2	2	Trampas del liderazgo	*El rey Lear* (Shakespeare)
3	7	El carácter, definido	*Grandes contemporáneos* (Churchill)
4	11	Comunicación	Discurso de Gettysburg (Lincoln) y Oración fúnebre (Pericles)
5	14	Personalidad	*Tipos psicológicos* (Jung)
6	18	Relaciones	«Bola de sebo» (Maupassant); *Ricardo III* (Shakespeare)
7	4	Justicia	*La república* (Platón)
8	8	Crisis	*Enrique V* (Shakespeare)
9	16	Cultura	*El crisantemo y la espada* (Benedict)
10	19	Responsabilidad	*Billy Budd* (Melville)
11	5	Poder	*Antígona* (Sófocles)
12	10	Dilemas	*El federalista* (Hamilton y Madison)
13	13	Motivación	*El hombre en busca de sentido* (Frankl)
14	20	Talento	*Emma* (Austen)
15	6	Autoridad	*Julio César* (Shakespeare)
16	9	Competencia	*Los grandes capitanes* (Dodge)
17	15	Decisiones	«Cordero asado» y otros cuentos (Dahl)
18	21	Visión	Santa Juana (Shaw)
19	3	Cambio	*El príncipe* (Maquiavelo)
20	12	El carácter, desarrollado	*Moralia* (Plutarco)
21	17	El carácter, mantenido	*Frankenstein* (Shelley)
22	22	El carácter, revelado	*Los muertos* (Joyce)

Tabla A.1 Calendario del grupo – todos los capítulos

MES	CAPÍTULO	TEMA	CLÁSICO MENCIONADO
23	23	Niveles de liderazgo	Revisar: Julio César, Santa Juana, Grandes contemporáneos
24	24	El cuarto nivel	Tao Te King (Lao Tsé)

*En los textos más largos, ver el resumen al inicio de cada capítulo para saber qué partes leer.

Tabla A.2 Capítulos para abordar desafíos concretos

CAPÍTULOS	DESAFÍOS DEL LIDERAZGO						
	Evitar trampas del liderazgo	Pensar y actuar estratégicamente	Influencia por encima de los límites	Instruir a los demás y fomentar su desarrollo	Impulsar el cambio o la motivación	Motivar a un equipo	Construir presencia/ confianza
1. Verdades del liderazgo							●
2. Trampas del liderazgo	●	●					
3. Cambio	●	●			●		
4. Justicia				●		●	
5. Poder	●		●		●		
6. Autoridad			●				●
7. El carácter, definido				●			●
8. Crisis	●	●			●		
9. Competencia		●			●		
10. Dilemas	●	●			●		
11. Comunicación			●			●	●
12. El carácter, desarrollado				●			●
13. Motivación	●		●	●		●	
14. Personalidad				●		●	
15. Decisiones	●	●					

Tabla A.2 Capítulos para abordar desafíos concretos

CAPÍTULOS	DESAFÍOS DEL LIDERAZGO						
	Evitar trampas del liderazgo	Pensar y actuar estratégicamente	Influencia por encima de los límites	Instruir a los demás y fomentar su desarrollo	Impulsar el cambio o la motivación	Motivar a un equipo	Construir presencia/confianza
16. Cultura			•	•			
17. El carácter, mantenido							•
18. Relaciones	•	•	•				
19 .Responsabili-dad					•	•	
20. Talento	•			•		•	
21. Visión			•		•	•	
22. El carácter, re-velado							•
23-24. Niveles de liderazgo							•

Tabla A.3 Agenda para las reuniones mensuales

TIEMPO	ACTIVIDAD
5 minutos	Bienvenida y repaso a la agenda
45 minutos	Debatir los clásicos del mes. Ver mi blog (jocelynrdavis.word-press.com) para debatir las preguntas sugeridas o crear las pro-pias. Deja unos 15 minutos por pregunta
60 minutos	Comparte cómo has aplicado la herramienta. Cada persona tie-ne de 8 a 10 minutos para informar de cómo ha utilizado la he-rramienta del capítulo, sus resultados, lo que se haya aprendido y los retos que pudieran haber surgido. Los miembros del grupo comparten sus consejos según se necesite
10 minutos	Plan para la reunión del mes siguiente

Notas

Prólogo. Qué hay en este libro y cómo utilizarlo

1. Ver Peter Stothard, «El Emperador del autocontrol», página web de educación superior del *Times*, 12 de octubre de 1998, https://www.timeshighereducation.com/books/the-emperor-of-self-control/161210.article; ver también Carolyn Kellogg, «Un lector norteamericano: Bill Clinton», *Los Angeles Times*, 4 de julio de 2009, http://latimesblogs.latimes.com/jacketcopy/2009/07/america-reads-bill-clinton.html.
2. Ver Alexandra Mondalek y Gus Lubin, «27 líderes de empresa nombran sus libros favoritos de siempre», 2 de agosto de 2013, www.businessinsider.com.
3. Ibíd.

Introducción. El arte clásico del liderazgo

1. Esta anécdota fue recogida por Johnny Carson en uno de los programas de*The Tonight Show*, de la NBC, a mediados de los años ochenta.
2. La información sobre Alejandro Magno ha sido extraída de la *Vida de Alejandro*, de Plutarco, y de *Una pequeña historia del mundo*, de E. H. Gombrich
3. Gombrich, op. cit., pág. 64.
4. Para tener una perspectiva de los factores que hacen eficaz o ineficaz el desarrollo del liderazgo, ver «Programas de liderazgo que funcionan», de Thomas Diamante, en el *Manual de Oxford para el aprendizaje para toda la vida*, editado por Manuel London (Oxford University Press, 2011), capítulo 12, págs. 164-179.

5. Brandon Hall (www.brandonhall.com), Bersin (www.bersin.com) y Deloitte (www.deloitte.com) son tres buenas fuentes que investigar sobre los programas de liderazgo y su eficacia. El Sondeo Comparativo de los programas de Desarrollo del Liderazgo de Brandon Hall en 2013 (ver lo que se descubrió en el resumen de Lorri Freifeld en «Sondeo: los programas de desarrollo del liderazgo carecen de eficacia», *Training Magazine*, www.trainingmag.com, 30 de septiembre de 2013) asegura que el setenta y cinco por ciento de las organizaciones cree que sus programas de liderazgo son ineficaces. La investigación de Bersin indica que el ochenta por ciento de los contenidos de aprendizaje producidos por grandes organizaciones no se emplean extensamente por el público para el que fueron hechos (ver Josh Bersin, «El agujero negro de las medidas», *Chief Learning Officer*, www.clomedia.com, 4 de febrero de 2015). En la Encuesta sobre las Tendencias del Capital Humano Global, de 2014, solamente el trece por ciento de las empresas que contestaron dijo que hacen un buen trabajo desarrollando líderes a todos los niveles (http://dupress.com/articles/hc-trends-2014-leaders-at-all-levels/). Y en el Sondeo de Tendencias del Capital Humano Global de 2015, de Deloitte, por debajo del seis por ciento de quienes respondieron a la encuesta informa de que tiene programas de liderazgo «excelentes» en marcha para el desarrollo de los milenaristas (http://dupress.com/articles/developing-leaders-perennial-issue-human-capital-trends-2015/).
6. Steve Denning, «Lo mejor de Peter Drucker», *Forbes*, 29 de agosto de 2014.
7. Peter Drucker, *El Drucker imprescindible* (Nueva York: HarperCollins, 2001), capítulo 1.
8. Asociación Norteamericana de Gerentes, «Una empresa del AMA investiga listas de 10 tendencias que conforman la instrucción y el desarrollo empresariales», 24 de marzo de 2014, www.amanet.org.
9. Francis Bacon, *Aforismos*, número 97.
10. *Ratatouille*, estudios de animación Pixar, 2007.

Capítulo 1. Una falsa creencia, tres verdades

1. Comentario del propio Fox en la *Biblia Shocken, primer volumen: los cinco libros de Moisés*, traducidos por Everett Fox (Nueva York: Schocken Books, 1983), pág. 243.
2. Las anécdotas empresariales contemporáneas que aparecen en este libro se basan en situaciones reales o en fragmentos mezclados de situaciones reales. Los nombres de las personas, empresas, industrias y demás detalles se han cambiado para proteger su anonimato. Cualquier parecido con personas reales, organizaciones o acontecimientos es casual y accidental.
3. Con respecto a las citas de los clásicos que presento aquí, cuando un libro no tiene referencias editoriales concretas de verso o línea (como ocurre en la Biblia y en las obras de Shakespeare), he situado esas referencias directamente en el texto. Si es preciso, se añade una nota al final que indica

la edición. Cuando se necesiten referencias concretas de páginas, aparecerán en estas notas.

4. Las citas del libro del Éxodo son de *La Biblia Schocken*, 1.ᵉʳ volumen. He cambiado los nombres Moshe y Aharon (como los escribe Fox) por los más conocidos Moisés y Aarón.

5. Susan Cain, *The Power of Introverts in a World that Can't Stop Talking* (Nueva York: Broadway Books, 2012), pág. 60. Libro publicado en español por RBA con el título *El poder de los introvertidos en un mundo incapaz de callarse*.

6. Ibíd., pág. 61.

7. *Norma Rae*, dirigida por Martin Ritt, producida por Tamara Asseyev y Alex Rose, 1979.

8. Ver también los trabajos del antiguo consejero real indio Chanakya y los del filósofo inglés del siglo XVII Thomas Hobbes.

9. John Kotter, en «La gerencia no es liderazgo (todavía)» (HBR Blog Network, www.blogs.hbr.org, 9 de enero de 2013), expresa con claridad un punto de vista ampliamente respaldado: la gerencia se dirige hacia los procedimientos establecidos que ayudan a una organización a hacer lo que ya hace bien, mientras que el liderazgo consiste en «llevar a una organización hacia el futuro [...] en la visión, en la gente que cree en ella... y, sobre todo, en producir un cambio útil». Aunque estoy de acuerdo en que la gerencia consiste principalmente en los procedimientos y el liderazgo en la gente, yo no iría tan lejos como Kotter, que asegura que los dos papeles son completamente diferentes. Yo creo que son como las sillas y los bancos: algo distintos en diseño y propósito, pero miembros de la misma familia. Tampoco equipararía el liderazgo con la visión. A veces los líderes se dedican a las visiones del futuro, pero con frecuencia simplemente quieren poner en marcha a su equipo para que logre resultados decentes. Además, las visiones tienden a fracasar si no se apoyan con actividades que normalmente asociamos con los buenos gerentes: elementos como preparación, trabajo de equipo y ejecución (ver el capítulo 21). Es posible que los líderes miren al futuro, pero para llegar allí también tienen que ser maestros de lo cotidiano.

10. Para echar otra mirada a Moisés y a su relación con Dios, ver *God's Story* (La historia de Dios) (Cambridge, MA: Candlewick Press, 1997), de Jan Mark, una nueva narración del Antiguo Testamento según antiguos textos rabínicos. La versión de Mark de los libros del Génesis y del Éxodo hace hincapié en que Dios busca y establece lazos con humanos individuales —Abraham, Isaac, Moisés, etc.— de cara a impulsar sus objetivos para la humanidad. ¿Es que Dios también empezó como un líder necesitado de compañero?

Capítulo 2. Ocho trampas

1. C. S. Lewis, *The Screwtape Letters* (Nueva York: Macmillan, 1959), pág. 154.

2. En varias páginas web se dice que estos malos versos se imprimieron originalmente en *The Boston Evening Transcript*, un diario de la tarde que se

publicó en Boston entre 1830 y 1941. He sido incapaz de encontrar más información sobre su autor o su fecha.

3. Marshall Goldsmith, *Triggers: Creating Behavior That Lasts, Becoming the Person You Want to Be* (Nueva York: Crown Business, 2015), pág. 2. Editado en español por Empresa Activa con el título *Disparadores. Cómo cambiar tu conducta para ser la persona que quieras ser.*

4. Laurence J. Stybel y Maryanne Peabody, «Amigo, enemigo, aliado, adversario... ¿y qué más?», *MIT Sloan Management Review*, volumen 46, número 4 (verano de 2005).

5. Anatole France, «El procurador de Judea», traducción inglesa de Frederick Chapman, en *Cuentacuentos*, editada por W. Somerset Maugham (Nueva York: Doubleday, Doran, 1939), pág. 219.

6. Ibíd., pág. 222.

Capítulo 3. Cambio

1. Nicolás Maquiavelo, *El príncipe* (traducción inglesa de Harvey C. Mansfield, 2ª edición (Chicago, IL: University of Chicago Press, 1998), capítulo VI, pág. 23.

2. Para más datos sobre las tasas de fracaso en las iniciativas de cambio, ver Jocelyn R. Davis, Henry M. Frechette y Edwin H. Boswell, *Velocidad estratégica. Movilizar a la gente, acelerar la ejecución* (Boston, MA: Harvard Business Press, 2010), capítulo 1.

3. El concepto de meseta tal como se aplica a la gestión del cambio fue desarrollado por mi colega, la doctora Maggie Walsh. Lo construyó sobre las descripciones de los ciclos vitales de los productos, las investigaciones en biología evolutiva, el trabajo de Peter Senge sobre las organizaciones de aprendizaje y las teorías de George Land sobre el crecimiento y la transformación en organismos naturales. Para más datos sobre la meseta y la estructura del cambio, ver Kerry Johnson y Maggie Walsh, «El desafío del cambio» (The Forum Corporation whitepaper, www.forum.com, 2006); ver también George Land, *Crece o muere. El principio unificador de la transformación* (Leadership 2000, 1997).

4. Maquiavelo, op. cit., capítulo VI, pág. 24.

5. Ibíd., capítulo VI, pág. 25.

6. Ibíd., capítulo VII, pág. 33.

7. Ibíd., capítulo XIX, pág. 74.

8. Ibíd., capítulo IX, pág. 41.

9. Ibíd., capítulo IX, pág. 41.

Capítulo 4. Justicia

1. Las citas de *La República* son de la traducción de Conrado Eggers Lan (Biblioteca Gredos, 2007).

2. Si tienes intención de leer *La República* completa, te recomiendo que leas primero la Introducción de la edición de la Editorial Gredos, que explica los temas del diálogo de manera muy interesante.

3. Sean Markey, «Un estudio dice que los monos muestran cierto sentido de justicia», *National Geographic News* (www.news.nationalgeographic.com), 17 de septiembre de 2003.

4. Robert Gandossy, «La necesidad de velocidad», *Journal of Business Strategy*, enero-febrero de 2003.

5. Marcus Buckingham y Curt Coffman, *First, Break All the Rules* (Nueva York: Simon & Schuster, 1999). Publicado en español por Ediciones Gestión con el título *Primero rompa todas las reglas. Las claves que distinguen a los mejores directivos.*

6. Ibíd., pág. 152.

7. Ibíd., págs. 168-169.

Capítulo 5. Poder

1. Las citas de *Antígona* son de la traducción de A. Alamillo (Editorial Gredos, 1982).

2. Ciertos escritores contemporáneos sobre el liderazgo apuntan a las investigaciones que muestran supuestamente que es más probable que la gente implacable y egoísta ascienda a la cumbre que la apocada y humilde; ver, por ejemplo, el artículo corto de Jeffrey Pfeffer «Los buenos líderes no tienen por qué ser buenos», en la revista *Time* (28 de septiembre de 2015), en el que expone que es el narcisismo, no la humildad, el rasgo característico que predice la selección para la cima de los papeles de liderazgo, y su supervivencia. Ahora bien, no me sorprendería encontrar pruebas de que el impulso para la inflexibilidad y el narcisismo está relacionado con una alta posición social, pero la pregunta es: ¿están relacionados esos rasgos con la alta eficacia como líderes?, ¿se relacionan con conseguir que el trabajo se haga, con lograr objetivos, con construir empresas, con mantener el cambio?, ¿siguen teniendo repercusión en el futuro más lejano? Si todo lo que quieres es un gran título, un gran ego te funcionará bien; si deseas poder duradero y auténtico, necesitarás bastante más que eso.

3. En un estudio llevado a cabo en la Universidad del Sur de California se averiguó que el poder sin posición social puede ser una combinación peligrosa. La gente a la que se hizo que se sintiera en un nivel alto en la escala de poder pero bajo en la de posición, era más probable que escogiese tareas degradantes para que las hiciera un compañero. Nathanael Fast, uno de los autores del estudio, indica: «Sencillamente dicho, uno se siente mal cuando está en una posición social baja, y el poder que va aparejado con ese papel otorga una forma de emprender acciones contra esos sentimientos negativos». Ver Anne Bergman, «El poder corrompe cuando carece de posición social» (USC News, 21 de septiembre de 2011), https://news.usc.edu/32045/power-corrupts-when-it-lacks-status/.

Capítulo 6. Autoridad

1. Jennifer Reingold, «Cómo fracasar en los negocios cuando se intentan con mucho empeño», *Fortune*, 7 de abril de 2014.

2. Frank Abagnale con Stan Redding, *Catch Me If You Can: The True Story of a Real Fake* (Nueva York: Broadway Books, 2000). Publicada en español por Ediciones B con el título *Atrápame si puedes*.

3. Reingold, op. cit., pág. 85.

4. Ibíd., pág. 87.

5. Sobre esta y otras percepciones de la autoridad de Octavio, ver la introducción de William Barbara Rosen a la edición Signet Classic de *Julio César* (Nueva York: Penguin, 1986).

6. Ver Caroline Alexander, *The Bounty: The True Story of the Mutiny on the Bounty* (Nueva York: Viking Penguin, 2003). Publicada en español por Planeta con el título *La Bounty: la verdadera historia del motín de La Bounty*.

7. Ver Christopher Hibbert, *El gran motín: India 1857* (Nueva York: Viking Press, 1978).

8. Robert Graves, *I, Claudius* (Nueva York: Vintage Books, 1934). Publicada en español por varias editoriales con el título *Yo Claudio*.

9. La adaptación televisiva de *Yo, Claudio* hecha por la BBC, que el Instituto de Cine Británico colocó en el número 12 de la lista de «los mejores 100 programas británicos para la televisión», y que presenta algunas actuaciones espectaculares (sobre todo la de Derek Jacobi como Claudio), es un buen sustituto si no tienes tiempo para leer el libro.

10. Graves, op. cit., págs. 454-455.

Capítulo 7. El carácter, definido

1. En su *Ética*, Aristóteles expone en detalle este concepto de mediana y enseña cómo se aplica a muchos rasgos del carácter (o virtudes, como él los llama). He seguido lo que él dijo, puesto que nadie ha concebido todavía una manera mejor para conocer el carácter.

2. Winston Churchill, *Grandes contemporáneos*, «el Ex-Kaiser» (Nueva York: G. P. Putnam's Sons, 1937), pág. 25.

3. Ibíd., pág. 26.

4. Ibíd., pág. 27.

5. No utilizo la palabra *sociópata* para indicar un trastorno psicológico, sino más bien como término para líderes que presentan rasgos particulares de carácter. Para encontrar una definición clínica de sociopatía, llamada a menudo «trastorno de personalidad antisocial», ver *El sociópata de al lado*, de Martha Stout (Nueva York: Crown, 2005).

6. Churchill, op. cit., «Hitler y su elección», pág. 225.

7. Ibíd., pág. 228.

8. Ibíd., pág. 232.

9. Ibíd., pág. 230.

10. Stout, op. cit., pág. 1.

11. Churchill, op. cit., «George Nathaniel Curzon,» pág. 235.

12. Ibíd., pág. 237.

13. Ibíd., pág. 237.

14. Ibíd., pág. 239.

15. *Lawrence de Arabia*, dirigida por David Lean, producida por Sam Spiegel, 1962. La película ganó el Oscar de la Academia a la mejor película en 1962 y aparece continuamente en las listas de las mejores películas de todos los tiempos.
16. T. E. Lawrence, *Los siete pilares de la sabiduría. El triunfo*, capítulo de introducción (Nueva York: Doubleday), pág. 24. El libro se publicó originalmente en una edición privada en 1926, y vio la luz por primera vez para circulación general en los Estados Unidos por Doubleday, Doran en 1935.
17. Churchill, op. cit., «Lawrence de Arabia», pág. 134.
18. Ibíd., pág. 130.
19. Ibíd., pág. 139.

Capítulo 8. Crisis

1. Ver, por ejemplo, Dennis N. T. Perkins, *Leading at the Edge: Leadership Lessons from the Extraordinary Saga of Shackleton's Antartic Expedition* (Nueva York: AMACOM, 2000). Publicada en español por Editorial Desnivel con el título *Lecciones de liderazgo: las 10 estrategias de Shackleton en su gran expedición antártica*.
2. Para una mirada en profundidad al papel del liderazgo en el desastre del *Titanic*, ver Jocelyn R. Davis, *Leadership Failures Sink Unsikable Ship: Business Lessons from the Titanic* (The Forum Corporation e-book, 2012, disponible en Amazon.com).
3. Alguno de los trabajos más conocidos de Heifetz son *El liderazgo sin respuestas fáciles* (1994), *El liderazgo en peligro* (2002) y *La práctica del liderazgo adaptativo* (2009).
4. Para más información sobre cómo aumentar la unidad y la agilidad —junto con un tercer «factor humano», la claridad—, ver Davis, Frechette y Boswell, op. cit.

Capítulo 9. Competencia

1. Theodore Ayrault Dodge, *The Great Captains: The Art of War in the Campaigns of Alexander, Hannibal, Caesar, Gustavus Adolphus, Frederick the Great and Napoleon* (Nueva York: Barnes & Noble, 1995), conferencia I, pág. 1.
2. Ibíd., conferencia IV, pág. 108.
3. Ibíd., conferencia IV, pág. 112.
4. Ibíd., conferencia I, pág. 1.
5. Ibíd., conferencia IV, pág. 115.
6. Ibíd., conferencia IV, pág. 116.
7. Ibíd., conferencia II, pág. 68.
8. Ibíd., conferencia IV, págs. 135-136.
9. W. Chan Kim y Renée Mauborgne, *Blue Ocean Strategy. How to Create Uncontested Market Space and Make the Competition Irrelevant* (Boston, MA: Harvard Business School Press, 2005). En el momento de escribir estas páginas se habían vendido más de tres millones y medio de ejemplares del libro.

Publicado en español por Profit Editorial con el título *La estrategia del océa-no azul. Crear nuevos espacios de mercado donde la competencia sea irrelevante.*

10. Dodge, op. cit., conferencia II, pág. 50.
11. Ibíd., conferencia II, pág. 52.
12. Ibíd., conferencia II, pág. 54.
13. Ibíd., conferencia II, pág. 55.

Capítulo 10. Dilemas

1. Este texto es un fragmento de «Llamada a la Asamblea Federal Consti-tuyente», que se publicó por primera vez el 21 de febrero de 1787 y que aparece como Apéndice en la edición de *El federalista* en la Biblioteca Mo-derna Universitaria de Random House. Ver también la introducción de esta edición de Edward Mead Earle, que aporta un útil contexto histórico para los ensayos.
2. Barry Johnson, *Polarity Management: Identifying and Managing Unsolvable Pro-blems* (Amherst, MA: HRD Press, 1996), introducción.
3. Ibíd., capítulo 2.
4. El diagrama de la estructura de un dilema se basa en los mapas de polari-dad de Johnson; ver Johnson, op. cit., cap. 1.
5. Ver Johnson, op. cit., cap. 1.

Capítulo 11. Comunicación

1. Tucídides, *Historia de la guerra del Peloponeso* (traducción española de Juan José Torres Esbarranch, Biblioteca Gredos, Madrid, 1982), capítulo IV, pág. 82.
2. Doug Stewart, «Mi tatarabuelo odiaba el discurso de Gettysburg. 150 años después, es famoso por ello», Smithsonian.com, 18 de noviembre de 2013.
3. Ver la página web *Abraham Lincoln Online*, www.abrahamlincolnonline.org/lincoln/sites/wills.htm.
4. Stephen Denning, *The Springboard: How Storytelling Ignites Action in Knowled-ge-Era Organizations* (Woburn, MA: Butterworth-Heinemann, 2001). Denning publicó más libros sobre la técnica de las narraciones, como *The Secret Language of Leadership, Squirrel Inc., y The Leader's Guide to Storytelling. Squirrel Inc.* Ha sido publicada en español por Empresa Activa con el título *La estrategia de la ardilla.*
5. Ver, por ejemplo, Craig Wortmann, *What's Your Story? Using Stories to Igni-te Performance and Being More Succesful* (Chicago, IL: Kaplan, 2006); Daniel Pink, *Drive: The Surprising Truth Abaut What Motivates Us* (Nueva York: River-head Books, 2009), Chip y Dan Heath, *Made to Stick: Why Some Ideas Survive and Others Die* (Nueva York: Random House, 2007).
6. Tucídides, op. cit., capítulo IV, pág. 82.
7. Ibíd., capítulo IV, págs. 85-86.

Capítulo 12. El carácter, desarrollado

1. Maria Konnikova, «The Lost Art of the Unsent Letter», *New York Times*, «Revista de la semana», 23 de marzo de 2014.
2. Plutarco, *Moralia*, «Sobre la educación», sección IV (*Antología de Plutarco*, e-book publicado por Bybliotech.org).
3. Ibíd., «Sobre la educación», sección iv.
4. Ibíd., «Sobre la educación», sección x.
5. Ibíd., «Sobre refrenar la ira», sección xv.
6. Esta es la regla número 4 del panfleto, que se publicó en 1890.
7. David Brooks, *The Road to Character* (Nueva York: Random House, 2015), págs. 263–264. Publicado en español por Editorial Océano con el título *El camino del carácter*.
8. Plutarco, op. cit., «Cómo sacar provecho de tus enemigos», sección I.
9. Ibíd., «Cómo puede uno darse cuenta de los progresos propios en la virtud», sección x.
10. Jim Collins, *Good to Great. Why Some Companies Make the Leap and Others Dont* (Nueva York: HarperCollins, 2001), pág. 17. Publicado en español por Ediciones Gestión con el título *Empresas que Sobresalen*.
11. Ibíd., pág. 18.
12. Ibíd., pág. 20.

Cuarta parte. Mentes

1. *Physical Dictionary*, de Steven Blankaart, de 1694 se refiere a «la Anatomía, que trata del cuerpo, y la Psicología, que trata del alma». Ver *A Dictionary od Pshychology*, ed. Andrew M. Colman (Oxford University Press, 2009).

Capítulo 13. Motivación

1. Uri Gneezy y Aldo Rustichini, «A Fine is a Price», *Journal of Legal Studies*, vol. 29, n.º 1 (enero de 2000); estudio resumido por Daniel Pink, op. cit., págs. 50-51.
2. Pink, op. cit.
3. Pink asegura que también importa la naturaleza del trabajo. Si tu trabajo consiste en llenar sobres, te motivaría una bonificación de 100 dólares por rellenar un diez por ciento más; pero si estás metido en empeños creativos y conceptuales, esa misma bonificación no significará mucho, y hasta podría desmotivarte. Pink cita ejemplos de empresas que ofrecían complejos servicios entre empresas y habían eliminado las comisiones por ventas: sorprendentemente, vieron subir su volumen de negocio; ver «A Radical Prescription for Sales», *Revista de negocios de Harvard*, julio-agosto de 2012, págs. 76-77.
4. Uno de los más conocidos es el modelo McClelland-Atkinson: logro, afiliación y poder; ver John W. Atkinson, *An Introduction to Motivation* (Princeton, NJ: D. Van Nostrand, 1978), y David C. McClelland, *Human Motivation* (Cambridge: Cambridge University Press, 1987).

5. Se llevó a cabo otro estudio sobre los motivadores intrínsecos y extrínsecos por Amy Wrzesniewski y Barry Schwartz. Al analizar los datos extraídos de más de once mil cadetes de la academia militar de West Point, no solo encontraron que los motivos internos (como el deseo de ser entrenado como un líder en el ejército) se correspondían con acciones acertadas, sino también que los motivos fundamentales (como el deseo de tener un buen trabajo más adelante) se correspondían con una disminución de la acción. Según sus conclusiones, la receta para el éxito de una iniciativa es tener fuertes motivos internos y ningún motivo fundamental. Ver Wrzesniewski y Schwartz, «El secreto de la motivación eficaz», *New York Times*, 6 de julio de 2014.

6. Ver Abraham Maslow, «A Theory of Human Motivation», *Psychological Review*, vol. 50, n.º 4. El artículo puede verse en http://psychclassics.yorku.ca/Maslow/motivation.htm.

7. Viktor Frankl, *Man's Search for Meaning* (Boston, MA: Beacon Press, 1959), pág. 28. Publicada en español por Herder con el título *El hombre en busca de sentido*.

8. Frederick Herzberg, «Veamos otra vez: ¿cómo motivas a los empleados?», *Revista de negocios de Harvard*, septiembre-octubre de 1987, págs. 109-120.

9. Frankl, op. cit., pág. 49.

10. Ibíd., pág. 37.

11. Ibíd., pág. 38. Hay que tomar nota de que esta frase exacta no aparece en ningún lugar de la Biblia, aunque aparentemente esté inspirada en el Apocalipsis 4, 8-11.

12. Ibíd., pág. 40.

13. Ibíd., pág. 41.

14. Ibíd, pág. 83.

15. Kurt Lewin inició investigaciones sobre el ambiente del lugar de trabajo en 1939, que desde entonces se han convertido en un gran cuerpo. Ver, por ejemplo, *Leadership and Organizational Climate* (Upper Saddle River, NJ: Prentice Hall, 2002); Jocelyn R. Davis, Henry M. Frechette y Edwin H. Boswell, *Strategic Speed: Mobilize People, Accelerate Execution* (Boston, MA: Harvard Business Press, 2010) y Daniel Goleman, Richard Boyatzis y Annie McKee, *Primal Leadership: Learning to Lead with Emotional Intelligence* (Boston, MA: Harvard Business Press, 2002).

16. Daniel Goleman, «Leadership that Gets Results», *Harvard Business Review*, marzo-abril de 2000, págs. 78-90.

Capítulo 14. Personalidad

1. Las citas de *Tipos psicológicos* son del volumen 6 de las *Obras completas de C. G. Jung*, trad. de H.G. Baynes, revis. de R.F.C. Hull (Princeton, NJ: Princeton University Press, 1971).

2. Lillian Cunningham, «Myers-Briggs Personality Test Embraced by Employers Not All Pshycologist», *Seattle Times*, Business/Technology, 13 de abril de

2013, http://seattletimes.com/html/businesstechnology/2020769531_ myersbriggspersonalitytestxml.html.

3. Se pueden encontrar detalles de cada tipo en la página web de la fundación Myers & Briggs, que son los poseen la licencia de la evaluación MBTI original: www.myersbriggs.org.
4. A veces «extravertido» se escribe con «o» (extrovertido). Tanto Jung como Myers-Briggs lo escriben con «a». Yo he utilizado la forma con «a», puesto que se deriva de *extra-*, el prefijo latino para significar «hacia afuera», o «fuera», por lo que considero que es una expresión mejor de la forma extravertida de abordar el mundo.
5. Si comparas su tipología con la de Jung, te darás cuenta de que Briggs y Myers añaden otro par de funciones (juzgar y percibir) a las dos de Jung. Y tampoco diferencian entre actitudes y funciones.
6. Por ejemplo, www.personalitypage.com, www.16personalities.com, www. humanmetrics.com, www.personalitypathways.com y www.personalitycafe.com.
7. David Keirsey, *Please Understand Me: Character and Temperament Types* (Prometheus Nemesis Book Company, 1984). Publicado en español por Tusquets con el título *Por favor, entiéndeme.*
8. Como sin duda sabes, estos son personajes de la serie *Harry Potter*, de J. K. Rowling, que trata de un chico que a los once años descubre que es un mago y se le admite en una escuela de magia. Una gráfica parecida que muestra los tipos Myers-Briggs de los personajes de Harry Potter , atribuida a «simbaga.tumblr.com», apareció por primera vez en Internet en septiembre de 2013. Al escribir esto todavía figuraba en sitios como www. readerswritersconnect.com y www.geekologie.com, y podía encontrarse escribiendo «Harry Potter Myers Briggs gráfica» en cualquier navegador. Yo creé mi propia versión antes de encontrarme con la de simbaga, y creo que es mejor la mía a la hora de interpretar a los personajes, aunque, evidentemente, eso está sujeto a debate. Me encantaría conocer otras interpretaciones. En cuanto a los apodos individuales y los lemas de la tabla 14.1, algunos se han obtenido de varios sitios web MBTI (ver la nota anterior) y otros los he inventado yo.
9. C. S. Lewis, *El regreso del peregrino* (Editorial Planeta, 2008).

Capítulo 15. Decisiones
1. Ver wikipedia.org, «Listado de sesgos cognitivos».
2. Ver, por ejemplo, *Thinking Fast and Slow* (Farrar, Strauss y Giroux, 2011); Dan Ariely, *Predictable Irrational* (HarperCollins, 2008), publicada en español por Ariel con el título *Las ventajas del deseo: cómo sacar partido de la irracionalidad*; Richard H. Thaier y Cass R. Sunstein, *Nudge* (Caravan, 2008).
3. Roald Dahl, «Cordero asado». Varias editoriales españolas han publicado antologías con los mejores relatos de Roald Dahl.
4. Considerada la obra más importante de Heidegger, *Ser y tiempo* (*Sein und Zeit*) es el fundamento del existencialismo del siglo xx y de la crítica literaria

desconstruccionista, así como también una fuente de ciertas ideas como la autenticidad y el relativismo moral, que tuvieron gran influencia en la cultura popular de los años sesenta en Europa y en los Estados Unidos. Heidegger pensó que los filósofos desde Platón en adelante habían malinterpretado el asunto del *Sein*, o de ser uno mismo, como asunto sobre los seres o entidades individuales. Una manera de comprender el libro es verlo como si preguntase: «¿Por qué supone la filosofía occidental que nos relacionamos con el mundo como objetos que conocer, en lugar de como sujeto que cuidar?». En sus quinientas páginas de compleja filosofía, Heidegger intenta poner *Sorge* —cuidados o interés— en el centro de nuestro concepto de humanidad, y la humanidad, a su vez, en el centro de nuestro concepto de ser.

5. Para ser más precisos: Heidegger cree que la visión del mundo generada por las rupturas o los fallos de funcionamiento es un tercer modo de experiencia, que se asienta entre lo «al alcance de la mano» y lo «presente en la mano». Lo llama lo «no al alcance de la mano». Todavía no es el punto de vista enteramente científico y desapegado, pero constituye el primer paso del camino hacia esa visión.

6. Ver los artículos de Chris Quintana en el *Santa Fe New Mexican*: «Preguntas sin resolver tras atropello mortal de tren», publicado el martes, 22 de abril de 2014, «La policía dice que la ciclista se encaminaba al oeste antes de que el tren la alcanzase en la calle Zia», publicado el viernes, 2 de mayo de 2014.

7. Michael A. Roberto y Gina M. Carioggia, «Monte Everest, 1996», caso estudio de la Escuela de Negocios de Harvard, 6 de enero de 2003.

8. Ibíd, pág. 11.

9. *Invictus*, dirigida por Clint Eastwood, Warner Brothers, 2009.

10. Ver Alex «Sandy» Pentland, «Más allá de la cámara del eco», *Revista de negocios de Harvard*, noviembre de 2013.

11. Roald Dahl, «El sibarita», op. cit.

Capítulo 16. Cultura

1. Ruth Benedict, *El crisantemo y la espada* (Alianza Editorial, 2011), capítulo 1.

2. Ibíd, capítulo 6.

3. Ibíd., capítulo 6.

4. Ver Fons Trompenaars y Charles Hampden-Turner, *Riding the Waves of Culture* (Londres: Nicholas Brealey, 1998).

5. Ver, por ejemplo, Erin Meyer, «Navegar por el campo de minas cultural», *Revista de negocios de Harvard*, mayo de 2014.

6. Gert Jan Hofstede, Paul B. Pederson y Geert Hofstede, *Exploración de la cultura* (Boston, MA: Intercultural Press, 2002), pág. xviii.

7. Trompenaars y Hampden-Turner, op. cit., pág. 33.

8. Por supuesto, definir una cultura según las tres dimensiones es demasiado simplista. No tengo duda de que existe gente en Japón cuya mentalidad

no es tan comunitaria y mucha otra a la que le gusta desafiar la jerarquía. No obstante, deberíamos resistirnos a las sugerencias de los que presentan cinco, o siete, o diez dimensiones como medio para encarar los matices. Tres dimensiones son suficientes para conseguir perspectiva sobre las diferencias culturales; aumentar ese número solamente añade complejidad sin aflojar la rigidez. La clave está en no utilizar las dimensiones como etiquetas para las personas, sino como recordatorios para comprobar nuestras suposiciones y para mirar el mundo desde la perspectiva del otro.

9. Para más información sobre las escalas de la cultura, ver Meyer, op. cit.
10. La descripción de esta anécdota proviene de una ejecutiva norteamericana que se pasó una gran parte de su trayectoria profesional dirigiendo las divisiones asiáticas de una empresa de los Estados Unidos.

Capítulo 17. El carácter, mantenido

1. John Polidori publicó también posteriormente un cuento llamado *El vampiro*, inicialmente bajo el nombre de Byron, en 1819.
2. Mary Shelley, *Frankenstein*, capítulo 5 (Nueva York: Nueva Biblioteca Norteamericana, 1965), capítulo 11, págs. 98-99.
3. L. David Marquet, *Turn the Ship Around!* (Nueva York: Penguin, 2012), capítulo 3. Publicada en español por Conecta con el título *¡Cambia el barco de rumbo!*
4. Shelley, op. cit., capítulo 5, pág. 56.
5. Ibíd., capítulo 4, pág. 52.
6. Ibíd., capítulo 5, pág. 57.
7. Ibíd., capítulo 10, pág. 95.
8. Ibíd., capítulo 10, pág. 96.
9. Nicole Winfield, «El Papa se zambulle en la paz de Oriente Medio», Associated Press, 9 de junio de 2014.
10. *El sexto sentido*, dirigida por M. Night Shyamalan, producida por Kathleen Kennedy, Frank Marshall y Barry Mendel, 1999.

Capítulo 18. Relaciones

1. Stybel y Peabody, op. cit.
2. Matt Bradley y Bill Spindle, «Aliados improbables ayudan a los militantes en Irak», *Wall Street Journal*, 16 de junio de 2014, http://online.wsj.com/articles/unlikely-1402962546.
3. Ben Levin, «Aliados improbables: el lío de Irak puede acelerar una campaña conjunta de Estados Unidos e Irán», vídeo de las noticias de la BBC aparecido el 14 de junio de 2014 (transcripción proporcionada por Newsy.com): www.ajc.com/news/news/world/unlikely-allies-iraq-mess-could-prompt-us-iran-eff/ngLWB/.
4. Alex Vatanka, «¿Apoya Irán la intervención militar de los Estados Unidos en Irak?», cnn.com, puesta al día el 12 de agosto de 2014, www.cnn.com/2014/08/12/opinion/iraq-iran-us-military/.
5. Ibíd.

6. La gráfica de los tipos de relaciones (figura 18.1) es mía, pero el concepto de los dos ejes y de los cuatro tipos lo he extraído del artículo de Stybel y Peabody, al que considero como el artículo periodístico más útil para la gestión de los últimos veinticinco años. (Para ver el libro al que nombraría para la misma distinción, consulta las notas del capítulo 10).

7. Guy de Maupassant, «Bola de sebo». Varias editoriales españolas han editado recopilaciones con los mejores relatos del autor.

8. Mi agradecimiento a la doctora Maggie Walsh por la expresión *aliados en espera*.

9. Doris Kearns Goodwin, *Team of Rivals. The political Genius of Abraham Lincoln* (Nueva York: Simon & Schuster, 2005), pág. 369.

10. *Ricardo III* fue el primer gran éxito de Shakespeare, lo mismo que «Bola de sebo» lo fue para Maupassant. También fue la primera de las obras de Shakespeare que se representara en los Estados Unidos, en 1750. Un siglo después era la favorita del presidente Lincoln, que se sabía de memoria el soliloquio de apertura de Ricardo. El Ricardo de Shakespeare es el hombre retorcido física y moralmente que los eruditos de la historia inglesa llaman «el invento Tudor» (la familia reinante en Inglaterra). Hay muy pocas evidencias de que el auténtico Ricardo fuese nada parecido al asesino jorobado que trama y conspira durante los cinco actos de la obra. No obstante, Lincoln tenía razón en admirar la obra: un estudio en profundidad del carácter de Ricardo rinde una enormidad de conocimientos para los líderes, sobre todo acerca de cómo operar (y de cómo no operar) dentro de una red cambiante de relaciones.

Capítulo 19. Responsabilidad

1. Herman Melville, *Billy Budd, marinero* (publicada por varias editoriales españolas), capítulo 21. El manuscrito de *Billy Budd* se descubrió veintiocho años después de la muerte de Melville, en 1891. Su esposa había empezado a editarlo antes de guardarlo en un cajón. Sus notas sobrepuestas, la ya desvaída letra de Melville y las numerosas revisiones hicieron que esta novela corta fuese difícil de reconstruir. Ha habido tres versiones del texto publicadas: una de 1924 y 1928; la segunda, de 1948, y la tercera —el texto Hayford-Sealts, considerado hoy el autorizado—, de 1962. La versión que la autora cita en el original es esta última.

2. Un líder empresarial australiano, que se pasó muchos años dirigiendo asesorías en la India, me dio las bases para este relato.

3. Frankl, op. cit., pág. 132.

4. Melville, op. cit., capítulo 11, pág. 855.

5. Ibíd., capítulo 19, pág. 878.

6. Ibíd, capítulo 21, pág. 884.

7. Para más información acerca de la justicia impartida con supuesta objetividad, lo cual se percibe a menudo como injusticia, consultar el capítulo 4.

8. Ver Dennis F. Thompson, «Responsability for Failures of Government: The Problem of Many Hands», *Revista de administración pública norteamericana,*

online por primera vez el 9 de marzo de 2014, http://arp.sagepub.com/content/early/2014/03/05/027 5074014524013.

9. Melville, op. cit., capítulo 21, pág. 887.

10. Ver Roger Connors, Tom Smith y Craig Hickman, *The Oz Principle* (Englewood Cliffs, NJ: Prentice Hall, 1994); ver también Connors y Smith, «How to Create a Culture of Accountability», www.asme.org, marzo de 2011.

11. Melville, op. cit., capítulo 21, pág. 889.

12. W. Edwards Deming, *Out of the Crisis* (MIT Press, 1986), Prólogo. Publicado en español por Díaz de Santos con el título *Calidad, productividad y competitividad: la salida de la crisis*.

13. Ver Michel Baudin, «Deming's Point 8 of 14- Drive Out Fear», blog de Michel Baudin, 27 de octubre de 2012, www.michelbaudin.com.

14. Deming, op. cit., pág. 18.

Capítulo 20. Talento

1. James Edward Austen-Leigh, *Biografía de Jane Austen*, publicada por primera vez en 1869 (Oxford University Press, 1967), pág. 157.

2. Linda A. Hill, *Convertirse en gerente* (Nueva York: Penguin, 1992), pág. 22.

3. Ibíd., pág. 21.

4. Ibíd., pág. 150.

5. Ibíd., pág. 148.

6. Jane Austen, *Emma* (publicada por varias editoriales españolas), capítulo 3.

7. Ibíd., capítulo 8, pág. 46.

8. Ver Buckingham y Coffman, op. cit. Para más información acerca de la investigación de Gallup sobre el lazo entre los comentarios basados en la fortaleza y la actuación de los empleados, ver Jim Asplund y Nikki Blacksmith, «El secreto de una actuación mejor», *Revista de negocios Gallup*, 3 de mayo de 2011, www.gallup.com/businessjournal/147383/secret-higher-performance.aspx.

9. Austen, op. cit., capítulo 43, pág. 280.

10. Ibíd., capítulo 49, pág. 324.

Capítulo 21. Visión

1. George Bernard Shaw, *Saint Joan* (Rockville, MD: Wildside Press), escena I, pág. 3.

2. Maquiavelo, op. cit., capítulo VI, pág. 23.

3. Shaw, op. cit., escena VI, pág. 106.

4. Ibíd., escena I, pág. 14.

5. Ibíd., escena III, pág. 51.

6. Malala Yousafzai y Christina Lamb, *Yo soy Malala* (Nueva York: Little, Brown, 2013), capítulo 1.

7. Ibíd., capítulo 10.

8. Shaw, op. cit., escena I, pág. 11.

9. Ibíd., escena I, pág. 16.
10. Ibíd., escena I, pág. 4.
11. Ibíd., Epílogo, pág. 140.
12. Ver David Harris, *The Genius: How Bill walsh Reinvented Football and Created an NFL Dinasty* (Nueva York: Random House, 2008).
13. Ibíd., pág. 70.
14. Como recordarás, *problemas personales* es la expresión utilizada por los gerentes de ventas en el estudio de investigación de Linda Hill (ver el capítulo 20) para referirse despectivamente a la gestión del talento.

Capítulo 22. El carácter revelado

1. Susan Scott, *Fierce Conversations: Achieving Success at Work and in Life, One Conversation at a Time* (Nueva York: Berkley, 2002), pág. xix.
2. James Joyce, «Los Muertos», en *Dublineses* (Losada, 2017).
3. Ibíd., pág. 189.
4. Ibíd., pág. 190.
5. Ibíd., pág. 217.
6. Ibíd., págs. 219-220.
7. Ibíd., pág. 220.

Capítulo 23. Tres niveles

1. Cuando escribo esto, se está haciendo popular una nueva palabra para referirse a las organizaciones «planas»: *holacracia*. Tony Hsieh, ejecutivo en jefe de Zappos, atrajo la atención cuando anunció a finales de 2013 que la empresa iba a adoptar la holacracia, que se define en la página web www.holacracia.org como «una forma nueva de dirigir una organización que elimina el poder de la jerarquía de la gerencia y lo redistribuye por los puestos nítidos». Parece que las organizaciones holacráticas quieran deshacerse del todo de los niveles de liderazgo, un objetivo que no veo realista, ni beneficioso. No obstante, le doy la bienvenida a la idea como algo que podría preparar el terreno para volver a pensar todo el asunto.
2. Collins, op. cit., pág. 22.
3. John Maxwell, *The 5 Levels of Leadership* (Nueva York: Center Street, 2011).
4. Compara el discurso de Bruto a los conspiradores (*Julio César*, acto II, escena 1), con el del rey Enrique del «día de San Crispín» a los soldados en Agincourt («Nosotros, los pocos; nosotros, los pocos felices; nosotros, la banda de hermanos», *Enrique V*, acto IV, escena 3.ª) y verás la diferencia entre un iniciador y un animador.
5. Shaw, op. cit., escena 1, pág. 4.
6. Churchill, op. cit., «Lawrence de Arabia», pág. 139.
7. Bhagavad Gita, capítulo XI, verso 32. Es de todos conocido que esta frase fue citada —algunos eruditos dicen que erróneamente— por Robert Oppenheimer en una entrevista sobre la explosión nuclear Trinity (la primera prueba completa de la bomba atómica).

Capítulo 24. El cuarto nivel

1. Lao Tsé, *Tao Te King*, trad. Stephen Mitchell (Nueva York: CUNY, 1995; http://acc6.its.brooklyn.cuny.edu/~phalsall/texts/taote-v3.html), verso 17. El *Tao Te King* ha sido traducido a los idiomas occidentales más de doscientas cincuenta veces, dando origen al debate sobre los méritos de versiones anteriores. La traducción de Mitchell se ha criticado por algunos eruditos como insuficientemente literal y alabado por otros por su belleza y su accesibilidad a los lectores actuales. Se puede encontrar fácilmente un gran número de traducciones en Internet buscando «Tao Te King».
2. Drucker, op. cit., capítulo 14.
3. Parece que Alexander Hamilton estuviese protagonizando un retorno. Cuando escribo esto, la gente está protestando ante el Departamento de Hacienda de los Estados Unidos por los planes de quitar su rostro de los billetes de 10 dólares y reemplazarlo por el de una mujer de importancia histórica. Las editoriales de los periódicos le piden al Departamento que dejen a Hamilton en paz; circulan las peticiones *online*. Sorprendentemente, él es también el personaje que da título a un musical de primera línea de Broadway. Los logros de este muelle principal silencioso y estudiante de los clásicos los ha resumido muy bien el columnista de *Bloomberg View* Justin Fox: «Hamilton [...] puso a los Estados Unidos en el camino para convertirse en un poder económico mundial con los conocimientos que recogió en unos cuantos libros» («Deshaceos de Jackson, pero no quitéis a Alexander Hamilton de los billetes de 10 dólares», republicado en el periódico *Santa Fe New Mexican*, del 22 de junio de 2015).
4. Fred Hiatt, «Las guerras de prensa no son nada nuevo en los Estados Unidos», nueva impresión del *Santa Fe New Mexican* de lo aparecido en *The Washington Post*, 2 de enero de 2015.
5. Drucker, op. cit., capítulo 14.
6. Ibíd.

Epílogo. En busca de la tierra de arriba

1. Ver, por ejemplo, el sondeo de opinión pública de la Asociación de Universidades estadounidenses: «Se necesita más que una licenciatura. Prioridades de los empleadores para el aprendizaje universitario y el éxito de los alumnos», abril de 2013 (accede al informe completo en www.aacu.org/leap/public-opinion-research). Ver también el vídeo «Contratar licenciados en artes liberales», *Chief Learning Officer*, 10 de junio de 2014 (www.clomedia.com/media/videos/play/202).
2. Bobby Fong, «Las artes liberales son tan necesarias como siempre», *Philadelphia Inquirer*, 2 de febrero de 2014.
3. C. S. Lewis, *La silla de plata* (Planeta, 2005), capítulo 12.
4. Ibíd., capítulo 12, pág. 155.
5. Ibíd., capítulo 12, págs. 156-157.

Agradecimientos

Permíteme que empiece agradeciendo a Nicholas Brealey y a Sally Lansdell por sus ánimos y su guía al publicar *Los grandes del liderazgo*.

Y ahora deja que agradezca a las tres fuentes de inspiración principales del libro. La primera es la Universidad de St. John, un centro de artes liberales que tiene dos campus: uno en Annapolis (Maryland) y otro en Santa Fe (Nuevo México). St. John es uno de los orígenes del muy imitado currículo de «grandes libros», un enfoque interdisciplinar del aprendizaje basado en el estudio y debate de obras clásicas de humanidades y ciencias. Como esposa de un miembro del claustro, he tenido la oportunidad de observar el enfoque y de admirar sus resultados. St. John es uno de los pocos lugares que quedan hoy donde uno puede adquirir una educación que no sea —otra vez las palabras de Plutarco— rellenar un cubo, sino encender un fuego.

La segunda es Forum Corporation, una empresa de aprendizaje de liderazgo y de ventas localizada en Boston y fundada por John Humphrey y Richard Whiteley. Como empleada muchos años en ella, he tenido muchos gerentes maravillosos que, de formas y estilos diferentes, me mostraron a qué se parece el buen liderazgo: Mona Cohen, Kathy O'Regan, Mimi Bennett, Kerry Johnson, Joe Wheeler, Ted Higgins, Galina Jeffrey, Ron Koprowski y Ed Boswell. Tuve allí también muchos compañeros que demostraron que el liderazgo tiene muy poco que ver con un título, y todo con la repercusión positiva de cada uno; algunos que me vienen a la mente son Andre Alphonso, Tom Atkinson, Jeff Baker, Steve Barry, Aly Brandt, Ellen Foley, Elizabeth Griep, Kate Haney, Kevin Higgins, Dottie McKissick, Will Milano, Rosie Mucklo, Stacy Neff, Vivien Price y Amy Tananbaum. Gracias especiales van a Maggie Walsh, cuyos pensamientos sobre el liderazgo bañan estas páginas, y a Sylvia Celentano —Gerente del Año a perpetuidad—, que me ha mostrado que el liderazgo, la excelencia y las risas son inseparables.

La tercera y última son mi marido, Matt, y mi hija, Emily. Emily escribió los primeros borradores de muchos resúmenes de los libros clásicos y, junto con su padre, me proporcionó valiosas indicaciones para aquellos de los que se habla aquí. Pero mucho más que eso: Matt y Emily me inspiran con su gran amor por los clásicos. Ellos saben, como John Ruskin, que existen dos clases de libros: «Los libros del momento, y los libros de toda la vida». Con sus logros permanentes y su capacidad de subir el tono de cualquier esfuerzo, son la prueba viviente del poder que tienen estos últimos.

Índice temático

A

Aarón 43, 44, 376, 399
Abagnale, Frank 13, 111, 112, 402
Abandonar la ira 203
Adaptarse 11, 55, 58, 62, 150, 159, 250, 342
Adversarios 57, 58, 282, 291, 294, 297, 298, 301
Aelio Lamia 63
Agilidad 33, 146, 149, 159, 160, 163, 166, 167, 342, 383, 403
Akita 265, 266, 267
Al alcance de la mano 244, 246, 247, 248, 250, 251, 408
Alejandro Magno 20, 155, 156, 159, 197, 379, 397
Aliados 14, 20, 57, 58, 74, 130, 134, 159, 161, 260, 261, 285, 291, 293, 294, 295, 296, 297, 298, 301, 367, 409, 410
en espera 410
AmDel 79, 80
Aníbal 155, 156, 164, 165, 166, 167
Anouilh, Jean 97
Antígona 13, 28, 68, 95, 97, 100, 101, 102, 106, 112, 203, 355, 375, 393, 401
Aristóteles 20, 21, 126, 379, 402
Artes liberales 21, 259, 384, 385, 413, 415
Arthur 79, 80, 81, 233

Astucia 33, 162, 166
Atajos mentales 244
Atención 12, 43, 44, 74, 77, 89, 127, 141, 151, 161, 178, 203, 204, 248, 249, 250, 260, 283, 284, 308, 311, 312, 350, 364, 366, 376, 412
Atmósfera 130, 222, 223, 224, 225, 268, 310, 359, 386, 406
Atrevimiento 193
Aung San Suu Kyi 208
Austen, Jane 9, 15, 28, 29, 288, 317, 324, 325, 390, 393, 411
Autoridad
carismática 116
intrínseca 116, 117, 208, 340
racional 116, 117, 339, 340
tradicional 116
vacío de 116

B

Bacon, Francis 30, 398
Benedict, Ruth 14, 28, 212, 255, 257, 260, 261, 263, 389, 393, 408
Billy Budd 14, 287, 303, 308, 309, 310, 314, 393, 410
Bismarck, Otto von 67
Bligh, capitán 118
Bola de sebo 14, 289, 296, 297, 393, 410

BROOKS, DAVID 14, 203, 204, 405
BRUTO 109, 110, 114, 115, 116, 121, 364, 365, 367, 412
BUCÉFALO 21, 379
BUCKINGHAM, MARCUS 13, 91, 92, 93, 326, 401, 411
BUCLE INFINITO 179, 181

C

CAIN, SUSAN 13, 42, 43, 399
CAITLIN 319, 320, 330
CALIDEZ 60, 127
CALÍGULA 120, 121, 377
CALMA 127, 133, 143, 152
CAMINO AL CAMBIO 13, 72, 73, 76, 78
CANNAS, BATALLA DE 164, 166, 167
CAPUCHINOS 85
CARIOGGIA, GINNA 14, 249, 408
CARISMA 13, 37, 39, 40, 41, 43, 45, 117, 339, 340, 359, 364
CARNEGIE, DALE 13, 98, 99, 100, 112
CASIO 109, 110, 114, 115, 116, 121, 364, 365
CÉFALO 83, 87, 89, 94
CENTRALIZACIÓN 169, 175
CHU 261, 262, 264
CHURCHILL, WINSTON 13, 15, 16, 68, 121, 123, 127, 129, 130, 131, 133, 134, 135, 136, 137, 275, 367, 390, 393, 402, 403, 412
CICLO VITAL DE LAS CRISIS 146
CLAUDIO 120, 377, 402
COBARDÍA 212, 275, 276, 280, 313
COFFMAN, CURT 91, 92, 93, 326, 401, 411
COLLINS, JIM 11, 15, 208, 209, 362, 363, 364, 405
COMPETICIÓN 13, 25, 65, 139, 157, 158, 161, 299, 403
COMUNICACIÓN
  errores de 187, 191
  intercultural 259
CONDE TILLY 160, 162
CONNORS, ROGER 310, 411
CONQUISTADORA, LA 139
CONTROL 47, 104, 105, 118, 130, 131, 134, 178, 216, 233, 238, 289, 292, 306, 353, 355, 356, 361, 362, 364, 397
CORDELIA 51, 56, 58, 64
CORDERO ASADO 14, 241, 242, 245, 393, 407
CREONTE 95, 96, 97, 100, 101, 102, 105, 106, 107, 112, 114, 203, 355, 375
CRISANTEMO Y LA ESPADA, EL 14, 28, 212, 257, 260, 262, 393, 408
CRISIS DE LIDERAZGO 143
CURZON, GEORGE NATHANIEL 123, 132, 133, 402

D

DAHL, ROALD 14, 212, 240, 241, 242, 245, 254, 393, 407, 408
DeMILLE, CECIL B. 17, 18
DEMING, W. EDWARDS 14, 312, 313, 314, 411
DENISE 177, 178
DENNING, STEPHEN 14, 192, 398, 404
DESAFÍO DEL CAMBIO 71, 400
DESARROLLO DE LA ESTRATEGIA 155
DEWEY, JOHN 326
DILEMAS 14, 25, 33, 61, 95, 139, 167, 169, 171, 173, 174, 175, 177, 178, 179, 311, 312, 313, 393, 394, 404
  gestión de los 173
DISCRECIÓN 127, 128, 137, 240, 277
DMITRI 319, 320, 325, 330
DODGE, THEODORE 13, 140, 155, 156, 158, 159, 160, 162, 164, 166, 393, 403
DODGSON, CHARLES 204, 209
DOMINAR Y RENUNCIAR 64, 273
DOWNTON ABBEY 295
DRAPER, DON 86
DRUCKER, PETER 11, 15, 24, 49, 270, 375, 376, 380, 398, 413
DUDAS 42, 50, 130, 299, 335

E

EJECUCIÓN 63, 95, 101, 153, 166, 309, 311, 399, 400
EMMA 15, 28, 288, 316, 317, 324, 325, 326, 327, 328, 393, 411
EMPATÍA 232
ENEIDA, LA 10
ENFERMERA BRYAN, NORMA DE LA 379, 380, 381
ENGAÑO 79, 87, 94, 149, 239
ENRIQUE V 9, 13, 139, 141, 142, 149, 393, 412
ESPERANZA 14, 25, 32, 48, 49, 50, 87, 109, 136, 141, 144, 162, 213, 227, 244, 340, 359, 365, 366, 367, 371, 378, 389
ESTRATEGIA 12, 23, 62, 112, 126, 149, 155, 158, 160, 163, 167, 171, 270, 283, 299, 300, 319, 321, 324, 326, 333, 338, 341, 342
EVERETT, EDWARD 37, 185, 398

Exactitud 356
Éxodo 13, 17, 28, 36, 37, 39, 42, 44, 45, 49, 50, 376, 393, 399
Extraversión 227, 234, 237, 238, 240, 276, 323

F

Federalista, el 376
Fiebre de la cumbre 247, 249
Fijeza funcional 244, 245, 246, 250
Filosofía 14, 26, 28, 68, 81, 83, 86, 97, 140, 196, 200, 201, 202, 204, 205, 210, 211, 227, 246, 275, 278, 309, 359, 371, 383, 384, 385, 388, 389, 408
Flexibilidad 92, 127, 128, 240, 277, 338
Fluellen 151, 152
Fortaleza del carácter 200
France, Anatole 63, 400
Francisco, Papa 208
Frankenstein (obra) 14, 28, 212, 273, 274, 393, 409
Frankenstein, Victor 273, 279, 281, 355
Frankl, Victor 14, 213, 214, 218, 219, 220, 221, 224, 225, 227, 307, 368, 393, 406, 410
Freud, Sigmund 211, 215, 217, 227

G

Gabriel 288, 345, 346, 351, 352, 353, 354, 356
Gandhi, Mahatma 43, 117, 338
Gary 237
Generosidad 20, 25, 126, 127, 128, 193, 200, 240, 275, 277, 323, 356, 357, 389
Gilbert, Frank 22
Gimu 260, 261, 264
Gloucester, conde de 51, 57, 62
Goldsmith, Marshal 13, 55, 57, 400
Goneril 56, 58, 59
Goodwin, Doris Kearns 11, 14, 297, 298, 410
Grandes capitanes, los 13, 153, 155, 156, 159, 162, 393
Grandes contemporáneos 13, 127, 129, 393, 394, 402
Graves, Robert 120, 121, 377, 402
Greene 265, 266, 267, 271
Grupo de estudio 391
GuestTech 305, 315
Guillermo II 123, 129, 130
Gustavo Adolfo 155, 156, 159, 162

H

Hamilton, Alexander 14, 140, 169, 173, 376, 377, 393, 413
Hanover 60, 61, 187, 188, 189, 191, 269, 270
Hegel, G. W. F. 102
Heidegger, Martin 240, 244, 245, 246, 247, 250, 407, 408
Heifetz, Ronald 13, 145, 146, 403
Hemón 95, 106, 107
Herramientas
de comunicación
¿Cómo quieren que les traten? 91
Consultar con las estrellas 253
Diez preguntas para el desarrollo del talento 329
Entrevista transcultural 266
La valentía de una respuesta suave 283
de equipo
Dime cómo trabajar contigo 235
Gestionar un dilema 179
Los momentos de la verdad 357
Prevenir los dambios de terreno 78
de planificación
Diez preguntas para devolver la jugada 166
El mapa de las relaciones 294
Encontrar la mediana 128
Evitar las trampas 59
Gestión de dos dilemas 311
Primero nosotros, después yo y luego ellos 148
Una atmósfera motivadora 222
Una interrupción de la ira 203
de reflexión
De aquí a diez años 380
de valoración
¿Cómo de motivador eres? 195
¿Cuál de los falsos líderes? 47
¿Cuánto poder tienes realmente? 103
El nivel siguiente 368
¿Está tu autoridad en peligro? 119
Las oportunidades que tiene una visión 341
Herzberg, Frederick 14, 217, 219, 406
Hill, Linda 15, 320, 321, 322, 324, 411, 412
Hitler, Adolf 53, 123, 130, 131, 132, 215, 402
Hofstede, Geert 14, 262, 263, 408
Hombre en busca de sentido, el 14, 211, 214, 393

HomeCo 40, 41
Honradez 127
Hopper, Grace Murray 49

I

Igualitario contra jerárquico 262
Impulsos 217, 238, 322, 323, 324
Indicador de Tipos Myers-Briggs 229
Indiferencia 127, 203, 239, 276
Individualista contra comunitario 262
Integridad 126, 127, 128, 137, 193, 200, 275, 323, 356, 357
Intenciones desconocidas 307, 312
Interés 25, 104, 126, 127, 128, 131, 132, 140, 141, 142, 146, 151, 193, 200, 236, 240, 251, 263, 275, 277, 295, 297, 303, 327, 334, 337, 356, 357, 365, 387, 389, 408
Introversión 227, 237, 238, 276
Ir los primeros 267, 389

J

James, William 14, 15, 140, 169, 172, 173, 211, 288, 343, 351, 352, 377, 411, 412
Jay, John 169, 173
Jay, William 55, 65
Jethro 44, 45
Johnson, Barry 14, 174, 404
Johnson, Ron 112
Joyce, James 15, 288, 343, 351, 352, 357, 393, 412
Juana de Arco 15, 28, 40, 117, 330, 336, 337, 339, 341, 343, 355, 365, 366, 367, 389
Julio César 13, 40, 68, 109, 110, 114, 115, 120, 155, 156, 197, 364, 393, 394, 402, 412
Jung, C. G. 14, 212, 226, 227, 228, 229, 230, 231, 232, 234, 235, 236, 237, 238, 239, 240, 275, 389, 393, 406, 407
Justicia 13, 25, 32, 67, 79, 81, 83, 84, 85, 86, 87, 88, 89, 90, 91, 93, 94, 101, 184, 193, 280, 308, 326, 328, 357, 393, 394, 400, 401, 410

K

Keirsey, David 231, 232, 407
Kent, conde de 51, 56, 62, 64, 65
Kimberly-Clark 208
Kim, W. Chan 13, 163, 403
King, Martin Luther 117
Kyle 104, 105

L

Land, George 13, 73, 75, 400
Lao Tsé 15, 371, 374, 375, 390, 394, 413
Lawrence, T. E. 123, 134, 135, 136, 137, 365, 367, 379, 389, 403, 412
Lear, rey 13, 36, 51, 56, 57, 58, 62, 64, 65, 100, 101, 355, 393
LeBeau, Suzanne 248, 249
Lewis, C. S. 53, 204, 239, 275, 386, 399, 407, 413
Líder
  bala perdida 129
  Bala Perdida 128, 130, 200
  campeón 134
  peso ligero 132
  sociópata 130
Liderazgo adaptativo 145, 403
Líderes falsos 47, 123, 367, 368, 389
Lincoln, Abraham 14, 62, 140, 184, 187, 193, 196, 199, 204, 209, 298, 363, 377, 389, 393, 404, 410
Loco 83, 87, 333, 349

M

Madison, James 14, 140, 169, 170, 172, 173, 377, 393
Mad men 86
Malory, instituto 104, 105
Mandela, Nelson 250
Maquiavelo, Nicolas 9, 13, 66, 68, 69, 71, 72, 74, 75, 76, 77, 79, 81, 107, 121, 194, 334, 393, 400, 411
Marco Antonio 109, 110, 114, 115, 117, 365
Marie S. 92
Maslow, Abraham 217, 221, 406
Mauborgne, Renée 13, 163, 403
Maupassant, Guy de 14, 287, 289, 291, 296, 393, 410
Maxwell, John 15, 362, 363, 364, 412
McGill, construcciones 347, 348, 350, 351, 353, 355
Melville, Herman 14, 287, 303, 309, 314, 393, 410, 411
Meseta 62, 73, 74, 76, 400
Moisés 13, 28, 36, 37, 39, 42, 43, 44, 45, 48, 49, 50, 340, 376, 377, 398, 399
Moralia 14, 197, 201, 393, 405
Motines 118, 308, 309
Motivación 9, 188, 210, 211, 215, 217, 218, 219, 220, 221, 223, 224, 225, 394, 406

Índice temático

Muchas manos, problema de las 307, 309, 312
Muertos, los 15, 288, 343, 345, 351, 352, 393
Multas 216

N

Napoleón Bonaparte 48
Natural contra adquirido 200
Necesidades 12, 19, 33, 59, 91, 121, 175, 176, 202, 217, 218, 219, 282
Northwestern Mutual 88

O

Obstinación 95, 127, 203, 239
Octavio 110, 114, 115, 116, 117, 402
Oliver 40, 41, 45
Organización que respira 174

P

Paradoja del Rey 13, 102, 104, 106, 118
Parks, Rosa 43
Peabody, Maryanne 291, 400, 409, 410
Penney, J. C. 112, 113, 114
Pentland, Alex 251, 408
Pericles 14, 140, 183, 184, 185, 187, 193, 194, 196, 389, 393
Perseverancia 127, 201, 338
Personalidad 20, 33, 132, 207, 211, 212, 226, 229, 230, 231, 234, 235, 275, 322, 323, 324, 402
Pinecone 60, 61, 187, 188, 189, 190, 191, 269, 270
Pink, Daniel 217, 404, 405
Platón 13, 68, 81, 83, 86, 93, 374, 389, 393, 408
Plutarco 14, 22, 140, 196, 197, 200, 201, 202, 203, 204, 205, 206, 208, 209, 275, 393, 397, 405, 415
Polinices 95, 100, 106
Política 21, 26, 44, 67, 68, 71, 81, 86, 88, 90, 92, 93, 99, 132, 135, 159, 160, 201, 270, 309, 348, 379, 389
Poncio Pilato 63, 65
Potter, Harry 74, 231, 233, 407
Presente en la mano 246, 247, 248, 249, 250, 408
Príncipe, el 13, 77, 393
Principio de Ratatouille 30
Procurador de Judea, el 63, 400
Progreso 73, 197, 265
Psicología 26, 210, 211, 227, 389

Puntos
  ciegos 14, 33, 55, 56, 58, 212, 240, 241, 242, 243, 244, 245, 247, 248, 250, 253
  fuertes 25, 55, 58, 63, 90, 92, 166, 167, 320, 327, 329

R

Rae, Norma 44, 399
Rasgos de carácter de los líderes 25, 126, 128
Regan 56, 58, 59, 416
Regreso del peregrino, el 239, 407
Reingold, Jennifer 112, 113, 401, 402
Relaciones 14, 25, 34, 55, 57, 58, 60, 90, 93, 187, 263, 264, 265, 268, 269, 285, 287, 289, 291, 292, 293, 294, 297, 298, 300, 317, 393, 395, 409, 410
Relatos de trampolín 192
República, la 68, 81, 83, 84, 86, 101, 374, 400
Resistencia 42, 126, 127, 128, 135, 143, 193, 200, 246, 261, 275, 338, 356, 357
Responsabilidad 14, 127, 150, 176, 235, 278, 287, 301, 307, 308, 309, 310, 311, 312, 313, 376, 392
Respuestas simplistas 25, 55, 58, 61
Ricardo III 298, 393, 410
Roberto, Michael 14, 247, 249, 408
Rona 60, 61, 65, 187, 190, 191, 192, 193, 269, 270

S

Sam 284, 285, 403
Santa Juana 15, 28, 288, 333, 336, 366, 393, 394
Scott, Susan 15, 249, 351, 412
Sesgo
  cognitivo 241, 243, 244, 259
  cultural 259
Severidad 127, 128, 203, 239, 240, 277
Sexto sentido, el 282, 409
Shakespeare, William 9, 13, 15, 16, 36, 51, 56, 68, 114, 137, 139, 141, 149, 197, 287, 291, 298, 300, 364, 390, 393, 398, 410
Shaw, G. B. 15, 288, 331, 333, 334, 366, 390, 393, 411
Shelley, Mary 14, 28, 212, 273, 282, 393, 409
Shyamalan, M. Night 14, 282, 409
Silla de plata, la 386, 389, 413

SKINNER, B. F. 215, 217
SMITH, DARWIN E. 208
SMITH, TOM 310, 411
SÓCRATES 83, 86, 87, 89, 93, 97, 374
SÓFOCLES 13, 68, 97, 393
STOUT, MARTHA 13, 131, 132, 402
STYBEL, LAURENCE 291, 400, 409, 410
SÚPER BOWL XLVIII 161

T

TALENTO 15, 20, 30, 34, 58, 102, 141,
    287, 316, 317, 321, 322, 323, 324, 326,
    327, 328, 329, 330, 341, 342, 343, 366,
    412
TAO TE KING 15, 28, 369, 371, 373, 374,
    379, 394, 413
TEMERIDAD 127, 128, 200, 203, 240, 277,
    323
THOMPSON, DENNIS F. 309, 410
TIMIDEZ 48, 126, 197, 200, 239, 276, 352
TÍO TEDDY 157, 158, 163
TIPOS DE RELACIONES 58, 293, 410
TIPOS PSICOLÓGICOS 14, 212, 227, 228, 393,
    406
TITANIC 143, 144, 145, 403
TOLERANCIA 127, 193, 375
TRAICIÓN 105, 106, 152
TRAMPAS 13, 35, 36, 50, 53, 54, 55, 56,
    57, 58, 59, 65, 201, 239, 253, 320, 355,
    394, 399
TRASÍMACO 83, 101
TRIMARK 189, 190, 192
TROMPENAARS, FONS 262, 408

U

UNIDAD 33, 146, 149, 152, 158, 159, 163,
    166, 167, 184, 319, 403
UNIVERSALISTA CONTRA PARTICULARISTA 262,
    263

V

VALOR 11, 123, 126, 127, 128, 152, 159,
    163, 172, 194, 200, 211, 212, 275, 276,
    277, 282, 283, 323, 340, 347, 351, 356,
    357, 366, 376, 380, 384, 388, 389
VEHEMENCIA 127, 128, 240, 276, 277
VICTORIA 25, 55, 58, 62, 79, 134, 135,
    149, 150, 155, 158, 161, 162, 165, 372

W

WALSH, BILL 341, 343
WEBER, MAX 116, 117
WESTMONT 177, 178
WILLIAMS, MICHAEL 150, 151, 152, 153

Z

ZONA
    de aprendizaje 13, 145, 146, 147, 148,
        150, 152
    de autocomplacencia 146
    de culpas 146
    de desconexión 146

Índice

Qué hay en este libro y cómo utilizarlo.. 9
El arte clásico del liderazgo.. 17
El corazón del liderazgo... 35
Una falsa creencia, tres verdades.. 39
Ocho trampas 53
Política 67
Cambio 71
Justicia... 85
Poder... 97
Autoridad 111
El carácter, definido 125
Batallas.. 139
Crisis... 143
Competencia 157
Dilemas.. 171
Comunicación 185
El carácter, desarrollado 199
Mentes 211
Motivación... 215
Personalidad 229
Decisiones.. 243
Cultura... 259
El carácter, afianzado... 275
Juicios 287
Relaciones 291
Responsabilidad.. 305

Talento 319

Visión 333

El carácter, revelado 347

EL FUTURO DEL LIDERAZGO 359

Tres niveles 361

El cuarto nivel 373

En busca de la *tierra de arriba* 383

Cómo lanzar un grupo de estudio del liderazgo 391

Notas 397

Agradecimientos 415

Índice temático 417